中国全民阅读工程发展简史

王 磊 李 岩 主编

海洋出版社

2017年·北京

图书在版编目（CIP）数据

中国全民阅读工程发展简史/王磊，李岩主编. —北京：海洋出版社，2017.1
ISBN 978-7-5027-9368-5

Ⅰ.①中… Ⅱ.①王… ②李… Ⅲ.①读书活动-文化史-中国 Ⅳ.①G252.17-092

中国版本图书馆 CIP 数据核字（2016）第 161798 号

责任编辑：杨海萍　张　欣
责任印制：赵麟苏

海洋出版社　出版发行

http：//www.oceanpress.com.cn
北京市海淀区大慧寺路 8 号　邮编：100081
北京朝阳印刷厂有限责任公司印刷　新华书店发行所经销
2017 年 1 月第 1 版　2017 年 1 月北京第 1 次印刷
开本：787mm×1092mm　1/16　印张：15.25
字数：266 千字　定价：48.00 元
发行部：62132549　邮购部：68038093　总编室：62114335
海洋版图书印、装错误可随时退换

前　言

从 2006 年起至今，中华大地上的全民阅读活动呈现了一种不同寻常的景象，阅读正在以润物细无声的方式，越来越多地影响并滋养着国民的精神文化生活。回望这 10 年，我们看到全民阅读活动已成为中华大地一道亮丽文化风景线，并以其独有的精神营养和知识力量，为推动实现中华民族伟大复兴中国梦提供着源源不竭的动力。全民阅读活动 10 年来，在党和国家领导人的高度重视下，已然上升为国家战略，成为国家竞争力的一个有力支点。全民阅读活动已经成为中国社会的共识，为构筑书香中国打下了坚实的基础，全社会"多读书、读好书、好读书"的积极健康的阅读风尚日趋浓厚，读书活动在国民精神生活中正呈现出越来越独特的魅力。

目前，全民阅读正在越来越多地纳入党和政府的工作议程。在书香中国建设过程中，需要有先进的理念指引，需要有法律制度的推进，需要有系统的活动设计，更需要活动载体的创新。鉴于此，我们对中国全民阅读活动实践以来进行阶段梳理、总结和记录，但因能力有限，所作力不从心，疏漏与不足不可避免。虽然如此，我们还是希望它能为方兴未艾的书香中国阅读活动增加一分力量，能为中华民族阅读文化传承做点贡献。我们希望，书香中国建设的内生力量增强，民间自发阅读模式兴盛；我们希望，全民阅读活动设置规划科学创新，国民阅读习惯自觉养成；我们希望，全民阅读评价实现科学考量，为民族复兴梦注入不竭的精神动力。

本书由沈阳师范大学图书馆副馆长王磊、沈阳市委党校图书馆副研究馆员李岩主编，胡永强、丁学淑、史伟、杜辉、车宝晶、付瑶、杜洋、刘偲偲、王帅、查继红等编委会成员参加编写。他们以理论指导工作实践并取得很好的实效，在全国高校图书馆阅读推广案例大赛辽宁分赛区取得优秀的成绩，并在全国高校图书馆阅读推广案例大赛总决赛中荣获二等奖；他们调研社会阅读推广实践活动并总结上升为理论认知，从而记录全民阅读发展的阶段历程。他们为本书的编写倾注很多心血，大家一边指导大学生阅读，一边总结书写，精诚合作，协同攻关，完成了本书籍，在此对大家的倾情付出表示衷心的感谢！同时对沈阳师范大学图书馆王宇馆长的鼎力支持以及悉心指导一并表示感谢！

本书稿在《图书情报工作》杂志社以及海洋出版社的大力支持下得以发表和出版。作为全民阅读工程主要推动力量之一的新闻出版发行企业，在推动全民阅读活动中，即是创导者，又是组织者和服务者，始终以推广、倡导、引导全民阅读为己任，为建设书香中国做出不可磨灭的贡献，为图书馆界树立了光辉榜样。对此我们表示由衷的感谢！

本书稿在开展调研的基础上，参考了大量国内外同行专家的相关研究成果，对他们所做的研究工作在此一并致谢！

王磊
2016 年 6 月

目 录

第一章　全民阅读工程兴起的社会背景 ……………………（1）
　　一、世界读书日推动更多人阅读与写作 …………………（1）
　　二、各国阅读推广活动对中国的影响 ……………………（2）
　　三、中国社会读书率下降出现阅读危机 …………………（11）
　　四、文化大发展大繁荣需要推进全民阅读 ………………（13）
　　五、提升国民素质和民族复兴需要全民阅读 ……………（15）

第二章　全民阅读工程之前的读书活动 ……………………（20）
　　一、"振兴中华"职工读书活动 ……………………………（20）
　　二、全国青少年爱国主义教育读书活动 …………………（22）
　　三、中国青少年新世纪读书计划 …………………………（23）
　　四、始于广西推及全国的"知识工程" ……………………（24）
　　五、创建学习型社会离不开图书馆 ………………………（29）

第三章　全民阅读工程的推动与升级 ………………………（33）
　　一、全民阅读活动的倡导与确立 …………………………（33）
　　二、全民阅读活动的推动与升级 …………………………（34）
　　三、全民阅读推广力量的构建 ……………………………（37）
　　四、典型的阅读推广活动形式 ……………………………（44）

第四章　全民阅读活动在全国蓬勃发展（一）………………（51）
　　一、华东地区的全民阅读活动 ……………………………（51）
　　二、华南地区的全民阅读活动 ……………………………（62）
　　三、华中地区的全民阅读活动 ……………………………（68）
　　四、华北地区的全民阅读活动 ……………………………（74）

第五章　全民阅读活动在全国蓬勃发展（二）………………（85）
　　一、西北地区的全民阅读活动 ……………………………（85）

二、西南地区的全民阅读活动 ……………………………………… (92)
　　三、东北地区的全民阅读活动 ……………………………………… (98)
　　四、台港澳地区的全民阅读活动 ………………………………… (103)

第六章　全国统一推进的农家书屋工程 ………………………… (108)
　　一、中央关于农家书屋工程实施意见 …………………………… (108)
　　二、农家书屋工程指导思想与任务目标 ………………………… (109)
　　三、地方政府工作思路与主要措施 ……………………………… (109)
　　四、农家书屋工程实施方式与工作进度 ………………………… (115)
　　五、农家书屋的实效和后续发展 ………………………………… (119)

第七章　提升城市文明度的城市社区图书馆 …………………… (133)
　　一、城市社区图书馆职能与定位 ………………………………… (133)
　　二、城市社区图书馆建设现状 …………………………………… (136)
　　三、城市社区图书馆服务模式 …………………………………… (140)
　　四、城市社区移动数字图书馆概况 ……………………………… (143)
　　五、城市社区图书馆建设存在的问题 …………………………… (147)

第八章　数字化阅读新形态助推全民阅读 ……………………… (152)
　　一、数字化阅读资源及其优势 …………………………………… (152)
　　二、全国数字化阅读概况及其特点 ……………………………… (156)
　　三、数字化阅读内容及其受众群体 ……………………………… (161)
　　四、全民阅读的数字化阅读新形态 ……………………………… (164)

第九章　全民阅读工程的特点与发展机制 ……………………… (171)
　　一、全民阅读活动的特点 ………………………………………… (171)
　　二、全民阅读活动的组织推广形式 ……………………………… (180)
　　三、支撑全民阅读活动可持续发展 ……………………………… (186)
　　四、全民阅读工程目前的发展状况 ……………………………… (192)

第十章　全民阅读工程的法律政策环境 ………………………… (196)
　　一、全民阅读受到党和政府的重视 ……………………………… (196)
　　二、全民阅读工程的政策环境 …………………………………… (200)
　　三、全民阅读工程政策环境评价 ………………………………… (209)

四、全民阅读工程立法的重要作用 …………………………… (210)
第十一章　全民阅读工程的未来发展趋势 ……………………… (214)
　一、完善国家全民阅读推广促进措施 …………………………… (214)
　二、加强地方全民阅读推广计划方案 …………………………… (217)
　三、培育全社会的阅读秩序和阅读风尚 ………………………… (226)
　四、提升国民阅读效率建立书香社会 …………………………… (228)

第一章　全民阅读工程兴起的社会背景

阅读，是人类藉以认识世界、获取知识、接受文化的一种行为，它先于语言、文字产生，是人类文明得以不断传承的主要途径之一，它渗透于人类文化发展的各阶段，是社会的一项重要文化标志。在不同的时期，阅读行为有着不同的要素和特征，有着不同的影响和地位，受到的重视程度也随时代变换而异，而在近三十年中，倡导和推广国民阅读已经逐步成为世界各国的一项重要文化发展战略，许多国家的国民阅读工作都取得了很大的成效并积累了丰富的经验。随着社会的发展进步，全新的阅读方式和阅读习惯正在改变着中国社会民众的阅读观念，据"全国国民阅读调查报告"显示，近年来中国国民的阅读率在逐年走低，逐渐形成了一场空前的阅读危机，因此全民阅读推广越来越受到国家和社会各界的广泛关注。中国为了实现推动文化大发展大繁荣，创建学习型组织和学习型社会，就必须以倡导和推广全民阅读作为提升国民素质的重要途径和手段，来全面拯救和引领阅读，提高国民的阅读率，进而提升国民的文化素质，增强国家的文化软实力。由此可见，中国确定的全民阅读工程战略具有深刻的国际社会背景，同时也是中国国内社会发展进步的需要。

一、"世界读书日"推动更多人阅读和写作

在"世界读书日"确定以前的1972年，联合国教科文组织已向全世界发出了"走向阅读社会"的号召，要求社会成员人人读书，让读书成为人们日常生活中不可或缺的部分[1]。

1995年，国际出版商协会在第二十五届全球大会上提出"世界图书日"的设想，并由西班牙政府将方案提交联合国教科文组织，联合国教科文组织选择了4月23日作为"世界读书日"（又称"世界图书日"）。确定读书日时间的灵感来自于一个美丽的传说。4月23日是西班牙文豪塞万提斯的忌日，也是加泰罗尼亚地区大众节日"圣乔治节"。实际上，同一天也是莎士比亚出

生和去世的纪念日，又是美国作家纳博科夫、法国作家莫里斯·德鲁昂、冰岛诺贝尔文学奖得主拉克斯内斯等多位文学家的生日。后来，俄罗斯认为，"世界图书日"还应当增加版权的概念。因此，"世界读书日"又称为"世界图书与版权日"。

  世界读书日的设立目的和主旨宣言是：希望散居在世界各地的人，无论你是年老还是年轻，无论你是贫穷还是富裕，无论你是患病还是健康，都能享受阅读的乐趣，都能尊重和感谢为人类文明做出过巨大贡献的文学、文化、科学、思想大师们，都能保护知识产权。据资料表明，自"世界读书日"宣布以来，已有超过 100 个国家和地区参与此项活动。很多国家在这一天或者在世界读书日前后一周、一个月的时间内都会开展丰富多彩的活动，图书馆、媒体、出版商、学校、商店、社区等机构团体在这一段的时间里，都会做一些赠书、读书、演戏等鼓励人们阅读的事情，把读书的宣传活动变成一场热热闹闹的欢乐节庆。

  为了响应联合国教科文组织读书的号召，中国在 1997 年 1 月，中央宣传部、文化部、国家教委、国家科委、广播影视部、新闻出版署、全国总工会、共青团中央、全国妇联九个部委共同发出了《关于在全国组织实施"知识工程"的通知》，提出了实施"倡导全民读书，建设阅读社会"的"知识工程"。这是以发展图书馆事业为手段，以倡导读书、传播知识、推动社会文明与进步为目的的一项社会文化系统工程。此后每年都开展读书月活动。

  2004 年，"全国知识工程领导小组"将每年的"全民读书月"活动交由中国图书馆学会负责承办。中国图书馆学会为了实施"倡导全民读书，建设阅读社会"为宗旨的"知识工程"，进一步激发全民读书的热情，推动学习型社会、学习型组织、学习型家庭的建设，从 2004 年在全国范围内举办大型活动，让全国公众都知道"世界读书日"[2]。

二、各国阅读推广活动对中国的影响

  随着各国阅读危机现象不同程度的表现以及"世界读书日"的宣布，全世界有 100 多个国家和地区都积极开展读书日活动。各国都积极采取多种措施，结合本国的实际情况，与社会各界广泛合作，开展一系列阅读推广活动以推进全民阅读服务的整体水平，提高民众的阅读兴趣，使其成为终身学习者。这些全民阅读推广活动，对于中国的全民阅读推广产生了重要的影响。

（一）美国

1. 美国阅读推广工作由总统带头

美国十分重视国民阅读活动，阅读推广工作是由总统带头，全民总动员，联邦政府、各类型图书馆、教育机构、作家、出版社、书店、非政府组织皆参与其中，且非政府组织作用明显。阅读推广不是枯燥的读书或写作，而是由总统带头，各行业人士积极参与的形式多样、内容丰富的快乐阅读活动，并且十分重视儿童与青少年的阅读推广，意图通过阅读推广使儿童与青少年提高阅读能力，培养信息素养，使其成为图书馆的终身读者。

2. 美国国会图书馆发挥重要的主导作用

美国国会图书馆在推进全民阅读过程中发挥极为重要的主导作用。1977年美国国会图书馆为利用国会图书馆的资源与威望刺激公众的阅读兴趣，成立了阅读中心（The Center for the Book in the Library of Congress）以专门负责推动全民阅读。阅读中心的服务对象是所有年龄层的读者及潜在读者，活动范围涵盖图书馆、学校、社区、家庭等。阅读中心采用主办与协办的方式，作为活动组织的策划者与组织者，通过制定阅读活动主题与内容，向全民推广阅读。1987年，阅读中心发起美国第一个全国性质的阅读推广活动"全国读者年"（Year of The Reader），随后几乎每年推出一个阅读推广主题活动，特别是近些年不仅每年推出新的主题活动，更将一些反响良好的主题活动持续推广，深入社区与家庭，建立长期影响力，使其具有品牌性。如1998年国会图书馆发起全美"一书一城"（One city, One Book）的阅读活动，为全世界200多个举办类似活动的城市提供了参考范例。2001年国家图书节开始创办，由时任美国第一夫人劳拉·布什发起，美国国会图书馆主办。国家图书节每年9月或10月初在国家广场举办，吸引了政府、图书馆、出版社、文学界、学校等各领域积极参与，至今已连续举办15年。在图书节期间，国会图书馆主要负责全面计划活动内容，组织安排与会者，宣传、展示活动内容，并协助各州举办各地的图书节，保存记录其活动内容。

从1984年开始，美国国会图书馆阅读中心在全美50个州开始陆续建立加盟中心。国会图书馆制定加盟活动规划指南，各州图书馆参考使用。国会图书馆阅读中心还设立布尔斯廷奖，以表彰、鼓励各州阅读中心在阅读推广工作中的成绩与创新，促进各州阅读中心总结经验，相互交流与合作。1987年，国会图书馆开展"国家阅读推广伙伴计划"，先后与世界各地80多个国家建立阅读推广伙伴关系，以此奠定了美国国会图书馆在国际阅读推广活动中的重要地位，扩大了国会图书馆在国内外的影响，树立了阅读中心良好的品牌形象。

3. 美国十分重视儿童与青少年的阅读活动

1997年，克林顿政府提出"阅读挑战计划"（America Reads Challenge），通过动员全国的学校、图书馆、宗教机构、社区、大学生志愿者等参与其中，以确保每个孩子在三年级末达到独立有效地阅读水平。教育部为此发布《怎样支持美国阅读挑战》，向家长、学校、雇主、社区、图书馆及其他文化机构等提出具体要求[3]。同年，国会通过《阅读卓越法》，在中小学教育法第二章中加入有关阅读方面的条文。1998年，美国图书馆学会（ALA）开展全国性的青少年阅读周活动（Teen Read Week），以鼓励青少年参与图书馆阅读活动，改善青少年阅读能力。2001年，布什总统提出"不让一个孩子落伍"中小学教育法案，以"经费补助"与"师资培训"的方式来帮助提高学前及中小学学童的阅读能力。同年，美国教育部推出"暑期阅读运动"，要求社区图书馆开设儿童阅读专区，并鼓励家长暑假期间陪伴孩子共同阅读。同时美国教育界与图书馆界一直关注暑期阅读活动对未成年人的影响效果，注重对暑期阅读运动效果的调查与评估。

总之，美国图书馆界推进全民阅读是以美国国会图书馆为主导，在各项政策法规的保护下，阅读中心作为全美阅读推广的领导者，策划全国性的主题活动。图书馆界通过主办各项主题活动，推广模式化的加盟项目，出台具体的工作内容与要求，积极参与联邦政府与教育机构的阅读推广计划，为所有年龄层的读者及潜在读者提供阅读服务，并注重对儿童与青少年的阅读推广工作。这些阅读推广活动的合作者还包括作家、出版社、社区、非政府组织等。非政府组织不仅为美国图书馆界推进全民阅读提供志愿者服务，更为其筹集了大量的经费，这也为图书馆更好地为公众服务提供了重要保障。与此同时，图书馆界与教育机构注重对阅读推广工作效果的调查与评估，为促进全民阅读提供了大量的科学依据。

（二）英国

1. 英国将推进全民阅读作为一项国家战略工程

英国将推进全民阅读作为一项国家战略工程，在《未来的框架》政府报告指导与英国各项基金会的扶持下，图书馆以"读者发展"为服务理念，"阅读更快乐"为宗旨，鼓励享受阅读的民众走进图书馆。图书馆通过策划组织、参与针对不同年龄阶段的阅读推广项目，充分利用网络等新方式，提高英国民众的阅读兴趣与读写能力。1998年9月，英国提出"Build a Nation of Readers"口号，以让所有人更快乐的阅读，有目的的阅读为宗旨，构建一个举国皆是读书人的国度。这是世界上第一个推出的"阅读年"概念，后很快被世界各国广泛采用。2008年，英国启动第二个阅读年，希望阅读能够成为民众生活中必不可少的一部分。

2. 英国联合推出一系列专门阅读服务项目

英国通过开展"快阅读"（Quick Read）、六本书挑战计划等活动专门为成年人，特别是为阅读能力较差的成人提供阅读服务，提高成年人读写能力。英国十分重视儿童与青少年的阅读推广，致力于将未成年人培养为终身阅读者。为此，英国各界联合推出了一系列专门针对未成年人的阅读服务项目。"阅读起跑线"（Book start）计划是世界上第一个专门为学龄前儿童提供阅读指导服务的全球性计划，创办于1992年，以"让每一个英国儿童都能够在早期阅读中受益并享受阅读的乐趣"为基本原则，培养他们对阅读的终身爱好。目前已有接近20个国家或地区参与该计划。

1996年，英国引进美国"阅读是基础"项目，后更名为青年读者计划（Young Readers Programme），服务对象是19岁以下青少年，在"国民文化信贷"（National Literacy Trust）支持下，通过在学校、图书馆、家庭、校外俱乐部等不同地方举办活动，培养孩子快乐阅读、终身阅读习惯。目前英国所有学校和儿童中心都参与了该项目，学校图书馆和公共图书馆通过提供丰富馆藏、免费资料下载、读者研究等服务在项目中发挥着举足轻重的作用。

"夏季阅读挑战"（Summer Reading Challenge）在英国已有10余年的历史，是英国阅读协会针对儿童举办的一项长期阅读推广活动，97%的英国公共图书馆和BBC等多家主流媒体参与其中。该项活动每年都有不同的主题，地区图书馆在暑假期间通过设计具体活动、奖励措施等吸引4到11岁的儿童参与其中[4]。

3. 英国注重提高图书馆管理人员的水平

英国图书馆在促进民众阅读的同时，十分注重图书馆管理人员服务水平的提高，通过提高馆员阅读推广的趣味性、挑书技巧等更好地吸引读者。最为重要的是，将读者发展工作与阅读推广相结合共同作为图书馆服务的核心工作，以读者为中心，认同读者发展理念。虽然英国很多阅读推广项目策划组织者并非图书馆本身，但是这些推广项目能够顺利进行并取得良好的效果，与英国世界最高的图书馆覆盖率，图书馆丰富的馆藏资料（不仅包括图书，还包括在线学习资料与培训课程）与馆员先进的服务理念密不可分。图书馆为阅读推广项目提供场地、图书，阅读辅导，中小学图书馆与公共图书馆发挥自身优势共同推进全民阅读[5]。

(三) 韩国

1. 韩国将国民阅读誉为政府工程

在韩国，阅读被誉为政府工程。多年来，政府一直在立法政策、资金、项目等多方面予以积极的支持，且参与阅读推广的机构几乎囊括了韩国政府的所有属辖。除了前文提到的各种法律法规之外，韩国政府还制定了一系列切实的推广政策来改善阅读环境，如韩国教育科学技术部制定的《学校图书馆活性化综合方案》《提高阅读教育和中小学图书馆的综合规划》。文化体育观光部将每年9月定为全国阅读月，并在9月颁发读书文化奖，向对推进国民阅读做出突出贡献的个人颁发总统勋章，以此力举阅读。2003年，中央和地方政府联合图书馆、出版商、社区中心、慈善机构推行韩国的"阅读起跑线"工程，其主要目的是让幼儿提早开始养成阅读的习惯。它以礼物袋的形式为6个月以上的幼儿家长提供数本图书和一份读书书目清单，后续再联合图书馆举办各项活动直到三岁学龄前。此工程已覆盖韩国111个地区，每年约有10万个孩子收到礼物袋，而且数据还在不断增长[6]。此外，在中央政府和地方政府的支持下，全国各类图书馆的数量明显增加，给民众提供环境舒适的阅读场所，其中公共图书馆由2001年的436所增加到2010年的748所，学校图书馆由2002的10 937所[7]，学校图书馆由2002年的8 101所增加到2010年的10 937并于2006年建成国家儿童青少年图书馆，引导和推动面向青少年的阅读活动，全力为儿童和青少年提供更好的服务。

2. 韩国国家图书馆一直致力于国民阅读工程

作为韩国图书馆界的代表，韩国国家图书馆一直致力于为国民创造更优越的读书环境，不断推进国民阅读的发展。在面向阅读推广的所有群落里，韩国社会各界最重视的是面向儿童青年的推广，国家少年儿童图书馆，以下简称 NLCY，近几年来策划和推行的主要项目有：（1）与图书馆一起读书。图书馆员或者阅读指导者每周会到当地的儿童福利院、托管中心开展读书活动，通过给他们创造阅读教育的机会来提高他们的读写能力和阅读技能。NLCY 为每个参与项目的图书馆提供 3 500 美元的资金支持。（2）多文化家庭共享读书。针对孩子语言能力相对落后的家庭，NLCY 同美国威斯康星州密尔沃基大学合作，创作了以叙述故事情节为主要内容的图书和 DVD，并译成英语和韩国语言，随后再分发给公共图书馆和文化中心以帮助和促进这些多文化家庭的孩子阅读。（3）13~18 岁书虫的图书馆冒险。"书虫"由 800 名中学生阅读爱好者组成，负责向同龄人推荐图书并组织参与图书馆冒险举行的各种活动，在他们的号召和带领下，越来越多的中学生表现出自愿读书的意愿[6]。（4）公共图书馆阅读培训班。由 NLCY 领导组织，全国 800 多家公共图书馆联合运营的阅读培训班活动，每年寒暑假分别举行一次。（5）图书馆员继续教育课程。NLCY 还开设了专门的培训课程，最初只有培训班，现已延伸到在线课程和研讨会，培训课程主要涵盖 9 项内容。

3. 推出"中小学图书馆振兴项目"

韩国教育科学技术部 2008 年推出的"中小学图书馆振兴项目"和 2009 年制定的《提高阅读教育和中小学图书馆的综合规划》不仅从硬件上改善了学生的阅读学习环境也从软件上强化了学生的阅读意识。此后，学校以及学校图书馆组织了各项活动以配合阅读工作的深入开展，如推行"10 分钟晨读活动"，要求每个学生上午上课前阅读 10 分钟；支持运营面向教师、家长和学生的图书俱乐部，为阅读水平较低的学生提供各种咨询帮助；推行阅读疗法项目；举办阅读教育论坛和中小学图书馆研讨会。至此，学生们也变得更加快乐积极地读书，更勇于自主地表达观点。

4. 社会力量承担阅读推广的责任

各种社会力量在阅读推广领域开展诸多的活动，由于民间资本的灵活性和其宣扬的社会责任，他们在韩国阅读推广中具有不可替代的优势。（1）"小小图书馆"运动。20世纪末期,社会建立一系列的以信息中心、文化教育中心、阅读中心、儿童图书馆为代表的小型图书馆,这些图书馆大都由私人投资和社会捐赠,服务地区民众。进入21世纪,这些"小小图书馆"发展地更加成熟也更具规模。(2)阅读文化公民行为。阅读文化公民行为是人们自主发起的一项公民运动,它通过扩大和改进知识服务设施,使人人享有平等获取知识的权利。它倡导"奇迹图书馆"等一系列文化工程,目前,韩国已经建立了11家"奇迹图书馆",它旨在为全部的儿童提供具有吸引力和创造性的环境,通过平等地阅读书籍培育他们的梦想。"奇迹图书馆"不仅是社区的文化中心,还是儿童托管的基础设施,更是一个梦幻的儿童阅读空间。(3)让孩子靠近图书。该项活动是由"Cheongju奇迹图书馆"与"三星梦想奖学金"、社会团体、地区小学和儿童福利中心联合发起的。活动主要是帮助那些阅读能力较差、缺乏技巧和学习成绩落后的孩子提高阅读水平。Cheongju奇迹图书馆主要是提供场地支持,同时也分发一些书籍给孩子长期阅读之用。[8]

(四)德国

德意志民族热爱读书的历史由来已久,民众阅读率与家庭藏书量一直处于世界前列。虽然目前德国促进全民阅读的核心机构是德国促进阅读基金会与德国图书贸易交易所协会,但在政策法律、地方政府财政、基金会赞助支持下,德国图书馆在促进德国民众阅读活动中依然发挥重要作用。

德国基层图书馆事业发达,几乎每个乡村或城镇都有自己的图书馆。这些基层公共图书馆和中小学图书馆以少年儿童作为重点服务对象,联合学校教育、社区教育、家庭教育,将深入推广儿童阅读作为自身的一个主要任务。德国没有专门的少儿图书馆,在《读者须知》、《阅读促进标准评估体系》的框架下,公共图书馆的藏书必须至少有一半为少儿读物。基层图书馆以培养儿童语言文字能力和情操为宗旨,孩子从零岁开始就可进入图书馆,从小培养儿童的"图书馆意识",使其成为图书馆明天稳定的读者。图书馆通过为未成年人提供阅读书籍,阅读场所,培养图书馆工作人员的阅读指导能力以更好地为读者服务。与此同时,德国于2003年引进了英国"阅读起跑线"项目,已惠及100万1~3岁儿童及200万的6岁学龄儿童[9]。该项目已成为目前德国规模最大的儿童早期阅读促进项目。图书馆积极参与其中,通过联合志愿者举办儿童朗诵会等形式为儿童服务,并针对移民子女提供波兰语,土耳其语和俄语版本的阅读指南。德国图书馆充分尊重读者的意愿,根据青年人的阅读兴趣与需求，将提供试听资料作为阅读服务的重要一部分。同时对老人、女性、残障人士、外来移民、医院、监狱等人群与机构提供专门的阅读服务。

德国图书馆的另一个特点是志愿者参与广泛，并且十分注重志愿者服务能力与素养的培养。图书馆在为少年儿童提供阅读服务过程中，如举办阅读朗诵会等活动，志愿者一直担任主力角色。

（五）俄罗斯

俄罗斯历史上涌现过许多影响世界的文学大师，家庭藏书量与国民阅读率也位于世界前列。但20世纪90年代以来的经济危机直接导致了俄罗斯阅读危机，图书市场惨淡，家庭藏书量与国民阅读率都有不同程度的下降。政府对图书馆财政支出下降直接导致了图书馆在硬件配备，馆藏图书，馆员待遇等方面不尽如人意，影响了图书馆对读者的服务。为此，2006年俄罗斯政府制定了《国家支持与发展阅读纲要》。此纲要将推进俄罗斯全民阅读分为三个阶段，在政府财政的大力支持下，通过联合政府各部门、图书馆、教育机构、出版业、传媒等各方力量推进全民阅读，计划创建联邦阅读研究中心，并于2007年启动俄罗斯阅读年活动。

俄罗斯推进全民阅读活动另一个主要方式是"图书馆+家庭"阅读服务模式。俄罗斯家庭阅读历史悠久，并且俄罗斯的很多公共图书馆与少儿图书馆都设有家庭阅读研究机构，一些大学也开设类似课程。该模式下，图书馆员是作为阅读的领航员，为各个年龄层、各类家庭提供阅读服务。图书馆还制定阅读大纲，为馆员、家长提供一整套方案与措施以更好地提高未成年人阅读兴趣。

（六）日本

日本是亚洲最发达的国家，公共图书馆数量、普及率和藏书量都是亚洲第一。日本政府依托立法，立体推动全民阅读。日本在20世纪50年代颁布了《图书馆法》和《学校图书馆法》以规范公共图书馆与学校图书馆活动。近些年来，随着日本民众阅读率的下降，政府又相继颁发了一系列法律，如《儿童读书活动推进法》、《文字、活字和文化振兴法》、《新学校图书馆配备五年计划》等以促进全民阅读。

并将2000年定为"儿童读书年"，2010年定为"国民阅读年"，每年的4月23日为"日本儿童阅读日"。日本根据不同的群体采取不同的措施促进阅读。除了颁布相关法律推广儿童阅读，日本同样引进了英国阅读起跑线计划，并开设了国际儿童图书馆，每个公共图书馆都设有小规模的儿童图书室，希望孩子们能在丰富的馆藏中寻找阅读的快乐。图书馆充分保障阅读困难人群的权益，尽可能满足残障人士的阅读需求，除了在图书馆馆舍建设方便残疾人，还馆藏有丰富的视听资料、盲文书籍等，允许导盲犬进入并提供送书上门等服务。

针对青年人对互联网与手机的偏爱，日本出版界不失时机地推出一系列网络与手机小说，希望先培养年轻人的阅读习惯，再将阅读兴趣转移到传统图书上来[10]。

（七）新加坡

2005 年，新加坡借鉴"一书一城"活动的启发，国家图书馆以国内读书活动的经验和链条为基础，联合政府部门、民间团体、传媒机构及其他类型企业推出了"读吧！新加坡"（Reading Singapore）活动。鉴于新加坡特殊的民族构成，组织者甄选出 4 种语言的几本经典书籍，通过不同的形式和主题活动推广阅读，依托读书会和志愿者覆盖社会各行各业，走进社区、学校和监狱。活动组织者还通过对图书馆工作人员、教师和志愿者培训，以更好地为读者提供阅读指导服务。这是新加坡第一次全民阅读推广活动，发展至今，已从单纯的促进国民阅读文学作品转向至营造书香型社会、促使民众重新发现阅读的乐趣，服务对象也从 15 岁以上的青年与成人扩大至 7 岁及以上儿童，并于 2011 年推出手机阅读程序以培养上班族和青年人的阅读习惯。

新加坡一直重视儿童阅读习惯的培养。2004 年，为培养和鼓励儿童，特别是低收入家庭的孩子养成良好的阅读习惯，新加坡专门开展了一项针对儿童的阅读启蒙计划。

新加坡拥有国家图书馆、3 家区域图书馆、23 家社区图书馆、10 家社区儿童图书馆、10 家学校和学术馆、14 家政府和特别服务馆。除高效便捷的借还书体系外，有些图书馆直接建在闹市区或地铁站旁以最大限度方便读者。以世界级的高效便捷图书馆系统为基础，在"读吧！新加坡"等活动的促进下，新加坡作为一个总人口只有 400 多万的小国，图书馆的会员人数却超过 200 万人，2006 年的数据显示平均每个新加坡人一年到图书馆借书七本[11]。

综上所述，国外图书馆在推进全民阅读过程中，或主导，或配合，积极联合社会各界，在政府关怀、社会关注、立法保障的前提下，采取各项举措促进全民阅读。虽然以上各国图书馆推进全民阅读的服务模式各具特色,但其不乏很多共同之处,如英日俄等国都举办过类似阅读年活动,美国与英国都有"阅读是基础"活动,"阅读起跑线"计划更是有接近20个国家或地区参与,几乎所有国家的图书馆都依赖于志愿者的广泛参与等。这些都为中国推进全民阅读工作提供了宝贵的经验[12]。

三、中国社会读书率下降出现阅读危机

随着科技的发展与社会的进步,人们的阅读环境发生了改变,尤其是文献信息文本的变迁,对人们的阅读方式、阅读取向、阅读场所、阅读时间、阅读习惯等产生了深刻的影响。基于计算机网络技术的发展,网络阅读大有替代传统阅读之势,这从中国出版科学研究所发布的第四次《全国国民阅读与购买倾向抽样调查报告》结果中就可以看出来,国民图书阅读率持续走低,而网络阅读率持续上升。许多专家把此种社会现象认为是一种"阅读危机"现象,主要表现在以下几个方面:

(一)阅读时间缩短,阅读率降低

从1999年开始,由中国出版科学研究所连续进行六次对全国国民阅读进行调查。根据调查显示,中国国民的图书阅读率连续六年呈下降趋势,但第六次国民图书阅读率比第一次的60.4%下降了11.1%。据调查表明,中国城市居民的闲暇时间在整体上比以前有所增加,但用在阅读书刊和报纸的时间却有所减少。中国人均每周阅读时间大约为4小时,而新加坡为8小时,日本人为11小时。据中国出版科学研究所2005年的调查显示,有25%的读者读书时间在减少;有56.9%的人阅读时间与上一年相比是持平;只有18.2%的人最近半年里读书时间增加了;与前三次调查结果相比,个人读书时间增加的比例显著减少。

(二)"浅阅读"增加,"深阅读"减少

浅阅读是一种浅层次的、简单轻松的、以获取信息为主要目的的阅读形式。主要表现为:一是读图,二是速读或略读,三是时尚阅读或轻松阅读,四是指网络阅读。相对而言,"深阅读"不仅是眼睛的阅读,还要用心去阅读,用心去感悟。随着电子资源的日益增长,影视媒体、计算机终端等大众媒体的普及,电视、网络已经成为中国民众主要的阅读、休闲方式。以快餐式、跳跃性、碎片化为特征的浅阅读正在取代传统青灯黄卷式的经典阅读,

不知不觉间成为一种阅读的流行时尚。然而，浅阅读的背后，传递出来的是社会大众视野越来越狭窄，心态越来越浮躁的危险信号。浅阅读的流行，不能证明阅读的深度不再重要，更不能证明可以抛弃激发创造力、活跃思想的深阅读。当人们的思维习惯了"知其然，而不知其所以然"的浅阅读状态，就纵容了思想层面的惰性。当人们把阅读当成单一的获取心理愉悦的方式，就不自觉弱化了思维的能力。

（三）阅读需求受到阻碍

上世纪八九十年代，各种图书的消费可以说是国民的日常消费之一，但是随着改革开放及市场经济的发展，图书价格在十几年间涨了20多倍。过高的图书价格，让大部分人望而却步，难以与图书接近。另外，"图册产品"大行其市，"读物精品"不足是国民阅读需求受阻的另外一个原因，在图书市场，选题跟风、模仿现象严重，加上盗版书、伪图书充斥，极大地影响了读者的阅读兴致，降低了读者对图书的预期值。读者对书籍的文本内容产生失望情绪，会导致他们转向其他媒介获取信息和知识。最后，在培育、引导读者的方面工作做得很少，一味追随流行，原创越来越少，低水平重复，造成大家无书可读。

（四）国民缺少阅读习惯

由于生活节奏的加快和工作压力大，很多人休息时选择看电视或沉溺于替他娱乐之中，读书的意识很差，没有养成阅读的习惯。从连续几年的调查来看，许多国民还没有养成良好的阅读习惯，"不习惯"读书的人群比例1999年是20.5%；2001年是17.6%；2003年是14.5%。2003年的调查结果显示，国民中有日常读书习惯的读者只占5%左右。2005年选择"不习惯"读书的人群中有45.9%是18~19岁的在校学生，其中"没有读书习惯"的占了35.31%。相比之下，我们的邻国日本有六成人读书成风，这也从另一个侧面说明中国国民中有阅读习惯的人非常少。从近5年的变化趋势看，网民日均上网时间迅速增加，从2002年的88.5分钟提高到2006年的137.8分钟，增加幅度达到56%[13]。依照这种增长速度，网民日均上网时间很可能在不久超过看电视时间，从而使网络成为网民接触时间最长、最重要的媒体。报纸、杂志、广播等传统的媒体正受到互联网的巨大冲击，造成人们的阅读习惯悄然发生改变，由传统媒体向网络媒体转移。一般研究，认为纸质载体文献能够磨炼出读者严密、细致、逻辑条理清晰的思维方式；而网络阅读则培养了阅读者快速阅读、跳跃式阅读的习惯。

(五) 功利性阅读严重替代经典阅读

目前，中国正处于社会转型期的知识经济时代，新知识、新资讯层出不穷。整个社会都涌动一种浮躁的情绪急功近利，追求短期效益，使人们接受知识和传播信息变得实际和功利。读书、看报、看期刊，很多时候是被迫的，是出于工作和生存的需要。短期内有的猛啃书本也是为了晋级、评定职称。休闲时间读时尚杂志、养生、美容、家居类报纸成了人们的文化快餐。阅读的功利化倾向使人们自身的综合素质不断下降，特别是出现了缺乏文化底蕴和精神素养，学识涵养不足，语言文字功底低下等现象。这种功利性的阅读行为造成人们知识结构简单残缺，不利于人的全面发展。随着阅读的消遣性的日益突出，经典阅读受到了大学生的冷遇。为了缓解学习、就业和生活等带来的压力，很多学生根据自己的个人喜好来选择那些能让自己放松心情的书籍。通俗读物、图文书和休闲读物在校园大受欢迎。爱情小说、日韩言情小说、动漫书、悬念书、魔幻书以及时尚类、生活类的通俗读物等类的书籍借阅频率最高，流通面很广，而那些经典的中外优秀书籍却少有人问津。这种消遣性阅读有其积极有益的一面，对于放松心情、拓宽知识也能起到一定的作用，但若以纯粹的消遣为目的来进行阅读，则会耗费大学生宝贵的学习时间，同时也使传世经典作品备受冷落，会给辨别能力不是很强的学生带来相当大的消极影响。

四、文化大发展大繁荣需要推进全民阅读

文化是民族的血脉，是人民的精神家园。在中国五千多年文明发展历程中，各族人民紧密团结、自强不息，共同创造出源远流长、博大精深的中华文化，为中华民族发展壮大提供了强大精神力量，为人类文明进步做出了不可磨灭的重大贡献。

2014～2016年，"全民阅读"连续三年写入李克强总理《政府工作报告》，说明"全民阅读"已经由原先的纯民间自愿行为，上升为国家发展战略。这一国家发展战略的形成和实施，将会深刻影响着我们国家今后的文化发展走向，尤其是在公共文化资源的优化和配置方面，国家也将会有一系列的政策措施出台，以便为"全民阅读"氛围的形成和发展，提供更多、更便利的软硬件环境。由此彰显出来的文化发展方面的重大意义，也将深刻影响

和改变着我们国家的对外形象，以及国民日常生活的行为和习惯。这一举措有着非常重要的意义。

（一）促进文化大发展的政策措施将会有质的飞跃

一个国家文化发展的繁荣与否，不但能够体现国家整体的发展水平，同时也是提升国民素质的一个具体表现。我们国家经过几十年的发展与改革，从经济实力上讲，已经足够满足人民日益增长的精神文化需求，因此也给我们国家文化大发展、大繁荣提供了必要的物质基础。在今后的全面发展进程中，国家对于文化建设领域无论是在政策的给予上，还是资金投入上必将会有一个质的飞跃。

（二）文化大发展的成果将会更为丰硕

正如李克强总理在今年《政府工作报告》中所说的那样，要让人民享受更多文化发展成果。文化发展与繁荣最重要的一个标志，就是文艺精品的创作与产生，不但要越来越多，越来越适应新常态，而且要能够为多数的人民所接受和欣赏。这就需要文艺家们在文艺精品的创作与出版环节，投入更多时间和精力，相应国家在这方面的扶持力度也会更多更有导向性。按照总理在《政府工作报告》中的描述，也只有被人民所喜爱的文艺精品书籍越来越多，"全民阅读"的氛围才会越来越浓，建设书香社会的目标才能会尽早实现。

（三）文化出版事业将走进繁荣与发展的春天

随着国家对于文化出版奖励和激励机制的确立和完善，对于文艺精品书籍的出版和发行，无论是在创作环节，还在发行环节，都会给予更多更明确的政策扶持和资金投入，以便激励更多的文化出版机构和文艺家，出版、创作更多为人民所喜爱的精品佳作。由此，文艺精品书籍的出版与创作也将会有一个质的跃升，这无疑能够为"全民阅读"氛围的形成以及书香社会建设，提供了更多的精神食粮。

国际阅读学会在总结阅读对于人类的最大的益处时，曾经在一份报告中指出，阅读能力的高低直接影响到一个国家和民族的未来。而要想提高全民族的阅读水平和文明素质，将是一项长期的任务，因此，阅读推广也将是一项长期的工程[14]。

五、提升国民素质和民族复兴需要全民阅读

按照最权威的"世界经济论坛"（WEF）以及瑞士洛桑管理发展学院（IMD）每年发表的世界竞争力报告，国际竞争力主要包括八大要素，即：经济实力、国际化程度、政府作用、金融环境、基础设施、管理程度、科学技术、人口结构与素质[15]。其中，人口结构与素质就是国民素质。在当今经济全球化的形势下，市场竞争、政府创新、科技发展等关键领域的核心是人才的竞争。可以说，当今的国与国之间的竞争就是国民与国民之间的竞争。因此，国民素质是一个国家的国际竞争力中关键的要素。国民阅读与国民素质之间有着直接关系。国民阅读奠定了国民素质中的基本知识结构。因此，对国民阅读进行适当引导，通过对国民阅读的引导，优化国民知识结构与综合素质，是提升国民素质的重要途径之一。

新中国成立时，中国 GDP 总量只有 358 亿元人民币，而现在中国一天创造的财富就达 820 多亿元人民币，成为世界第二大经济体，第一大外汇储备国和第一大出口国[16]。但因人口基础大，中国的人均收入仍属于世界中下水平，依然是一个发展中国家，还处在现代化的发展进程当中，并面临着许多问题和挑战。

源远流长的中华民族传统文化铸造了中国文化大国的地位，然而文化大国并不等于文化强国。提升中国文化软实力，将庞大的文化资源转化为文化软实力，不仅是中国文化建设的战略重点，也是中国和平崛起、建设和谐社会和实现民族伟大复兴的重要前提。中国文化软实力建设中所面临的最迫切需要解决的核心问题，是加强核心价值观建设，真实确切地彰显中国文化的价值元素。

（一）建设文化强国实现民族复兴

1. 制定文化强国战略

十八大报告指出，文化是民族的血脉，是人民的精神家园。全面建成小康社会，实现中华民族伟大复兴，必须推动社会主义文化大发展大繁荣，兴起社会主义建设新高潮，提高国家文化软实力，发挥文化引领风尚、教育人民、服务社会、推动发展的作用。实践证明，一个民族的复兴必然伴随着文化的繁荣，而一个国家的强盛也定然离不开文化的支撑。加快发展文化产业，是推动科学发展、转变经济发展方式的客观要求，是满足群众精神文化需求、

保障人民文化权益的重要途径，是提高国家文化软实力、扩大中华文化影响力的必由之路。

2. 实现文化强国的手段

加强社会主义核心价值体系建设。充分认识到加强文化建设的必要性和急迫性，提高文化自觉性，不断提高文化建设科学化水平。切实把社会主义核心价值体系看成是兴国之魂，并把它融入国民教育、精神文明建设的党的建设全过程，贯穿改革开放和社会主义现代化建设各领域，体现到精神文化产品创造生产传播各方面。

3. 加快发展文化产业

文化有精神和实体两个方面，文化精神就是思想的内涵、精神，文化的实体就是产业。文化产业的发展是社会主义经济条件下满足人民多样化精神文化需求的重要途径。发展文化产业是对文化精神的承载和传播提供强大的物质支持。

4. 加快推进文化体制改革

坚持以人为本、全面协调可持续发展的原则和统筹兼顾的方法，协调文化建设内部的各个环节、各个要素之间的关系。积极深化国有文化单位改革健全现代文化市场体系，创新文化管理体制，完善政策保障机制，构建公共文化服务体系，发展现代传播体系，建设优秀传统文化传承体系，加快城乡文化一体化发展。推动中华文化走向世界，积极吸收借鉴国外优秀文化成果。

（二）全民阅读是文化强国的基础

1. 全民阅读是衡量一个国家文明程度的标志

建设文化强国实现中国梦，很重要的基点就是落实全民阅读。全民阅读是任何一个国家提高公民素质、整体上启发民族创造力的基本手段。提倡全民阅读正是推进文化建设的重要载体，把实现全民阅读作为文化建设的基础，鼓励从每一个人、每一个家庭做起，让读书融入每个人的骨子里。一个人阅读能力的强、弱，直接影响到他的成长、职业能力和他对社会贡献的发挥，一个国家国民阅读率的高低，国民阅读力的强弱，直接关系到国家软实力和综合国力的强弱，影响到全社会的总体文明程度和创造能力。一个强大的民族，则是反映了独立的个人的精神面貌。个人的强悍，则是一个民族的强悍。因此，一个民族的强大，不仅依赖一个国家的经济、军事的强大，一个民族的精神的凝聚力也是一个强大的、无形的武器。阅读是其他任何高科技武器无从取而代之的。可以说，热爱阅读的民族更显现了一个民族强大的特征之一。

2. 全民阅读有助于文化产业的发展与振兴

国家的全民阅读水平标志着一个国家社会发展的文明程度，文化的传承和传播都离不开读书。促进全民阅读是拉动出版消费的有效途径。尤其在"十三五"规划纲要中，将"倡导全民阅读"升级为"推动全民阅读"，并纳入"文化重大工程"，力度加大。国民阅读能力和阅读需求的提升，将直接有助于未来五年中出版产业的振兴，乃至于整个文化产业的发展和创新。近年来，在各个部门连续多年的合力助推下，全民阅读理念深入人心，全民阅读活动蓬勃发展，进一步扩大全民阅读活动的惠及范围，实现从量变到质变，使之真正成为提高国民阅读能力和文化素养、促进民族精神发育、推动文化传承与文化交流的有效途径。

3. 全民阅读是构建和谐社会的有效途径

提倡阅读，尤其是传统经典的阅读，不仅是为了获取知识，也是为了一个悠久文化的传承与发展，同时也是和谐文化建设的重要组成部分。在漫长的历史演化过程中，我们的祖先创造了灿烂辉煌的民族文化，留下了泽被后世的中华经典。其中的一些杰出理论对促进社会成员和谐、增强民族凝聚力、保持社会可持续发展、维护生态环境诸方面，都产生了深远的影响。其中和谐文化的精神内核对于今天我们构建和谐社会具有相当重大的意义。切实抓好全民阅读，特别要高度重视儿童阅读习惯的培养。建设文化强国，整个社会绝大多数公民有了更高的文明素质和精神追求，中华民族伟大复兴之梦想就会成为现实。

（三）全民阅读是实现中国梦的重要能量

中国梦是中华民族奋斗过程中表现出的精神和价值观的结晶，是一个民族走向现代化走向繁荣的过程中所产生的梦想、目标和方向。实现中国梦包括经济富强和精神文明两个方面。综合国力既包括经济、军事等硬实力，也包括文化软实力。我们不能也从来不想在军事上征服世界，但是可以在精神文化的层面上影响世界，提升中国的国际影响力和国际事务参与程度。

实现中国梦，建设文化强国，很重要的基点就是落实全民阅读，提升全民素质教育。教育和阅读关系公民素养和国运兴衰。全国人大常委、民进中央副主席朱永新认为,全民阅读是非常重要的问题,一个民族的思想基础和核心价值体系的建设离不开阅读,中华民族共同的精神家园建设更离不开阅读,应该把全民阅读作为国家战略,阅读可以提高公民素养,纯化社会风气,建构核心价值,牢固国家文化根基,是实现中国梦的重要能量。

六、结语

阅读对于强壮一个国家的文化基础起着关键作用,而阅读推广正是开启与引导民众阅读的基石。综观世界各国的全民阅读推广活动,政府一般都非常重视阅读推广活动,积极制定相应的法律法规,成立促进全民阅读的推广机构,注重全民阅读的普及性与持续性,已经形成了以图书馆为中坚力量,多赢共举的长效机制,注重儿童阅读兴趣和阅读感受的培养,并利用媒体对全民阅读进行引导和推动。这些阅读推广经验,对于中国的全民阅读推广,有着非常重要的借鉴作用。

而随着全球科技与社会进程加快,提升文化软实力,实现人的全面发展的理念受到世界空前的重视,国内曾经非常推崇的精英教育、精英阅读、专业性教育、功利性阅读,已经不能满足社会的要求。从一定程度上讲,功利性阅读已经成为人的全面发展的大敌。要实现人的全面发展,很重要的是要实现精神层面的全面发育和发展。"全民阅读"的倡导,正是为了实现人的全面发展的需要。其本质的意义在于要让更多的人读到书,享受到阅读的乐趣。阅读是提升一个民族整体素质的最重要的手段;对于教育事业来说,阅读是成功培养人才的重要途径;阅读不只是课外兴趣的事情,阅读是教育发展、人才培养不可或缺的基础。我们只有把学以致用和学以修为很好地结合在一起,只有在全民阅读的基础上,才可能通过阅读提升全民族、全社会的整体素质,才可能不断提高其竞争力和影响力[17]。

参考文献:

[1] 赵明河.从温家宝总理的读书观谈全民阅读.青年文学家,2010年第18期.

[2] 顾建英.高中生文学名著阅读的现状分析及对策研究.硕士学位论文,苏州大学,2010年第31页.

[3] 徐雁.全民阅读推广手册.海天出版社,2011年出版,第92页.

[4] 史大胜.美国儿童早期阅读教学研究——以康州大哈特福德地区为个案.硕士学位论

文,东北师范大学 2010 年.
- [5] 富琳. 国外全民阅读面面观及其启示. 图书馆学研究,2014 年第 18 期.
- [6] 李蕊,赵俊玲. 韩国社会阅读推广的主要政策和模式. 襄阳职业技术学院学报,2014 年第 4 期.
- [7] Sook Hyeun Lee.《Korean National Strategy for Library Development and Reading Promotion for Children and Young Adults,科技报告,IFLA,2011.
- [8] 刘学燕. 韩国儿童青少年阅读推广现状及启示. 山东图书馆学刊,2013 年第 2 期.
- [9] 德国免费发阅读礼包促进儿童阅读. 都市时报,2011-12-14⑦.
- [10] 曹磊. 日本阅读推广体制研究. 国家图书馆学刊,2013 年第 2 期.
- [11] 向新加坡学习:小国家的大智慧. [EB/OL]. [2015-03-15],新华网,http://news.xinhuanet.com/book/2009-10/12/content_12216321_23.htm.
- [12] 王萍. 国外阅读推广活动经验剖析. 图书馆工作与研究,2013 第 10 期.
- [13] 冯瑜. 在全民阅读背景下图书馆化解阅读危机的策略研究,硕士学位论文,辽宁师范大学,2010 年第 22 页.
- [14] 朱启业. "全民阅读"上升为国家战略意义重大. [EB/OL]. [2015-03-15],http://www.wenming.cn/wmpl_pdyczl201503/t20150316_2502225.shtml.
- [15] 刘廷忠. 当代世界经济政治与国际关系. 高等教育出版社 2003 年出版,第 22 页.
- [16] 王光照. 试论美国文化软实力建设经验及其对中国的启示. 未来与发展,2014 年第 1 期.
- [17] 聂震宁. 国民阅读的状况与全民阅读的意义. 现代出版,2015 年第 1 期.

第二章　全民阅读工程之前的读书活动

自 1982 年起，中国便开始涌现群众性读书活动。在之后的 20 余年间，全民性读书活动蓬勃发展，呈现出一定的规律，并且具有强大的生机。从 80 年代的"振兴中华"读书活动到 90 年代的爱国主义教育读书活动，再到新世纪始于广西推及全国的"知识工程"，每一阶段的读书活动都有深刻的时代烙印，都取得了良好的效果，都在一定程度上促进全民阅读氛围的形成。

一、"振兴中华"职工读书活动

"振兴中华"职工读书活动是上世纪 80 年代中期活动时间最长、社会影响最大、参加人数最多的一次群众性的读书学习活动。职工读书活动曾在文化大革命前就开展过多次，取得良好效果。但十年内乱中，大批书籍以及文物遭到焚毁或破坏，读书活动几乎中断，社会读书风气受到极大的破坏。一些青年由于缺乏正确的指导和熏陶，受到不健康书籍的毒害。在这样一种形势下，民众对阅读的渴望不是消失了，而是被压抑着。因此，满足民众对书籍的渴求，推动、引导广大职工多读书、读好书成为时代的呼声，"振兴中华"职工读书活动亦是在这样的背景下应运而生。

1982 年初，上海市总工会、解放日报社、共青团上海市委、上海市出版局等部门开始共同筹划开展读书活动。5 月，成立了"振兴中华读书指导委员会"，在全市开展"振兴中华"职工读书活动。凡是建立了工会组织或团组织的工厂、商店、学校等企事业单位的职工均可参加读书活动。读书活动围绕"爱祖国、爱共产党、爱社会主义"为核心的"三爱"教育，推荐一定数量书目，各工会组织可根据职工兴趣爱好，分别成立近代史、党史、哲学、文学等各种读书小组，职工完成规定读书量，并形成一定读书成果，如读书心得、读书评论等[1]。职工读书活动旨在对职工进行爱国主义、共产主义理想道德和马克思主义基础理论教育，引导广大职工树立正确的世界观、人生观，形成"为振兴中华读书、为祖国富强求知"的新观念，开辟一条通过群众性的自我教育来开展思想政治工作的新途径。活动自开展以来,通过书本知识的灌输和生动活泼、丰富多彩的活动,职工普遍学会自觉思考,自觉提高。

1983年4月,全国总工会推广上海"振兴中华"职工读书活动所取得的经验,倡议在全国职工中开展读书活动。同年6月,中共中央批转了全国总工会《关于在职工中开展读书活动的报告》,职工读书活动由此在全国范围内蓬勃开展,形成了长达5年的以"振兴中华"为主旨的全国性读书热潮。据统计,仅1983年,就有来自全国29个省、市、自治区,千万名职工参与。全国职工读书活动形式多样,有演讲、讨论、征文、知识竞赛、诗会、读书联谊会等。1984年,活动规模进一步扩大,全国共有3000万余名职工参加"振兴中华"职工读书活动。1985年以后,读书活动向社会科学、自然科学、管理科学等多学科方向发展,提出了开展读书活动的"四自"原则,即"自愿参加、自由结合、自学为主、自订计划",标志着读书活动进入了一个全新的领域。

"振兴中华"职工读书活动在全国范围广泛开展,促进了厂风和社会风气的好转,全国出现"五多现象":一是去书店、图书馆的人多了;二是关心国家大事,学习政治的人多了;三是重视新兴科技发展,钻研技术业务的人多了;四是参加各类学习,自学成才的人多了;五是思想政治工作、技术革新、社会活动等方方面面涌现的骨干多了。"振兴中华"读书活动引导广大职工在书中寻求真理,激发主动学习热情。丰富多彩的活动形式,充分调动职工学习兴趣,收效显著。总结活动开展情况,有如下经验:①紧紧围绕"振兴中华"这一主题,着眼于提高职工队伍政治思想素质和文化技术素质,是组织读书活动的根本宗旨。②引导职工多读政治理论、历史知识、思想修养等方面的书籍,是活动开展的基础。③从实际出发,坚持"四自"原则,是使读书活动开展下去的关键。④加强领导,做到"五有"是读书活动有成效的保障。所谓"五有"是指一是要有思想发动,帮助职工认识开展读书活动的目的和意义;二是要有推荐书目和推荐理由,体现总体要求;三是要有辅导有交流,促进职工理解书籍精髓,交流阅读心得;四是要有计划和检查,保障活动成效;五是要有竞赛和评比,形成积极向上局面[2]。

"振兴中华"职工读书活动自开展以来,始终受到国家的关怀和鼓励以及各地方的积极响应和支持,活动覆盖范围越来越全面、群众参与越来越广泛、社会影响越来越巨大，在全国各地都掀起读书热潮。有部分省区在"振兴中华"的主题中融入地方特色，如内蒙古地区的"建设边疆"、新疆地区的"团结奋斗"以及青海地区的"开拓青海"等，增添了读书活动的活力。

"振兴中华"职工读书活动持续时间之长、社会影响之大、参与人数之多都堪称新中国成立以来之最，是一项名副其实的群众性读书和学习活动。其意义不仅在于激发了民众阅读热情和创造力，而且是构建"学习型社会"的先行者。然而，在看到成绩的同时，"振兴中华"读书活动亦有其缺陷。其开展模式存在时代局限性，如以职工群体为单元来组织活动，固然与80年代上半期直至中期的社会生产组织形式相契合，读书活动显得颇有效果，但随着社会发展，涌现出越来越多个性化需求时，却缺少针对性、个性化的读书活动来加以引领。最终，"振兴中华"读书活动在物质至上的思潮中被冲垮，也正说明了这个以"振兴"为目的、以"中华"为前提的读书活动，目标过空、过大，不免形式大于内容，规模重于意义[3]。

二、全国青少年爱国主义教育读书活动

青少年是祖国的未来，国家领导人十分关心、重视对青少年进行近代史、现代史和国情教育，为进一步开展"两史一情"教育，培养广大青少年爱国主义精神，使之成长为社会主义事业的建设者和接班人，在全国范围开展全国青少年"振兴中华"读书教育活动。活动开展消息传出后，各地师生反应热烈。北京、上海、湖南、广东等地的市、区、县教育部门积极响应，制定出读书计划并开展一系列读书活动。将读书与教育学习计划紧密结合，如通过板报、广播、课后练习、参观、班会、演讲等活泼的活动形式，在读书中进行爱国主义教育。在教育与学习的基础上，组织全体参加者对书中试卷进行答卷，判出成绩，在1994年5月31日前由全国组委会选出1%的优秀答卷，评选出一二三等奖和团体奖，给予鼓励和嘉奖[4]。在本次活动中涌现的先进集体和个人于1994年暑期参加了夏令营，夏令营期间举办以"振兴中华"为主题的文艺联欢活动并对获奖团体和个人予以表彰和奖励。

1994年6月，中共北京市委宣传部、市政府文教办、北京市新闻出版局、教育局等12家部门主办，北京电视台、北京青年报社等22家单位协办"北京市青少年94—97读书工程暨'读百卷书、激爱国情'大型读书活动"[5]，对广大青少年进行爱国主义、社会主义、集体主义教育，弘扬民族精神，提

高文化修养。"读书工程"的读者对象分为红领巾读者（小学至初中二年级以下学生）、青年学生读者（初中三年级至大学生），职业青年读者（包括全市各行业青年、解放军、武警部队战士等）。在青少年基础上，逐步拓展读者面，带动全社会读书热潮。

读书活动从 1994 年开始，每年设定一个主题，向全市青少年重点推荐 30 余部思想性、知识性、可读性强的好书，引导并组织青少年开展阅读活动。活动内容和形式考虑青少年的特点，尽可能丰富多彩，活泼多样。主要包括"读书工程"先进集体及先进个人评比、"读书工程"专题文艺汇演、读书知识竞赛、发行"全钥匙卡"图书购物优惠卡活动等。此外，组委会还举办读书指导讲座、作品报告会、美文朗诵会等多种形式的文化活动，同时依靠新闻媒介的宣传，呼吁全社会热爱读书，传播优秀文艺作品，净化文化环境，提高文化素养，形成文明健康、积极向上的社会文化新风尚。

三、中国青少年新世纪读书计划

为引导青少年树立终生学习的信念，积极为迎接新世纪做好准备，1998 年 12 月，共青团中央联合中宣部、教育部、文化部、新闻出版总署等机构共同筹划并发起了"中国青少年新世纪读书计划"。该计划以共青团中央为主导，组织全国青少年开展读书活动，以提高其思想道德修养和科学文化素质为目标。"中国青少年新世纪读书计划"在全国范围广泛开展，组织了优秀图书推荐、主题读书活动、构建读书阵地、实施助学行动等活动。

（一）发布推荐书目，形成读书导向

针对广大青少年选好书难、读好书难的情况，团中央、中宣部、教育部、文化部等联合知名专家学者对征集图书进行认真评审后，推出"中国青少年新世纪读书计划《优秀图书推荐榜》"，通过《中国青年报》等媒体向社会公开发布。《优秀图书推荐榜》切合青少年读书需求，为广大青少年推了适合其阅读的好书，营造社会读书氛围，受到基层团组织和青少年读者的广泛好评。《优秀图书推荐榜》的推出，引领并带动了全国各地团组织开展读书活动。随后，围绕推荐书目，全国各地结合地方特色开展各类读书活动。

（二）开展读书活动，吸引青少年参与

紧密围绕党和国家的重点工作，开展大型主题读书活动。如新中国成立 50 周年之际，举办全国青少年纪念新中国成立五十周年知识竞赛，全国 20 余万青少年参加此次活动；为纪念江总书记关于发展两岸关系、推进祖国和平统一进程的八项主张发表五周年，在全国青少年中开展"祖国宝岛台湾在我心中"宣传教育活动，包括签名、出版《祖国宝岛台湾在我心中》青少年系列读本、知识竞赛等，在广大青少年中掀起"知我宝岛、爱我台湾、强我中华"的读书热潮。在全国性主题活动的带动下，黑龙江、吉林、山东、广西、四川、上海等地也以读书节、读书报告会、读书之星评比等活动为载体，运用演讲、报告、座谈、研讨等方式，广泛开展读书育人活动。

（三）建设读书阵地，营造读书氛围

依托青少年宫、青少年活动中心等创建的读书俱乐部、新世纪书屋、读书兴趣小组等读书服务组织是开展青少年读书活动的重要阵地。吉林、山东、河南、湖北等地团组织与实体书店和文化公司合作，创建新世纪读书俱乐部、新世纪书屋等组织，提供读书场所与服务；辽宁、河北、安徽等地团组织把读书计划的实施与街道社区文化工作结合起来，充分利用社区、乡镇文化阵地开展读书活动。除实体读书阵地外，中青网开设了"中国青少年新世纪读书网"，为青少年网上读书提供丰富内容。吉林、广西、山西等地在各种媒体开设读书栏目，组织青少年读者开展读书交流活动。网络读书阵地与实体读书阵地相辅相成，共同营造社会阅读氛围。

（四）实施助学行动，构筑成才梦想

为帮助贫困地区青少年接受教育，为振兴贫困地区培养高素质青年人才，团中央、中国青年报社等共同发起并实施"中国青少年新世纪读书计划助学行动"。助学行动 2000 年实施，产生良好的社会效果。共有来自全国 10 余个省市地区 300 余名青年学子获得捐赠，为贫困地区学子读书成才构筑了希望[6]。

四、始于广西推及全国的"知识工程"

1994 年，广西壮族自治区决定在全区实施一个以发展图书馆事业为宗旨，以倡导读书、传播知识、推动社会进步为目的的"知识工程"。随后的四年间，"知识工程"在广西取得了显著的成效，全区民众掀起了读书热潮，亦推动了整区各级图书馆的建设。广西的实践证明，实施"知识工程"，不仅是社会主义精神文明建设的需要，而且符合科教兴国的战略方针，对推动社会文明与进步具有重要意义。

鉴于广西取得的成绩，文化部对广西率先实施的"知识工程"予以高度评价和重视，并决定在全国范围实施"知识工程"。1997年1月，中央宣传部、新闻出版署、文化部、国家教委、全国总工会等九部委共同发出了《关于在全国组织实施"知识工程"的通知》，提出实施"倡导全民读书，建设阅读社会"的"知识工程"，期限为1997年至2010年。期间逐步实现以下目标：第一，形成全社会爱书、读书、利用图书馆的良好风尚，提高全民族的思想道德素质和科学文化素质；第二，完善图书馆布点及条件建设，使图书馆网点遍及城乡各地；第三，把知识送到农村去，提高广大农民素质，为科教兴农贡献力量；第四，提高各级各类型图书馆的服务质量、服务水平与服务能力，发挥图书馆在两个文明建设中的作用[7]。

"知识工程"是以大力发展图书馆事业为手段，以倡导读书、传播知识、弘扬文化为目的的一项社会文化系统工程。该工程标志着全民阅读工作上升到了国家政策的层面，大大提高了扶持和鼓励的力度，"知识工程"在全国范围开花结果。

（一）图书馆是实施"知识工程"主阵地

图书馆是社会公益性文化教育机构，在科学普及、知识传播、文化建设中发挥着不可替代的作用。在发展社会主义市场经济和加强社会主义精神文明建设的大背景下，在全国范围内推广"知识工程"，可以唤起广大民众读书热情，让更多人走进图书馆、了解图书馆、利用图书馆，充分发挥各级各类图书馆的作用。因此，全国各地各类图书馆是实施"知识工程"的主阵地。图书馆为实施"知识工程"提供物质基础。图书馆有极为丰富的图书、期刊、报纸等文献资源；图书馆的馆舍为读者提供理想的学习环境，是教育的第二课堂；图书馆有训练有素的图书馆员，能够帮助读者推荐书目、指导阅读、提供帮助。

（二）"知识工程"促进农村书屋建设

在广西"知识工程"开展后，文化部文化扶贫委员会、新闻出版署、共青团中央、四川省委宣传部、农民日报等5个单位随即联合推出"万村书库"工程。该工程旨在帮助贫困地区农民提高科技文化素质和致富能力，增加农民收入，活跃农村文化生活，改善农村社会风气，目标是在全国2万个村各建立一座小型图书室。"万村书库"工程是文化扶贫委员会成立以来组织开展的一次大规模的、较为集中的文化扶贫行动。文化扶贫通过各项活动来提高人们的科技文化素质，激励人们自强不息创大业，脱贫致富奔小康。"万村书库"工程开展后，在社会激起了强烈反响。广大农民要彻底摆脱贫困，就必须不断提高自己的科学文化素质，掌握先进的生产、经营、管理知识。而要做到这一点，就必须依靠知识的力量，让农民自觉自愿地去读书，去学习，去提高自身素质。

中宣部、文化部、农业部等都将实施好"万村书库"工程作为加强农村精神文明建设、活跃基层文化生活的重要措施。明确要求各地予以高度重视，抓实、抓紧、抓好。共青团中央还在1995年暑假期间组织了万余名大学生深入农村开展"万村文化使者"活动，帮助各地农民读好、用好"万村书库"图书。社会各界及海外人士对这个工程给予了极大的关注，纷纷捐书赠款，使"万村书库"工程的覆盖面范围不断扩大。自1994年开始实施至1995年12月，全国已有2.5万个村寨初步建起了小型图书室，拥有250万册各类实用图书，满足当地长期少书缺报的农民的阅读需求[8]。为充分发挥"万村书库"作用，指导、推动农民群众开展读书活动，文化扶贫委员会等单位于1995年举办了"万村书库"读书征文活动，并成立了以中宣部常务副部长、文化扶贫委员会主任徐惟诚为主任委员的读书征文竞赛活动指导委员会，具体活动由农民日报社组织实施。活动至当年10月底结束。各地农民踊跃参加，写出自己读书的收获与感悟，促进阅读活动迈上新台阶。"万村书库"工程具有强烈的现实意义和深远的历史意义。它是一项具有跨世纪意义的系统工程，也是彻底改变贫困地区落后面貌的基础性措施。"万村书库"工程促进全国农村书屋的建设，利在当代，功在千秋。

（三）依托"知识工程"促进家庭读书

家庭是社会的组成单位，家庭阅读对于培养全民尊重阅读、崇尚阅读的生活品质，促进社会文明进步有着举足轻重的现实意义。应重视家庭阅读，让家庭阅读应成为全民阅读的引擎，推动着社会的文明与进步。江苏省江阴市从1995年初开始，在全市城乡开展"一二三"家庭读书工程。该工程由市精神文明建设活动委员会领导，市委宣传部、市总工会、团市委、市妇联、市教委和各新闻出版单位配合，市文化局实施。具体内容是：从1995年到2000年，使全市70%家庭均拥有一个书架、两份报刊、300册健康向上的图书。为了推动家庭读书工程的实施，开展了"十佳"藏书之家和"优秀藏书之家"评选、"爱祖国、爱家乡"读书征文演讲竞赛等活动，极大调动全市家庭的参与热情，为家庭读书工程营造了良好的读书氛围。

开展"一二三"家庭读书工程是江阴市的一项独创，是在社会主义经济条件下加强社会主义精神文明建设的一项基础工程。其根本目的是通过买书、藏书这种手段，达到大家都来读书、用书的目的，营造一个"家家有好书，户户都学习，人人求知识，个个讲文明"的文化氛围。该工程实施一段时间后，不少地方初步形成了群众性、经常性的读书组织。"一二三"家庭读书工程虽然不是直接地建设基层图书馆的工程，但能间接地促进当地图书馆事业的发展，有效促进人民群众的读书，且具有投资少、见效大、易操作、覆盖面广等特点，作为"知识工程"的配套工程，取到良好效果。

（四）倡导"知识工程"开展全民读书活动

"知识工程"自创建之时到即将跨入21世纪之前，取得了一定的成绩和效果。特别是1998年12月22日江泽民总书记视察国家图书馆时号召在全社会大兴勤奋学习之风后，"知识工程"有了进一步的发展。先后举办几项全国性规模的读书活动，包括1999年在全国范围内展开的读书征文活动以及2000年组织全国各系统图书馆开展以"传播科学知识、宣传科学思想、倡导科学办法、弘扬科学精神"为主题的读书活动等，都获得了良好的成效。

1. 确定"全民读书月"活动

2000年12月1日，作为全国"知识工程"的重大项目，全国"知识工程"领导小组举办首届"全民读书月"活动，旨在"营造全民读书、终身学习的良好社会氛围，提高全民族的思想道德素质和科学文化素质"。此后，全国"知识工程"领导小组把每年的12月定为"全民读书月"。

首届"全民读书月"活动内容包括：①公布评选出的"读者喜爱的图书馆"和全国"优秀读书家庭""科技读书示范户"名单，并举办评选总结会，通过宣传典型，在全社会形成爱书、藏书、读书、用书的好风气；②各地组织图书馆、出版社、新华书店等单位开展丰富多彩的读书活动，如举办精品图书展、读书报告会、名篇朗诵会、读书标兵评选、组织各种知识培训等，促进广大群众多读书、读好书；③将"全民读书月"与"三下乡"结合起来，积极开展送书、送知识、送信息下乡，宣传科学精神，破除封建迷信，普及科技知识，增强致富本领；④倡议每人买一本书，读一本书，向西部送一本书，动员社会各界向西部地区图书馆赠书，为西部大开发贡献力量；⑤作为群众读书、学习主要场所的图书馆，努力提高为读者服务工作的水平和质量,如延长开放时间,优惠办理借书证,简化手续等,把更多的群众吸引到图书馆来[9]。

首届"全民读书月"活动具有很强的群众参与性和社会深入性,是中国首次真正意义上的全民读书活动。活动以文化企事业单位为主力军,注重活动形式的多样化,同时顾及到了东西部经济文化发展的不平衡,鼓励社会各界力量扶助西部地区,更没有忽视以此为基础提升图书馆系统的服务能力和质量,充分意识到以文化事业系统的作为内核才能支撑住社会文化前进的速度。

2. "全民读书月"交由中国图书馆学会实施

"全民读书月"活动由"知识工程"领导小组领导,在全国范围内产生积极影响。至2003年12月开展第四届"全民读书月"活动时,全国"知识工程"领导小组决定将"全民读书月"活动正式交由中国图书馆学会来组织和实施。

为使全民阅读更加深入人心,更具社会感召力,2003年"全民读书月"期间,中国图书馆学会向全国征集"全民阅读"徽标设计方案。2004年4月23日"世界读书日"宣传活动中揭晓,使全民阅读活动有了统一标识。中国图书馆学会为响应联合国教科文组织"世界读书日"的号召,将每年12月的"全民读书月"时间重新定为每年4月,并从2004年起,在每年4月23日前后举办一系列读书活动。当年,中国图书馆学会与中国文化报社合作,共同开展"知识工程推荐书目"活动,向公众推荐优秀书目100多种。"六一"期间,还与父母必读杂志社、红泥巴图书俱乐部、中国图书商报社等单位合作,在全国范围内开展了"我最喜爱的一本书"(儿童图书)评选活动。

2005年,中国图书馆学会成立了一个由图书馆业内专家和中国阅读学研究会、出版界及各界著名专家学者共同组成的"中国图书馆学会科普与阅读指导委员会",专门负责全民阅读活动的策划、组织和实施。同年,中国图书馆学会首次与中国作家协会、中国出版工作者协会、中国版权协会以及40余家出版社合作,共同策划和组织"世界读书日"10周年纪念活动。

3. "全民阅读"活动倡议书发布

2006年4月,中共中央宣传部、中央文明办、新闻出版总署、文化部、教育部等11个部委再次联合向社会发布《关于开展全民阅读活动的倡议书》,明确指出"世界读书日"的精神在于要"让世界上每一个角落的每一个人都能读到书",让读书成为每个人日常生活中不可或缺的部分。此次《倡议书》所提出的全民阅读活动,比以往的"全民读书月"更具体、更生动、更有活力,明确号召在全国各地在4月23日当天举办以"爱读书,读好书"为主题的全民阅读活动。这是中国首次与世界上的其他多个国家共同庆祝"世界读书日",是中国第一个真正意义上的全民阅读的活动日。自《倡议书》发布以来,在中宣部、文明办、新闻出版总署等部门的共同推动下,全民阅读活动的内容愈加丰富、形式不断创新,其覆盖范围和影响深度不断扩大,协调机制日益健全。

2009年4月23日,国务院总理温家宝到国家图书馆参加了第15个"世界读书日"活动,并发表了一席重要讲话,强调了精神力量对国家和民族未来的重要性,号召推动全民族养成读书的良好习惯,提倡"读书好,好读书,读好书"。在此号召下,2009年成为中国各省市全民阅读主题推广活动的大发展年。全民阅读活动逐渐扩展到全年,各地图书馆在每年的4月至6月,利用此间的世界读书日、五四青年节、图书馆服务宣传周以及"六一"儿童节等集中开展读书活动。

2009年7月,"中国图书馆学会科普与阅读指导委员会"正式更名为"中国图书馆学会阅读推广委员会"。从2004年至2010年,由中国图书馆学会策划组织的全国范围全民阅读活动的历年主题分别为:"关注青少年阅读,开创精彩人生"、"阅读丰富人生,共建和谐社会"、"图书馆:公众的权益和选择"、"图书馆:阅读社会的家园"、"图书馆:公民讲堂"、"让我们在阅读中一起成长"、"保障阅读权利,享受阅读快乐",通过明确的主题和丰富的活动,营造了良好的社会读书氛围,全民阅读得到极大发展。

五、创建学习型社会离不开图书馆

党的十六大报告在阐述全面建设小康社会的宏伟目标时,明确提出要"形成全民学习、终身学习的学习型社会,促进人的全面发展。"阅读是人们提高生命质量,建设学习型社会,促进社会和谐发展的重要手段。因此,在建设学习型社会的过程中,图书馆肩负着重要的历史使命。图书馆具有保存人类文化遗产、开展社会教育、传递信息科技和开发智力资源的职能,在创建学习型社会中的重要作用体现在如下方面:

(一)图书馆为学习型社会提供学习资源

图书馆是保存人类文化遗产等精神财富的宝库,它藏有很多图书文献资料，有很多读者喜爱的优秀读物，如思想性、教育性强的政治理论读物；文学性、艺术性强的文艺读物；科学性、实用性强的各科理论读物；信息含量高的实用文献，同时还收藏地方文献、特种文献等[10]。图书馆丰富的馆藏资源为学习型社会提供资源保障。

（二）图书馆为学习型社会提供学习场所

图书馆具有优雅而个性化的环境，并配备完善的服务设施和现代化的服务手段。图书馆具有浓厚的人文气息和学习氛围，是人们心中理想的知识殿堂。图书馆的树木、花草、书架、桌椅、各种宣传材料、标语口号和名言警句等都能为图书馆营造清新、安静、和谐的氛围，能从正面启发读者树立刻苦学习、努力拼搏的精神，对读者起到潜移默化的作用。因此，图书馆为学习型社会提供了一个最佳的学习场所。

（三）图书馆是终身学习的最佳机构

图书馆不仅拥有丰富的馆藏资源、先进的技术手段、完善的服务设施、优雅的学习环境，而且拥有经验丰富的馆员和高素质的信息检索专家，能够辅导和帮助读者学习如何获取信息，学会如何在知识的海洋中迅速获取自己所需的信息，能够解答读者在学习和工作中所遇到的各种疑难问题，使读者接受教育，获取新知识的过程更加顺畅[11]。因此，图书馆是终身学习的最佳机构。

（四）图书馆是社会教育的重要基地

图书馆的社会教育功能主要表现在三个方面：一是知识与信息素养教育。图书馆通过讲座、报告、咨询、培训等丰富多彩的活动来培养公众信息获取的能力；二是专业技能教育。图书馆根据社会职业需求，邀请各行各业专家学者举办一些专业技能培训来提高公众的生存能力；三是综合素质教育。图书馆可以提供必备的通识知识教育，如计算机技能培训和英语普及教育，提高群众综合素质。

鉴于图书馆在学习型社会建设中的重要作用，各地各类型图书馆在构建学习型社会的号召下，建立全民阅读的载体形式，打造学习型社会的读书平台，做好构建学习型社会的主力军。以"家庭藏书、读书、用书展评"为主要内容，塑造学习型家庭，组织家庭读书活动，打造学习型社会的家庭平台；以"指导学生读书、开展读书活动"为主要内容，丰富和拓展大中小学生的知识面，构建学习型社会的校园平台；以举办"读书节"为主要内容，在全社会广泛开展读书活动，培育学习型社会的群众平台；与电视台、电台、报社等媒体联姻，努力提高读书活动的社会影响力，搭建学习型社会的舆论平台[12]。通过家庭、校园、群众、舆论四个平台的搭建，逐步倡导、引导、指导全民读书，建立学习型家庭和阅读社会，提高全民科学文化素质，最终促进学习型社会建成。

六、结语

从上世纪80年代初到本世纪初的30多年时间里，社会读书风气经历了由停滞到复苏，再到转型发展的重要历史周期。"振兴中华"职工读书活动是全民性读书活动的先行者，是全民阅读的萌芽，使我们看到了群众性读书活动对社会阅读氛围形成的积极作用。而瞬息万变的90年代，使得全民读书活动具有全新的时代特征。自90年代起，中国的全民读书活动开始引入图书馆的力量，开始重视导读工作，同时出现了专门研究阅读、推广阅读的组织和人群，在他们的推动下，全民阅读工作渐趋系统化、科学化，全民阅读范围进一步扩大。21世纪初，在"知识工程"和"建设学习型社会"的大形势下，又掀起了一股新的读书热潮。在经济生活更富足、文化生活更繁荣的时代背景下，国民深刻意识到了求学、求知的重要性，读书活动更是得到了国家层面文化政策的指引和扶植，开创了前所未有的全民阅读新局面。实践经验表明，全民阅读氛围的形成，需要国家层面的倡导与扶植，需要全社会图书馆等各文化机构的通力协作，需要新闻媒体营造的舆论氛围，需要各地区的具体落实，更需要全社会每个单位、每个家庭、每个个体对读书的热情与坚持。中国的全民阅读工作将由起步和探索阶段逐步走向转型与升级。

参考文献：

[1]　虞.上海市开展"振兴中华"职工读书活动.图书馆杂志,1982年第3期.
[2]　王宁军.北京市的职工读书活动.北京成人教育,1984年第11期.
[3]　许琳瑶.从"振兴中华"读书活动到全民阅读推广工作:1982－2012,硕士学位论文,南京大学,2013年.
[4]　佚名.全国青少年"振兴中华"读书教育活动开展办法.中小学管理,1993年第6期.
[5]　苏志军.北京青少年"94－97"读书工程.中国出版,1994年第10期.
[6]　共青团中央.中国青少年新世纪读书计划.希望月报,2004年第24期.

[7] 佚名.全国"知识工程"实施方案.河南图书馆学刊,1997年第2期.
[8] 麦群忠.振兴图书馆事业的三大"工程"——"知识工程"、"万村书屋"工程、"一二三"家庭读书工程述评.图书馆论坛,1996年第4期.
[9] 严长元."全民读书月"活动在全国铺开.中国文化报,2000-12-12①.
[10] 陈红燕.建构学习型社会图书馆大有可为.湖北广播电视大学学报,2005年第5期.
[11] 甘小兰.发挥图书馆在创建学习型社会中的作用.图书馆论坛,2005年第3期.
[12] 张献锋.构建学习型社会的读书平台.科技信息(学术研究),2007年第3期.

第三章 全民阅读工程的推动与升级

一个人阅读能力的高低，直接影响到他个人的修养和境界，一个国家国民阅读能力及全民阅读率的高低则直接影响到国家文化软实力和综合国力的强弱。2007年，中国共产党第十七次代表大会报告中明确提出要"建设全民学习、终身学习的学习型社会"；2009年，习近平在中央党校进修班暨专题研讨班开学典礼上指出要推动"学习型政党"和"学习型社会"建设，并要求领导干部要"爱读书、读好书、善读书"，为全民阅读推广活动提供了有力的战略指引。中宣部、中央精神文明办、新闻出版总署、文化部、教育部等有关部门采取了一系列积极举措，倡导和组织开展全民阅读活动，大力建设书香社会。中宣部、新闻出版总署等部门从2006年起，每年都专门下发通知，部署全国各地各部门共同开展全民阅读活动。通过政府部门和社会各界的共同努力，推动全民阅读活动深入开展已经成为全社会的共识，全民阅读活动在全社会开展得如火如荼。

一、全民阅读活动的倡导与确立

1972年联合国教科文组织提出"走向阅读社会"，呼吁倡导全民阅读后，世界各国积极响应。中国的全民阅读活动开始于1982年的"振兴中华"读书活动，该活动由上海市总工会、解放日报社、团市委、市出版局共同筹划。主要面向当时上海市数量庞大的工人群体，活动内容形式多种多样。"振兴中华"读书活动激发了工人群体的强烈求知欲，引领了职工们的阅读方向，调动了广大民众的阅读热情和参与性。随后，中华全国总工会将上海读书活动的经验广泛推广至全国，仅在1983年内该活动就覆盖到了29个省、市、自治区，全国大约有1 000万名职工参加，各省市在活动的主题中还加入了各自的地方特色，全国范围掀起了"振兴中华"的读书热潮。此后，还有1993年的全国青少年爱国主义教育读书活动；1997年实施的"倡导全民读书，建设阅读社会"的"知识工程"以及1998年的中国青少年新世纪读书计划。而把全民阅读最为一项有目的的活动进行推广，则始于 2000 年全国知识工程小组决定每年 12 月举办的"全民读书月"。自 2003 年起，中国图书馆学会将全民阅读工作纳入到年度计划中。2005 年，将"倡导全民阅读"作为重要任务写入《中国图书馆学会章程》，并在中国第一个《图书馆服务宣言》中郑重承诺：图书馆以促进全民阅读，为公民终身学习提供保障为职业目标和社会责任[1]。同年，中国图书馆学会首次成立阅读推广专门工作委员会，所属 15 个专业委员会的 200 余位专家、学者，遍布全国各级学会组织和图书馆，形成一支具备理论与实践能力的骨干队伍，从事阅读活动的策划、组织、实施以及研究工作，为"全民阅读"的推广提供了重要的、强有力的组织保障和队伍保障[2]。

2006 年，中共中央宣传部、中央文明办、新闻出版总署、文化部、教育部、解放军总政治部宣传部、中华全国总工会、共青团中央、中华全国妇女联合会、中国科学技术协会、中国作家协会等 11 个部委共同向全社会发出《关于开展"爱读书，读好书"全民阅读活动的倡议书》。倡导在 2006 年 4 月 23 日来临前夕，全国各地各部门各团体，积极开展丰富多彩的读书推广活动，为全民阅读营造良好的读书环境。提倡全国各地的图书馆围绕"全民阅读"组织讲座、荐书、咨询、展览等读书宣传活动。全国各大书店、书城开展优惠售书活动，各地各有关部门还要开展"向困难群众赠书"等专项活动，让全民人人有书读，家家有书香。《关于开展"爱读书，读好书"全民阅读活动的倡议书》的发布将全民阅读推广到各行各业，中华大地遍布书香。

二、全民阅读活动的推动与升级

（一）17 个部门联合发出全民阅读活动倡议

2007 年 4 月 23 日世界读书日即将到来之际，由中宣部、中央文明办、新闻出版总署、中华全国总工会、共青团中央、中华全国妇女联合会、教育部、民政部、财政部、文化部、国家广播电影电视总局、解放军总政治部宣传部、中国文学艺术界联合会、中国作家协会、中国科学技术协会、中国出版工作者协会、北京市人民政府等 17 个部门联合发出了《开展以"同享知识、共建和谐"为主题的全民阅读活动倡议》。倡议提出，"世界读书日"前后，各地和各有关部门要集中组织开展形式多样的读书活动。如推荐优秀出版物活动、读书征文活动、社区阅读活动和读书会、读书知识竞赛等，引导广大群众积极参与阅读，多读书、读好书，养成良好阅读习惯，提升阅读水平。要充分利用公共图书馆、学校图书馆、社区阅览室、职工之家、农家书屋等场所，为群众阅读提供便利条件。要推动开展"中小学生阅读示范点"建设活动，并先在北京、上海、广州等大中城市的中小学校试点。

倡议还提出，"世界读书日"前后，各地和各有关部门要围绕"同享知识、共建和谐"的主题，集中组织开展各种形式的捐赠助读活动。要深入基层、社区、农村，把优秀图书送到边海防一线官兵、边远农村群众、下岗职工、进城务工人员及其子女手中，缓解他们"买书难、看书难"的状况，让全社会享有同等的阅读权利。为充分发挥先进典型的导向示范作用。倡议提出，今后，有关部门要在每年阅读活动结束后，组织开展"优秀组织奖"等评选活动，并在下一年度活动时进行表彰。同时，继续组织开展主题征文活动。有条件的地区和部门，可围绕今年全民阅读活动的主题，组织并推荐优秀征文参加全国统一评选。倡议还提出，推动全民阅读是一项长期的任务，不可能一蹴而就，要建立长效机制[3]。

联合署名发出《关于开展全民阅读活动倡议书》的部门由2006年的11个增加到17个，涉及面越来越广，参与群众越来越多。此后每年，新闻出版总署都联合相关部门发出倡导全民阅读的通知，倡议全国各地各有关部门开展丰富多彩的阅读推广活动，推动全民阅读活动的开展。

（二）设立了全民阅读活动组织协调办公室

2008年，"全民阅读工程"被列为新闻出版总署的"五大工程"之一。在新闻出版总署设立了全民阅读活动组织协调办公室，负责具体协调活动的组织和开展，全面推进"全民阅读工程"。2009年4月，中宣部、新闻出版总署联合印发《关于进一步推动全民阅读活动的通知》。通知说，在党和政府高度重视、各地各有关部门共同努力下，几年来，全民阅读活动持续开展，成效明显，社会影响越来越大。为巩固扩大已有成果，中宣部、新闻出版总署在已有工作基础上，继续会同中央文明办、教育部、民政部、文化部、全国总工会、共青团中央、全国妇联、解放军总政治部等部门，进一步加强对全民阅读活动的组织领导和协调，进一步丰富活动的内容和手段，进一步在全社会形成"多读书、读好书"的良好舆论氛围和文明风尚，更好地为提高全民族思想道德和文化素质，推动经济社会又好又快发展服务。通知指出，希望各地结合实际，设计和实施推动本地区全民阅读活动的具体安排。同时，要努力探索、不断创新全民阅读活动的方式。充分利用广播、电视、期刊、报纸、网络、手机等多种载体、多种途径，加大宣传力度，进一步扩大全民阅读活动的社会影响，吸引更多群众参与全民阅读。通知强调，推动全民阅读是一项长期任务。希望各地党委宣传部和新闻出版局要建立长效机制，把全民阅读活动的开展与精神文明创建活动结合起来，与建设出版公共文化服务体系结合起来，纳入创建文明城市、文明单位、文明社区、文明村镇、文明家庭活动和农家书屋、职工书屋、社区书屋等建设工作中，务求取得实效。对全民阅读活动中的好做法好经验，要认真总结推广。经过政府和全社会的共同努力，全国上下处处飘溢着书香，从城市到农村，从组织到个人，崇尚阅读的风气日益浓厚。全社会正在形成以促进全民族素质提高为宗旨，以加强爱国主义和理想信念为主题，以青少年群体为重点，"多读书、读好书"的良好氛围和文明风尚[4]。

（三）新闻出版总署发布全民阅读活动计划

2010年，新闻出版总署发布《2010年全民阅读活动计划》，要求各省（区、市）和新疆生产建设兵团党委宣传部、文明办、新闻出版局等全民阅读活动组织协调办公室成员单位，组织开展丰富多彩的主题阅读活动，希望通过开展全民阅读，引导广大党员干部和基层群众"读好书，做好人"，在全社会大兴读书之风，大力培育人文精神，为推动科学发展、促进学习型党组织和学习型社会建设营造良好的社会文化氛围。由最初的活动倡议发展到启动具体的活动计划，表明了政府对全民阅读活动的重视。

2011年，在第16个世界读书日到来之际，为进一步在全社会形成"多读书、读好书"的良好氛围和文明风尚，新闻出版总署下发《关于深入开展2011年全民阅读活动的通知》，决定继续在全国范围内开展全民阅读活动。《通知》要求各地各部门创新全民阅读活动的内容和形式，推进基层读书活动。此外，将重点鼓励和倡导社会各界共同参与全民阅读活动，完善和落实社会力量捐赠公益性文化事业的政策措施。指导新闻出版系统、各地方围绕年度主题，结合自身实际，进一步推动全民阅读活动广泛深入开展。

（四）"倡导全民阅读"首入党和政府工作报告

2012年7月，国务院《国家基本公共服务体系"十二五"规划》，将"广泛开展全民阅读活动"正式列入国家基本公共服务规划。2012年，党的十八大报告把"开展全民阅读活动"第一次写进了党的政治报告，将全民阅读作为增强中国文化软实力的重要举措,体现了我们党对全民阅读活动的高度重视。2013年全国两会期间115位政协委员联名签署并提交的《关于制定实施国家全民阅读战略的提案》。在提案中,明确提出了"由全国人大制定《全民阅读法》、国务院制定《全民阅读条例》"的建议。建议认为,为全民阅读立法,就是以法律法规的形式将推动全民阅读工作纳入法制化轨道,确定政府为促进全民阅读的责任主体。

2016年2月,国家新闻出版广电总局根据国务院立法工作计划起草了《全民阅读促进条例》(征求意见稿),分为总则、全民阅读服务、重点群体阅读保障、促进措施和法律责任5章。为增强立法透明度、提高立法质量,征求意见稿已面向社会公开征求意见。与此同时,全民阅读立法起草工作小组已草拟了《全民阅读促进条例》初稿。中国的全民阅读活动由"无法可依"到"立法保障",已经构建成一项成熟有序、可持续发展的一项全国性系统文化工程。2014年3月5日李克强总理作的《政府工作报告》中,提到:"促进基本公共文化服务标准化均等化,发展文化艺术、新闻出版、广播电影电视、档案等事业,繁荣发展哲学社会科学,倡导全民阅读"[5]。全民阅读首次写入政府工作报告,2015年全民阅读再次写入《政府工作报告》,李克强总理提到:"提供更多优秀文艺作品,倡导全民阅读,建设书香社会。"2016年,全民阅读第三次写入《政府工作报告》,李克强总理讲到:"深化群众性精神文明创建活动,倡导全民阅读,普及科学知识,提高国民素质和社会文明程度。"中国全民阅读活动通过不断地推进,已经取得很好的效果。但民众的阅读情况与世界"阅读大国"的差距还很大,如今政府已经意识到确实需要通过阅读来提高全民的文化素养,全民阅读活动已由"民间提案倡导"上升为"国家重要战略",这是全民阅读工程的关键性转变与重要升级。

三、全民阅读推广力量的构建

全民阅读推广力量是指提倡、指导、组织、支持社会阅读活动的有关组织力量。它包括社区、家庭、学校、图书馆、出版发行机构、专业学术团体、政府、企业、民间阅读组织等。它们在全民阅读推广中承担着不同的角色定位和功能分配。

(一)阅读推广工作的前沿力量

家庭、社区及学校承担着阅读推广工作的前沿力量。家庭是社会的细胞,作为培养健康阅读方式、创造良好阅读氛围的重要场所,家庭是推进全民阅读的前沿力量之一。民众的阅读兴趣和能力的培养离不开教育,尤其是家庭教育和学校教育。而对于阅读来说,家庭教育更为重要,因为阅读最关键的时期是儿童时期,这是人的精神饥饿感形成的关键时期,是培养良好阅读兴趣与阅读习惯的最佳时期。而儿童时期陪伴孩子最多的是家长,因此很多国家重视儿童阅读推广,如风靡英美诸多国家的"阅读是基础"运动,英国的"阅读起跑线"计划等。中国古代和近代亦有"耕读传家"的家庭教育传统,然而近年来,这种传统正在丧失。现在很多家长更多的是为孩子们提供物质和环境,缺乏阅读兴趣和阅读能力的培养。正是基于这种社会阅读现状,自1997年中央宣传部等九部委提出实施"倡导全民阅读,建设阅读社会"的"知识工程"起,一批自诩为"儿童阅读推广人"的有识之士以星火燎原之势在各个领域实行和推广儿童阅读,并提出"重建家庭藏书"的传统回归[6]。这一系列努力使得中国的儿童阅读得到了有效改善,第十一次全国国民阅读调查数据显示,2013年中国0~8周岁儿童人均图书阅读量为5.25本,比2012年的3.85本提高了1.40本。

虽然中国的儿童阅读数据有所提升,但与发达国家相比,中国儿童阅读在起步年龄、阅读量和图书拥有量上仍有很大差距;而且儿童阅读率的提升并不意味着家庭阅读的改善,因为中国成人阅读率依然较低。据调查,2013年中国成年国民对个人阅读数量评价中,只有1.2%的国民认为自己的阅读数量很多,8.4%的国民认为自己的阅读数量比较多,有37.6%的国民认为自己的阅读数量一般,52.8%的国民认为自己的阅读数量很少或比较少[7]。如果在保证儿童阅读率上升的同时,又要保证阅读质量的提升,就不能忽视对家庭中成人的阅读推广工作。这时,社区的阅读推广工作就显得尤为重要。因为一方面通过社区活动可以带动家庭阅读,另一方面在社区阅读推广活动中,家长也能在自身阅读和儿童阅读方面受到启发和指导,以更好地实践亲子共读,同时改善成人的阅读现状。

学校教育是培养学生的各种学习技能,其中最为关键的一点是,让学生养成良好的阅读的习惯、兴趣和能力。目前中国各级学校十分重视对学生阅读能力的培养,开展多种形式的阅读课程并举办各类活动。例如开设中小学的阅读写作课,从小培养孩子们的阅读兴趣和能力;一些学校举办校园文化节,将阅读板块作为重点内容,同时也结合相关重大节日开展主题阅读、主题征文活动。但是，在这方面中国仍然存在着以升学考试为目标，教师的指导方向有所侧重。使得中国学生的阅读大多数功利性较强，阅读技能和兴趣的培养较为落后。学校应该淡化应试教育理念，加强对学生的阅读关怀。本着育人成人的教育理念，对学生多一些人文精神的阅读关怀，少一些功利虚名的应试压力。学校要培养学生的阅读兴趣和能力，首先必须提升教师的阅读素养，做好对教师的阅读推广工作。另外增加阅读方面的课程内容，增加学生自主阅读的时间，让学生可以自由地选择自己想看的图书、不写读后感、不评定成绩。真正地做到快乐阅读、爱上阅读。

(二) 阅读材料提供者和活动承办者

首先，图书馆系统和出版发行系统为阅读提供材料，提供前进的力量。全民阅读推广工作的首要任务是健全这两个系统，为民众营造易读的环境。图书馆不仅为民众提供阅读场所而且提供优秀的阅读材料。图书馆拥有学科覆盖面广、系统性强、载体形式多样的丰富的文献信息资源，为全民阅读的开展提供了物质保障。但是，图书馆资源建设的大型化、集中化与传统、封闭和相对单一的阵地服务模式，导致存在着民众不了解图书馆功能的普遍现象，图书馆日益庞大的文献资源只能满足小部分现实读者的阅读需求。因此，图书馆一方面要增加实体服务网点，使图书馆的服务网络延伸至民众身边，让民众可以不用走很远的路就享受到阅读服务。另一方面图书馆需加快建设馆藏的数字化资源，不断引进出版市场的数字资源，积极参与全国文化信息资源共享工程的建设，充分发挥网络功能。使市民可以在家中、办公室或其他任何具备互联网条件的地方，不受时间、地点和资格的限制进行自由随意的阅读，免费使用图书馆的海量的数字资源。对于出版发行机构来说，要在保证民众阅读资源数量的同时，更要力争出好书、出有用的书，保证全国人民有好书可读，担当起为全民阅读提供资源保障，切实履行改善全民阅读条件的职责。1999年经新闻出版总署批准，由中国出版科学研究所组织实施的"全国国民阅读调查"活动在全国展开，它是全面了解中国国民阅读倾向发展趋势和文化消费现状而进行的一项连续性、大规模的基础性国家工程，自1999年开始每两年进行一次，至2014年已开展11次调查活动。该调查旨在全面了解中国国民的阅读与购买兴趣、偏好、方式、需求、行为等基本状况和变动情况，分析、总结国民阅读与购买图书、杂志、音像制品、电子出版物等的变化规律和发展趋势，从而为国家新闻出版管理机关制订有关出政策提供决策参考,为出版单位进行科学的投资决策、有针对性地制订选题计划、组织营销等提供市场参考[8]。

其次,图书馆系统和出版发行机构又可以立足于自身所拥有的阅读资源而直接开展各种类型的阅读推广活动。就目前中国的全民阅读推广现状,图书馆和出版机构是全民阅读推广活动的重要力量之一,承担着大部分阅读推广活动。每年"4.23"世界读书日前后,由中国阅读推广委员会发出倡导,图书馆界和出版界都掀起了浪潮般的阅读推广活动,规模或大或小,形式主题灵活各样,通过各种活动激发起人们的读书热情,把被动阅读变成主动阅读,真正实现全民阅读。此外,中国出版集团实施"畅销书推广计划"和"常销书推荐计划",花费很多努力向读者推荐好书。而每年一届的全国图书交易博览会也不仅仅是图书订货会,也是一次全国性的全民阅读推广活动。全国图书交易博览会(原名全国书市)每年会在不同的城市举办,制定不同的主题,根据主题开展形式多样的阅读推广活动,如在博览会期间,大批作家、学者、社会知名人士及相关传媒人士会云集到博览会举办城市,以读者见面会、新书发布会、签售会等多种方式与民众进行深入交流,鼓励民众多读书、读好书。

另外,致力于阅读研究和推广的专业学会也积极参与到阅读推广活动中,它们不但对全民阅读活动提供具体的指导,还参与策划和组织阅读推广活动。例如推荐书目、举办读书报告会等。在这其中比较有代表性的是中国图书馆学会和中国阅读学研究会(中国写作学会阅读学专业委员会)。自2003年7月起,中国图书馆学会接受文化部的委托,开始组织全国图书馆行业的全民阅读活动,将全民阅读工作纳入年度计划。2005年,将"倡导全民阅读"作为重要任务写入《中国图书馆学会章程》。2006年,中国图书馆学会首次成立阅读推广委员会,首届名为"科普与阅读指导委员会",成立至今,阅读推广委员会的专业委员会已经发展为15个,已有300余位专家、学者,遍布全国各级学会组织和图书馆,形成一支具备理论与实践能力的骨干队伍,从事阅读活动的策划、组织、实施以及研究工作,为"全民读书"的推广提供了重要、强有力的组织和队伍保障。阅读推广委员会建立了"全民阅读网",使之成为阅读推广工作的交流平台和宣传阵地;创建了"全民阅读论坛"品牌项目,每年设立不同的主题,在不同的城市举办一次,收到了良好的社会反响;各个专业委会还在各地举办了丰富多彩、形式多样的阅读推广活动。如在广东中山举办的"中山杯"纪念辛亥革命 100 周年全国青少年故事大赛；在山东泰安举办的"图书馆阅读的影响因素"学术研讨会；在河北承德举办的"图书馆与经典阅读"征文活动和研讨会；在深圳举办的"全国少儿阅读峰会"；在河南南阳举办的"悦读青春"专题研讨会；在福建厦门举办的"海峡两岸图书馆讲座研讨会"等等。

中国阅读学研究会在 2005 年加入国际阅读学会（总部设于美国特拉华州纽瓦克的国际阅读学会，是一个世界性的专业非盈利阅读组织）成为团体会员。这是一个旨在提高公众阅读水平、倡导终身阅读习惯，进行阅读指导、推动阅读问题研究的、由各有关国家的全国性阅读协会和个人组成的国际性阅读学专业组织[9]。建会以来，中国阅读学研究会先后召开过多次学术年会和读书报告会等，积极推广全民阅读工作。2014 年第十九个"世界读书日"来临之前，中国阅读学会推出了《2014-2015 阅读年度校园读物推广好书榜（36 种）》。参选书籍主要来源于江苏省新闻出版局提供的 2013 年度好书目录，以江苏省内高校图书馆馆长、南京大学信息管理学院专业博硕士为评选人主体，并广泛征求了南京大学学生的阅读意见。书榜的推出是希望推动在校师生利用校园生活的优越条件，结合自身兴趣和爱好，阅读各领域的佳作好书、名著经典，自觉实现知识结构和人文素养的转型升级。

（三）阅读推广活动发起者和阅读推广体系构建者

政府作为社会的管理者，掌握着一定的权利和资源，同时，由于政府具有极强的权威性和广泛的社会影响力，也必然成为推进全民阅读推广工作的主导力量，是阅读推广活动的发起者和阅读推广体系的构建者。政府参与阅读推广活动可以扩大阅读推广活动的影响力，为活动增加了行政保障，也可以提供财力支持。另外，政府凭借其权威性，可以调动社会各方面的资源参与到阅读推广活动中，并能从全局的角度出发全面协调各方力量，逐步形成有效地阅读推广体系。近年来，中国政府通过制定相关的政策措施、法律法规及组织协调各方面资源，全方位地推进阅读推广工作，使阅读推广活动落到实处。如 1997 年，中共中央宣传部、文化部、新闻出版署等 9 个部委联合下发了《关于在全国组织实施"知识工程"的通知》，提出了实施"倡导全民读书，建设阅读社会"的"知识工程"。2000 年全国知识工程小组确定每年 12 月为"全民读书月"。2004 年 4 月 23 日以"倡导全民阅读 共建书香中国"为主题的"世界读书日"宣传活动在北京举行，活动由全国知识工程领导小组、文化部主办，中国图书馆学会、国家图书馆承办。这是中国第一次如此大规模、大范围地宣传、组织"世界读书日"活动。此后，国家相关部门每年都倡导各地继续开展形式多样的全民阅读活动。各级地方政府还会组织区域性的书展、读书节等活动，促进当地民众开展阅读工作。如"深圳读书月"、"东莞读书节"、"苏州阅读节"等活动，均是以地方政府为指导，成立了相关阅读指导机构（深圳读书月组委会读书指导委员会、东莞读书节工作协调小组、苏州阅读节组委会），策划、组织、开展并指导每年一次的读书活动。

民间阅读推广机构是指专门致力于或服务于全民阅读推广的民间组织。它们通过承揽政府或民间的全民阅读推广项目来开展阅读推广工作；或是与图书馆、出版机构合作，借助于传媒机构、学校、社区等其他社会力量开展阅读推广工作。总的来说，民间阅读推广机构相较于政府和其所设立的阅读推广机构，具有较大的运营自由度，可自由设定阅读推广的对象、主题、范围、策略等，有很强的灵活性；相较于图书馆、出版机构，运作成本较低，回报率高；相较于通过资金、资源等方式赞助阅读推广工作的其他社会组织，具有较强的专业性和组织性，拥有相对深厚的理论专业水准和实践推广经验。中国的民间推广机构主要有民间读书会、公益阅读推广组织等。如"公益小书房"公益阅读项目是由广大儿童文学爱好者和阅读推广人自愿组建的面向0~14岁儿童的民间公益阅读推广组织。"公益小书房"以全面提高中国儿童的阅读水平，推广早期阅读的概念，建立健康有益的儿童文学阅读经验，大力倡导和发展愉快阅读和非功利性阅读为宗旨。"公益小书房"主要活动包括：建立公益性儿童阅读图书点开展读书会、故事会、游戏会等主题阅读活动。通过公众演讲、大众媒体、互联网络、课外教育、群众性活动等各类活动，在家长和孩子中培养亲子阅读、愉快阅读和非功利性阅读的意识等[10]。

（四）助推全民阅读活动的得力助手

开展全民阅读活动需要动员社会各方面的力量，特别是各种民间团体和基层的组织。诸如读书基金会、读书研究会、企业组织、传媒机构等，它们是助推全民阅读活动的得力助手。与正规组织的阅读推广机构相比，那些基于共同兴趣和个人意愿的读书会、读者俱乐部等民间读书组织在阅读推广工作中具有更强的渗透性和影响力。如北京读书人俱乐部、中华经典读书会等。

此外，利用网络平台建立虚拟阅读社群，如豆瓣阅读俱乐部、华网读书协会、新浪书友会等。民间社团越来越成为推动全民阅读活动的有效力量。企业组织和商业机构是阅读推广活动中的有力赞助者，很多阅读推广机构在开展阅读推广活动时获得了他们资金的支持。企业组织和商业机构捐助是全民阅读推广经费的重要来源。此外，传媒机构是全民阅读推广工作中不可或缺的助手。媒体承担着引导和唤起民众阅读热情的文化使命，媒体机构可以利用广播、电视、报刊、讲座等，宣传阅读意识、阅读价值，报道各地开展的阅读推广活动，激发民众的阅读积极性、主动性，为开展全民阅读活动营造良好的舆论氛围。同时，传媒机构凭借自身所持有的传播平台和信息资源，开展独立的阅读推广活动，如中央电视台《开心辞典》栏目举办的全民阅读中华经典知识竞赛、中央电视台《文明中国》栏目的《读书改变名誉，知识成就人生》系列专题节目、《光明日报》征集读书故事等。

（五）热爱读书者的自觉行动

全民阅读活动一个不可忽视的推动力量是热爱读书者的自觉行动。如作家、教师、热爱读书人等。他们不但自己是热爱读书的人，还逐步成为阅读推广人。这些力量源于民间，深入基层，具有较强的活力和生命力。如《深圳特区报》阅读周刊主编，"后院读书会"发起人王绍培，他作为媒体人，使《深圳特区报》阅读周刊成为编发精彩书评，推介新书好书的重要平台，作为书评人，他开辟了个人专栏，积极倡导雅正的阅读价值；作为读书会发起人，他创办的后院读书会已逐步发展为深圳最具影响力和特色的民间读书社团。为了表彰他在全民阅读推广活动中的贡献，2011年被深圳评选为十大全民阅读推广人之一。燕京读书会的发起人陈达隆也是典型的代表人物之一，由他发起的燕京读书会是一个以传承中华生命智慧为目标的共同修学团体。从2008年6月起，每两周的周六上午，来自北京各高校的教师和学生、职场上的白领、有时甚至是退休的老人等聚集到一起，由多位教授、专家义务在场指导，精读、讨论儒释道经典文本。陈达隆先生的初衷是让参与者"精神得自主，生活有意趣，身体更健康。不是在欣赏古董，而是感受到这种读书方式对自己生活带来新的意义，更深入地体会古人的人格境界"[11]。读书会通过定期的公益活动，持续为阅读推广工作贡献着自身的力量，效果显著。

四、典型的阅读推广活动形式

（一）大型图书博览会

图书博览会最初的功能是为读者和出版企业搭建了一个购书销书的平台。而后图书博览会逐渐出现了新的功能，它不再是最初单一的图书交易活动，而是发展为出版物展销、信息交流、行业研讨和倡导全民阅读等功能为一体的文化盛事。图书博览会从最初的"推广书"发展到现在更多的是"推广阅读"。例如第二十三届全国图书交易博览会以"文耀贵州，书博天下"为主题，1 200多家参展商携书60万册"亮相"书博会，参展规模为历届之最。开展了170多项活动，涉及学术研讨、产业论坛、新书签售、名家讲坛、演讲大赛等。"读者大会"邀请了王蒙、吴敬琏、欧阳自远、阎崇年、曹文轩、汪洋等著名作家、学者，与读者交流读书的乐趣与心得，掀起规模空前的全民阅读热潮，为书博会的举办营造了浓厚的文化氛围。图书博览会所营造的气氛，不仅能唤醒民众的阅读意识，还能够激发民众的阅读热情，从而推进全民阅读，达到提升民众素养、丰富文化生活的目的。目前中国的图书博览会分为三个层次，一个国际性即北京国际图书博览会，三个全国性分别是全国图书交易博览会、北京图书订货会和"上海书展"，以及四百多个全国不同城市举办的规模不等的大小书展[12]。全民阅读热潮也在图书博览会的引领下不断高涨。

（二）文化展览和讲坛

文化展览是指以图文并茂的形式，通过实物、展板或展台，将特定的主题内容系统地展示给读者。由于展览的周期长，并且对观看时间没有限制，读者可以根据自己的时间和阅读习惯来接受其中的信息。展览的内容形式多样，如：作家手稿展、户外安全主题展、动漫展等，分别针对不同兴趣的读者群。目前，中国的很多图书馆都会定期地开展主题展览活动，并将展览的主题与时间在网站上提前公布，吸引读者走进图书馆。如，中国国家图书馆开展了"敦煌遗书"、"历史的审判——馆藏东京审判图片展"等。上海图书馆开展的"欢欢喜喜过大年——馆藏中国春节习俗文献展"，"《小说林》创刊百年文献展"，"《三毛流浪记》《三毛从军记》版本展"等。这些展览即揭示和宣传了馆藏，又吸引了读者的阅读兴趣，受到了读者的一致好评。

讲座，因其集趣味性、知识性和互动性为一体，形式活泼，而深受广大读者的喜欢和欢迎。是全民阅读推广的重要活动形式。民众可以通过讲座的形式，获取书本知识，养成良好的阅读和求知的习惯。近年来，全国范围内各类型讲座开展得如火如荼。如央视"百家讲坛"的热播，带动了"名著阅读热"、"古典文学阅读热"，使很多电视观众转化为书籍读者。另外，各级公共图书馆积极开展各种免费公益讲座，如国家图书馆的"文津讲坛"、广东省省立中山图书馆的"岭南大讲坛"、上海图书馆的"上图讲座"、深圳图书馆的"深图讲座"等。这些讲座以深入浅出的讲解、丰富多样的实用信息受到广大市民的喜爱。同时对营造良好的阅读氛围，引领民众阅读发挥了积极作用。

（三）征文演讲和知识竞赛

通过组织主题赛事活动可以有效地反馈读者的阅读效果，也可为读者施展个人才华提供了舞台。通过组织征文演讲活动，能够使民众积极地参与到读书活动中，将自己的读书心得与其他读者分享。另外，举办与"阅读"、"读书"有关的各类竞赛活动，如朗诵比赛、演讲比赛、辩论赛、知识竞赛等，也是阅读推广活动的重要形式。通过竞赛并给予一定的物质奖励，可以激发民众的参与热情，丰富了业余生活，提升了人文素养和审美趣味。如2014年第十五届深圳读书月期间由中国青年报社、深圳读书月组委会、中共深圳市宝安区委宣传部联合举办"宝安杯·鲲鹏展翅——全国打工青年读书征文大赛"。大赛受到了全国各地青年打工者的关注。自活动启动，组委会共收到数千篇应征稿件，这些投稿者中，有酷爱读书，刻苦奋斗成为老板的创业者；有通过读书改变命运，从一贫如洗的寻梦者成为百万富翁的新一代农村青年；以及更多生活在社会底层普普通通的打工者。投稿者用带有生命体温的鲜活文字，讲述了一个个"读书改变观念，读书改变人生"的精彩故事。"东方雁杯"上海职工"逐梦的力量"读书征文大赛是第十六届上海读书节的主打项目之一[13]。大赛以把广大职工群众寻梦的理想展示出来、逐梦的力量激发出来，形成争创学习型企业、学习型团队、学习型职工的热潮为宗旨，吸引了4 000多名职工参与其中。

（四）自助图书馆与图书漂流

自助图书馆是指读者不受时间的限制，在街边的一台自助图书馆服务机上就能完成借书、还书、办理借书证，享受图书馆的预借送书服务。极大地满足了人们随时随地阅读的需求，读者只要有空，就可以就近借阅图书，等于公共图书馆将方便的主动权还给了读者，深受读者的欢迎，也极大地提高了图书馆资源利用率。

"图书漂流"活动起源于上世纪六十年代的欧洲。读书人把自己拥有但不再阅读的书贴上标签放置在公园的长椅上,以便其他人拾取或阅读,读完后再将其放回公共场所,再将其漂出手,让下一位爱书人阅读。随后,这种新颖的知识传播方式风靡全球。近几年,中国的图书漂流活动日渐丰富,形成了较好的社会影响。如,2005年4月23日"世界读书日"当天,由中国图书馆学会、湖南卫视等单位在中国国家图书馆举办了"春天漂流书"启动仪式,拉开了全国图书漂流活动的序幕。据悉,此次"春天漂流书"活动将推选出本年度应流传的五十本图书,通过街头遗忘式漂流、公共场所设立永久性书架的定点漂流、建立"同城书会"的电视漂流三种手段,供人们免费传阅。2006年,深圳读书月首次开展"图书漂流"活动,就引起了深圳市民的强烈回应,成为当年最时尚的阅读方式之一。2007年,深圳图书漂流活动首次推出了"网络漂流"模式,在网上开辟专门的图书漂流社区,实现了图书漂流实体点与网络的同步展开[14]。让图书漂流不会随着读书月的结束而停止,而是成为一个永不落幕的全民阅读活动平台。

(五) 书评与推荐阅读书目

书评工作是阅读推广活动中的重要形式之一,是吸引读者阅读,营造阅读气氛的重要手段。书评也就是图书的评论,它是一种运用语言文字对书籍的形式、内容、意义等进行综合评价的过程。它是引导读者走向图书的桥梁。书评以其独特的评论语言对图书内容和作者进行分析和评价,引发读者的阅读兴趣,激发读者的阅读愿望从而使读者在书评的影响下产生阅读行为。一篇好的书评不仅能够引导读者对图书内容的理解,还能提高读者的阅读鉴赏能力。目前,很多图书馆都开展了馆员书评活动,他们将馆员书评登载在馆内专刊或图书馆网站上,取得了一定的阅读推广效果,以书评为内容的报纸杂志如《中国图书评论》等也应运而生。

推荐书目,是针对某一特定读者群或特定的目的,围绕某一专门问题,对文献进行选择性的推荐,以指导自学或普及知识而编制的书目[15]。通过推荐阅读书目指引人们的阅读活动,引导人们多读书、读好书。随着全民阅读活动的广泛开展,推荐阅读书目已经成为阅读推广活动中的重要组成部分。如2004年,由中国文化报社与中国图书馆学会共同承办的首届"知识工程——中华全民读书书目推荐活动"正式启动。知识工程推荐书目每年公示一次，同时作为"中国图书馆全民阅读推荐书目"向业内外推广。同年，国家新闻出版广电总局开始每年向全国青少年推荐百种优秀图书目录，百种优秀图书涵盖了青少年群体的多种阅读需求，能够引导青少年健康阅读。另外，各省市读书活动、图书馆、出版社等也都推出了各种主题的推荐书目。

（六）阅读家庭和个人评选

常见的评选活动有优秀读书个人评选、"读书达人"评选、藏书家评选、"书香之家"评选等，在广大热爱读书的人群中推选出典范，发挥其引领示范作用，为引导大众阅读提升榜样的力量。如在北京"2011书香中国"全民阅读电视晚会上，影视演员唐国强、国际象棋冠军谢军、央视读书栏目主持人李潘被聘为第一任"全民阅读活动形象代言人"。他们利用自身良好的社会形象和广泛的影响力，推进全民阅读活动的开展。此外，各省市、地区也选举出阅读形象大使，这些阅读形象大使推广阅读，传递阅读价值观念，帮助人们培养良好的阅读兴趣和习惯。河北、湖南、江苏、北京、天津等地因地制宜地开展了各具特色的"书香家庭"评选活动，其中河北2011年举办的"书香飘万家"全民阅读书香家庭普查评选活动得到了中央领导同志的充分肯定。

（七）"书香中国"电视晚会

2011年4月23日由新闻出版总署和中央电视台共同策划主办《2011书香中国》电视晚会，该晚会以"分享阅读，分享幸福"为主题，以"进一步推进全民阅读，共建学习型社会"为宗旨。由"阅读与经典"、"阅读与爱心"、"阅读与生活"、"阅读与未来"四大板块和颁发全民阅读形象代言人证书、向农家书屋捐赠图书、新闻出版总署柳斌杰署长倡导幸福快乐阅读三项活动组成。节目邀请了三位全民阅读形象代言人：表演艺术家唐国强、国际象棋世界冠军谢军、中央电视台读书节目主持人李潘，现场交流关于读书方面的心得；莫言、迟子建、麦家等知名作家和学者易中天、钱文忠等来分享自己心目中最美的文字；有视力障碍的钢琴家孙岩和按摩师李秀华，讲述了他们最为感人的盲文阅读故事。晚会整体反映并倡导了阅读活动的公益性，包括政府的导向作用、出版社的鼎力支持、分享快乐与幸福等，生动地展示了全民阅读活动蓬勃发展的势头。此后，由原新闻出版总署和各地又倾力推出了"2012书香中国"、"2013书香中国"全民阅读电视晚会，晚会主题突出、内容丰富、形式新颖，富有较强的感染力和吸引力，让观众切实感受到阅读的价值和意义。"书香中国"成为国家新闻出版广电总局等机构联合打造的全民阅读活动国家品牌。2014年,"北京阅读季"正式升格为全国首家国家级的全民阅读活动品牌,定名为"书香中国·北京阅读季",由此成为全国性文化活动。2014年"书香中国·北京阅读季"以"共享全民阅读同绘中国梦想"为主题,通过开展系列群众性读书活动,整合全民阅读资源,在全社会营造"多读书、读好书、好读书"的良好氛围。2015年,第五届书香中国·北京阅读委将以"阅读点亮中国梦"为主题,继续着力凸显北京阅读季"北京市文化新名片"和"推进全民阅读活动的新载体"的定位,以纪念抗日战争暨世界反法西斯战争利用70周年为契机,着力培育践行社会主义核心价值观,着力强化爱国主义教育,着力弘扬中国优秀文化传统,着重固化品牌、提升品质、扩大影响、在增强实效上下工夫,求突破。2016年"书香中国·北京阅读季"以"阅读点亮中国梦"为主题,实施"阅读+我"行动计划,逐月推进主题阅读,在原有的品牌活动基础上,创新活动内容,推出"聚焦阅读"摄影大赛、"阅读与电影"等活动。

(八) 其他

随着全民阅读推广活动的不断发展,活动创意推陈出新,活动形式多种多样。例如真人图书馆作为一种新型的服务模式逐渐为大家所认同。2008年12月16日,上海交通大学首次尝试真人图书馆。其后,石家庄学院、同济大学等高校图书馆积极引入真人图书馆的理念,开展了相关活动。2012年,国内真人图书馆得到了高校社团和知名公益人的强力关注,迅速在山东、广州、上海、北京等地扩散,也突破了图书馆的限制走向了校园、书店、咖啡厅和公园等,并且形成了社会上具有一定影响力和持续发展潜力的品牌。郑州大学图书馆在2012年4月的"世界读书日"活动期间开展了首届"读书达人秀"活动,该活动已创新的方式诠释了读书的快乐,一经推出受到了全校师生的广泛关注[16]。"读书达人秀"不但给热爱读书的学生提供了一个施展才华的舞台,也使阅读推广活动的形式更加丰富多彩,目前已经成为郑州大学图书馆阅读推广的品牌活动。除了以上这些阅读推广活动形式,书友会、阅读研讨会等等也都受到广大读者的欢迎,有的还利用网络平台建立虚拟阅读社群,开展各种读书活动。

五、结语

中国的全民阅读推广活动正式开始于1982年的"振兴中华"读书活动,发展至今经历了"自发阅读"的初级阶段;有"组织活动"的第二阶段;打造"书香中国"推动全民阅读制度化的当前阶段。已从一项活动发展到一项工程,从倡导读书的知识工程发展到全民阅读工程,从民间倡导发展到纳入国家战略,从活动无法可依发展到即将立法保障的转型和升级的过程。实践证明,党和政府已充分意识到国民读书率的高低对于国家与民族的兴衰成败的重要影响;全民阅读是增强国家竞争力的一个重要支点;只有倡导人人读书,提高国民思想道德素质和科学文化素质,才是一个国家增强国家文化软实力的重要举措,是实现中华民族伟大复兴、实现中国梦的重要途径。在党和政府以及社会各界力量的共同努力下,全民阅读活动丰富多彩,形式多样,遍及全中国。全国国民阅读调查数据显示,中国国民阅读率和阅读量开始持续上升。在当今新媒体、新技术不断涌现的时代,推动全民阅读工程依然是一项任重道远的工作。随着中国全民阅读活动的不断深入,中国国民阅读率将会持续提高,全民阅读活动也必将成为营造书香中国、构建学习型、知识型社会的重要的推动力。

参考文献:

[1] 张凤仙. 2010 年中国全民阅读推广活动现状的分析与研究[J]. 贵图学刊,2010 年第 3 期.

[2] 王梅. 图书馆阅读论的研究对象及研究意义[J]. 图书馆论坛,2011 年第 3 期.

[3] 王坤宁. 17 部门联合倡议:"全民阅读同享知识共建和谐"[EB/OL]. [2014 - 12 - 12]. http://www.gov.cn/gzdt/2007 - 04/18/content_586392.htm.

[4] 隋笑飞. 中宣部、新闻出版总署联合印发,《关于进一步推动做好全民阅读活动的通知》[EB/OL]. [2014 - 12 - 12]. http://www.gmw.cn/01gmrb/2009 - 04/06/content_905588.htm.

[5] 苏向东. 国务院总理李克强 2014 年《政府工作报告》[EB/OL]. [2014 - 12 - 12]. http://www.china.com.cn/news/2014lianghui/2014 - 03/05/content_31678795.htm.

[6] 朱淑华. 公共图书馆与儿童阅读推广[J]. 图书馆建设,2008 年第 10 期.

[7] 尚烨. "第十一次全国国民阅读调查"成果发布[EB/OL]. [2014 - 12 - 13]. http://www.chuban.cc/yw/201404/t20140423_155079.html.

[8] 中国出版网. 全国国民阅读调查简介》[EB/OL]. [2014 - 12 - 13]. http://www.chuban.cc/ztjj/yddc/jj/200612/t20061222_7872.html.

[9] 图书馆杂志. 中国阅读学研究会会刊《悦读时代》创刊号问世[J]. 图书馆杂志,2009 年第 4 期.

[10] 新闻出版总署出版管理司. 中国出版科学研究所总署发布. 2009 年全民阅读活动情

况调研报告[EB/OL]. [2014-12-12]. http://book. people. com. cn/GB/69839/120524/120531/11421059. html.

[11] 百度百科. 燕京读书会[EB/OL]. [2015-04-13]. http://baike. baidu. com/link? url =_ab3r_bFT8C3KEXCouJv-xYJURmhagvHUAMBfgdhnlsqUzrLV_f6GUF7EfhGRtsecW7OulooEX8nYoO02r7.

[12] 李苑. 书香飘满了中国——全国书展综述[EB/OL]. [2014-12-13]. http://www. cbi. gov. cn/wisework/content/cn_100548. html.

[13] 武欣中."宝安杯·鲲鹏展翅——全国首届打工青年读书征文大赛"揭晓[N]. 中国青年报,2015-03-18(01).

[14] 陈黎. 图书漂起来 深圳满城香. 深圳晚报,2013-12-27(特A24).

[15] 彭斐章等. 目录学. 武汉:武汉大学出版社,1995年.

[16] 张文娜. 郑州大学图书馆"读书达人秀"阅读案例荣获全国一等奖[EB/OL]. [2015-04-13]. http://www. sal. edu. cn/information-info. asp? id=3645.

第四章　全民阅读活动在全国蓬勃发展（一）

2006年，全民阅读活动在中宣部、中央文明办、文化部等部门的倡导下展开和推广，至2015年全民阅读活动已形成燎原之势，呈现可喜局面。党和国家领导人亲自推动，相关部门领导使出浑身解数，创意丰富多彩的活动载体，采取多种手段营造读书氛围，努力开发一种不同凡响的读书景象。国家新闻出版总署与中央电视台等连续几年共同举办的"书香中国"电视晚会，在全国范围内产生了良好而巨大的社会影响。2012年，新闻出版总署和中央电视台推出《2012·书香中国》，晚会现场，新闻出版总署相关领导向朱永新、王刚、白岩松颁发"2012年度全民阅读形象代言人"聘书；2013年新闻出版总署又聘请中国首位诺贝尔文学奖得主莫言、茅盾文学奖得主刘震云、著名作家唐浩明为全民阅读活动形象代言人，旨在提高全民阅读活动的知名度，营造社会公益劝读的氛围，扩大阅读推广的传播力和影响力，示范引领社会阅读风尚。

纵观全国，全民阅读推广活动日益深入。由于各地对全民阅读重视的程度有所不同，全民阅读推广工作开展时间也有早有晚，整体效果参差不齐，但全民阅读推广活动已遍地开花。成为中华大地一道亮丽的文化风景线，并以其独有的精神营养和知识力量，为推动实现中华民族伟大复兴中国梦提供着源源不竭的动力。

一、华东地区的全民阅读活动

华东地区的全民阅读活动普遍创办时间较早。华东地区经济文化较为发达，除在全国历史上最具规模的"振兴中华"读书活动外，上海市举办的"上海读书节"创办于1995年，社会影响同样深远，已成为城市文化的品牌项目。江苏省、浙江省的所有地级市甚至许多县级市都有正在进行的相关活动，如江苏省的"苏州阅读节"、"苏州晒书会"等活动内容丰富，形式多样，很有创意。浙江省慈溪市"全民读书月"，自2001年起就已创办，广受好评。

（一）上海市

上海作为一个有着优良阅读传统的城市，在全媒体时代下迎来一个更加开放、更加多样化的阅读环境，在阅读中各种文化在此交汇融合，掀起全民阅读的新高潮，造就了一颗璀璨的东方明珠。

1. "上海读书节"

"上海读书节"创办于1995年，并在1998年举办了第二届，但这两届均属于探索阶段，时间安排不成规律，也没有形成固定的栏目，从2001年开始每年举办一次，并且年年有主题，届届有创新，最终成为上海城市文化的品牌项目。为营造无处不在的全民阅读氛围，上海市新闻出版局以"书香六进"（进社区、进校园、进楼宇、进企业、进农村、进军营）为抓手，大力推动深入基层、贴近群众、市区联手、城乡联动的全民阅读活动。如2015年"世界读书日"期间，虹口区图书馆将举办"书寻归处——世界读书日图书漂流"、"为弱势群体送书"活动；宝山区图书馆将举办"书香进农家书屋"赠书活动，金山区图书馆也将举办"优秀图书赠阅"等一系列深入社区、深入群众的阅读推广活动。为配合全民阅读氛围，全市各区县组织策划了40多场讲座、读书分享会等丰富多彩的活动。如宝山区图书馆的"春夏季养生和常见急症的自救和他救"讲座；长宁区图书馆的"保健品的真与慎"、"如何欣赏中国画"讲座；青浦区图书馆的"妙趣横生上海话——海派文化的密码"讲座；闵行区图书馆的敏读讲座："绝美昆曲"、春申讲座："法治电影鉴赏"；嘉定区图书馆将举办"传承经典"中华语言文字系列讲座。黄浦区明复图书馆将举办文化讲座进社区等。

良好的阅读习惯从娃娃抓起，多种多样的亲子互动阅读、童书推介等活动是每年"世界读书日"期间必不可少的一个部分。2015年长宁区举办"陪孩子玩的大智慧"讲座，邀请美国密西根州立大学教育学教授李国芳讲授"职场爸妈如何快乐早教"、世界优秀童书展分享会。杨浦区图书馆将举办"我的小书房"特别活动，特邀请语言学博士、上海教育出版社编辑芮东莉，带领亲子家庭去公园实地进行自然观察，教导孩子和家长如何发现自然界微小的变化和美丽，为自然界谱写日记。虹口区图书馆将举办"一起读经典"中华经典亲子共读活动。奉贤区图书馆将组织小玩纸乐园、言子讲坛等亲自讲座。闵行区图书馆的妈妈小屋之闵图故事会也会在读书日前夕举办"重温经典故事"读书会。青浦区图书馆将在青浦北菁园青年活动中心举办"小青团"亲子阅读会[1]。

此外，上海市新闻出版局与解放日报社共同推出"解放书单"活动，每期精选主书单10种、副书单19种精品好书，涵盖了政治、经济、文艺、历史、环保等多个学科领域，其中包括让读者感受在形象表达中所蕴含的语言力量和智慧哲思的《平易近人：习近平的语言力量》；"一直都在改变着世界"的《工匠精神》；百科全书式《中国古代物质文化》等有分量、有价值的新书。"解放书单"以其权威性和独特性，近年来已经成为引导市民阅读的指标性读书品牌。国内多位学者、作家还为入选书目撰写了精彩的书评。促进全社会崇尚阅读、终身学习、追求进步的良好风尚形成[2]。

2. "书香中国·上海周"品牌

上海书展暨"书香中国·上海周"是上海的一个重要文化品牌，也是展示上海城市形象乃至展示中国国家形象的一个重要窗口，至2014年已经举办了10届，书展已成为每一个普通上海市民的节日。经过10年的洗礼，不仅从图书大卖场成功转型为文化嘉年华，更成为"书香中国"全民阅读活动的上海实践样本，是上海市动员各方力量和资源为市民搭建的阅读示范平台，其正以"文化盛会、百姓节日、理想书房"的面貌越来越深地融入广大读者的城市生活，成为书香上海阅读文化共同体的重要载体，让崇尚阅读的精神越来越多地融入这座城市的发展脉搏。

2013年上海首次推出中国上海"国际童书展"，作为亚太地区唯一专注于0~16岁少儿读物的展会，以版权贸易、作家推介、阅读推广为主体功能，同时涵盖图书、报刊、影音、娱乐及教育服务等少儿产品全产业链的展会平台。围绕童书展的百余场系列活动，在整座城市同时铺开。期间展出5万多种最新童书，承载了几代小读者的梦想。目前，国际童书展已经举办了3届。上海立足文化改革发展的需求，站在国家文化战略的高度，突出主题，深化内涵，更加有意识地把办好书展作为建设国际文化大都市的重要抓手、重要载体、重要指标，不断突出图书主题和政治价值内涵，突出上海元素和城市形象塑造，突出全民阅读和阅读文化培育，突出国际元素和对外文化交流，突出数字阅读和信息化应用。

3. 建立全民阅读网

2010年5月,举世瞩目的上海世博会正式开幕。为了迎接世博,提升城市的精神内涵和品质,2010年4月23日世界阅读日当天,在上海举行的世博阅读论坛上,"书香中国(上海)"全民阅读网正式开通。书香中国(上海)全民阅读网是在国家新闻出版总署、上海市经济信息委、上海市新闻出版局等相关部门的指导和大力支持下,由上海中文在线文化发展有限公司承办的、服务于"全民阅读"的网络平台。"书香上海"则是"书香中国"建设的第一站,从"书香校园"、"书香社区"、"农家书屋"、"职工书屋"四大板块分层推进,提供基于全媒体传播渠道的全民阅读活动新载体、新平台,从而建立探索建立全民阅读活动的长效机制[3]。全民阅读网以其独特的服务模式,满足多样化需求,书香上海的推动,掀起了全民阅读新高潮,也为新时代下上海的数字阅读搭建了一个更好的平台。

4. 移动阅读成为新风尚

随着数字阅读、手机阅读越来越被时下年轻人所青睐,为突破传统阅读模式的瓶颈,实现数字阅读推广。上海市与2015年世界阅读日期间举办多种线上线下互动的数字阅读活动,这也成为"世界读书日"相关活动中的一大亮点。由上海市民文化节指导委员会、上海市中心图书馆共同指导,杨浦区图书馆和东方信息苑主办的"阅读好声音"——我喜爱的一本书上海市民文化节全城微朗读大赛于4月23日启动,活动为期半年,届时读者可利用手机等移动客户端,以"微朗读"形式推荐"我喜爱的一本书",号召市民充分利用"碎片化"时间开展数字阅读。闵行区图书馆将举办"你荐,我阅,有奖有情怀——我最想读的书"微博有奖征集活动。奉贤区图书馆将组织亲子朗读录音故事大赛暨"亲子朗读声音档案大征集"活动等[2]。

5. 民间读书会活跃

上海市又是读书会活跃的地区。据最新调查,目前已有100余家青年读书会,其中活跃度高的有30余家。例如敏读会、公益书虫读书会、思学青年读书会、季风普通读者读书会、正能量读书会、长宁英文读书会、国学新知读书会、维谷通识读书会、风铃草读书会,这些读书会被评为"上海十大特色青年读书会"。此外还有朋歌读书会、仁达读典会、思南读书会等。这些以阅读为主题的民间读书组织,引领新的大都市文化风尚。上海市一贯重视城市文化建设,其全民阅读活动发动时间早、活动内容丰富,形式多样,市民参与程度高,是中国大都市推广全民阅读活动的先锋。

6. 成立全民阅读媒体联盟

2013年4月,上海市成立国内首个地方性的全民阅读媒体联盟。上海市新闻出版局与《解放日报·读书》、《文汇报·书缘》、《新民晚报·读书》、艺术人文频道《读书有道》等10家本市媒体品牌读书栏目,共同发起成立上海全民阅读媒体联盟,旨在打造全民阅读文化共同体,聚合媒体力量,构建全媒体的宣传平台和推进机制,更好地发挥媒体在全民阅读活动中的宣传和引导作用,推介优质阅读内容,引领城市阅读风尚,努力将上海建设成为"读书人最舒心、最安心"的阅读城市[4]。

(二) 山东省

1. 政府重视,加大投入

山东是中华文明的重要发源地之一,它悠久深厚的历史文化不仅对中华文明发展做出独特的贡献,也积淀了丰厚的阅读文化值得传承,而文化思想的延续正是我们推广全民阅读活动的重要目的。长期以来,山东省各级图书馆在全民阅读活动中发挥了积极的推动作用。2014年以来,推出全民阅读系列活动,大力倡导全民阅读之风,为弘扬优秀传统文化,推进"文化齐鲁"、"美德山东"等全民阅读活动数百次,参加活动人员1 000多万人次,捐赠图书数十万册。为全民阅读建设注入了新活力。在多年的阅读推广过程中,强化精品意识,把读书朗诵大赛、论语大赛、大众讲坛等全民阅读活动打造成文化品牌,提升社会影响力,引领全民阅读方向。2015年省财政列入全民阅读专项资金1 800万元,为历年之最,与各省市相比名列前茅。将成立全省全民阅读媒体联盟,推进全民阅读工作蓬勃开展[5]。

山东省图书馆多年来以"营造书香社会,共建和谐家园"为宗旨组织读书活动,全力倡导全民阅读,促进社会阅读,努力践行"山东省全民阅读活动宣言",自觉承担起图书馆在促进全社会阅读中的责任和义务,充分履行图书馆的社会职能,引导全民关注与参与阅读,使全民受益,在培养全民崇尚阅读的良好习惯、提高全民素质、培育文明风尚,为推进和谐山东建设中发挥了重要作用,为经济文化强省建设提供了知识储备和精神动力。2010年4月第十五个"世界读书日",山东省图书馆策划举办了山东省第一届全民阅读文化节,开展了全省读书朗诵大赛、市民大讲堂系列讲座、读书剧场、全省十大藏书家庭评选活动、济南十大读书小儿郎评选活动、全省中小学生英语朗诵比赛、鲁图系列展览、齐鲁书展、读书征文活动等20余项活动。

2. "书香泉城"活动品牌

齐鲁文化令山东人民倍感骄傲,历史传承让齐鲁儿女深感责任重于泰山。为了"至今东鲁遗风在,十万人家尽读书"温馨画面时时再现,山东各地推进全民阅读系列活动重品牌求实效,截至2014年,"书香泉城"全民阅读节已成功举办了4届,成为山东省的文化品牌活动。在阅读节期间推出的文化活动,得到了众多读者的热情参与和高度好评。2013年10月,"书香泉城"全民阅读节荣获第十届中国艺术节项目类群星奖。2015年4月,隆重推出了"书香山东·齐鲁阅读月"活动品牌。为了山东经济文化强省建设跃上新台阶,9 800万山东人民积极参与阅读,努力提高素质,养成热爱阅读的好习惯。

3. 成立省全民阅读媒体联盟

为进一步推动全民阅读活动的深入开展,充分发挥各类媒体的宣传导向作用,营造"多读书、读好书、善读书"的浓厚舆论氛围,山东省全民阅读媒体联盟于2015年4月25日成立。全民阅读媒体联盟由全省报纸、期刊、广播电视、互联网、驻鲁记者站等单位组成。媒体联盟下设办公室,办公室设在山东省新闻出版广电局出版管理处。全省报纸、期刊、广播电视、互联网以及驻鲁记者站,在媒体联盟统一部署下,按照各自职能开展工作。办公室主要负责媒体联盟各项日常工作,定期与成员单位进行沟通,汇总全民阅读活动开展情况,收集媒体联盟相关工作的意见与建议,组织撰写媒体联盟工作报告[6]。山东省在全民阅读媒体联盟的组织与推广下,加强全民阅读组织建设、加快优秀读物编辑出版、提升出版物推荐力度、创新方式推动全民阅读、完善全民阅读设施体系、加强全民阅读舆论宣传,对山东省全民阅读工作的全民推进提供保障。

(三)江苏省

1. "江苏读书节"品牌

苏州是一座拥有四千余年悠久历史的文化名城,素来有崇书重教的文化传统。截至2014年,江苏省已经连续举办了10届读书节,每次都被列入苏州市重点工作并写入苏州市政府工作报告。2011年,江苏省在读书节组委会的基础上,成立了全民阅读领导小组,着力推动全民阅读向常态化、规范化转变。13个省辖市先后成立了相应的领导组织和工作机构。江苏各地由此产生了不少特有的读书文化品牌,"苏州——新加坡学生阅读交流活动"、"文学让童年飞翔"、"苏州晒书会"等体现时代特征和苏州特点的特色活动,并且开通了读书服务平台——"苏州书网",积极探索全民阅读推广的长效机制。2012年第七届苏州阅读节共举办主题活动11项,重点活动45项,系列活动891项,吸引了全市城乡近500万人参与[7]。

以"阅读,让苏州更美丽"为口号的苏州阅读节至今已成功举办10届,已成为全省乃至全国知名的文化活动品牌。江苏省总工会职工读书月、省教育厅中华经典诵读、张家港书香城市评价考核指标体系等,这些阅读品牌力的不断扩大,已经成为提升江苏文化软实力的有力助推器。据中国新闻出版研究院2014年发布的《2013年度江苏居民阅读状况调查蓝皮书》记载,2013年,江苏省成年居民各媒介综合阅读率为82.2%,高于全国水平5.5个百分点。其中,江苏成年居民图书阅读率为45.1%,数字化阅读方式接触率为52.8%。近七成成年居民通过自费购买阅读图书,四成居民一年内至少买过一次书,人均每年购书频次为2.99次[8]。"爱读书、好读书"成为江苏在全国率先实施促进全民阅读地方性法规的外部环境。

2. 颁布了中国第一部全民阅读的法律性文件

2014年11月27日,江苏省十二届人大常委会通过了《江苏省人民代表大会常务委员会关于促进全民阅读的决定》(以下简称《决定》),将于2015年1月1日起施行。《决定》正式将每年4月23日设定为"江苏全民阅读日",这是中国第一部关于促进全民阅读的法律性文件。《决定》共19条,亮点在于立足政府倡导、鼓励全民阅读,为全民阅读提供便利。《决定》要求推进公共图书馆实行总分馆制,逐步实现县级公共图书馆图书与本行政区域内各类图书馆、基层公共阅读服务场所之间通借通还,公共图书馆数字资源与本行政区域内各类阅读设备终端互联互通、共享共用。基层公共阅读服务场所应当完善管理制度,根据所在地区、单位的实际和阅读人群的特点,提供实用性和针对性较强的读物,保证正常开放。为了更好地指导和推动全民阅读工作,《决定》规定,江苏省全民阅读活动领导小组应当制定"书香江苏"建设指标体系,建立全省全民阅读调查评估制度,并会同有关部门、单位或者委托有关中介机构每年开展一次全省全民阅读状况和全民阅读指数调查，调查评估结果向社会公布，并运用调查评估成果和公众评价机制。此外，《决定》中还有很多鼓励和倡导性的内容，如提出扶持实体书店，鼓励有条件的实体书店 24 小时营业；减轻课业负担，保障学生课外阅读时间等。江苏省人大常委会副主任许仲梓在出席贯彻实施《决定》座谈会时要求，各级政府及有关部门要严格依法履行各自职责，抓紧制订决定实施的配套措施，地方各级人大常委会要切实加大依法监督检查的力度，全力支持和督促把《决定》的各项规定落到实处。为确保实现"2020 年全省居民综合阅读率达到 90%"的目标，江苏将推出一系列具体举措：加快推进数字图书馆、数字农家书屋、移动阅读等数字化项目和国家数字出版基地建设；实行公共图书馆分馆制，到 2020 年实现与县级图书馆通借通还、资源全覆盖；建立图书馆联盟，发展流动图书车，开展阅读关爱等活动；鼓励公共文化机构结合世界读书日、江苏全民阅读日、江苏读书节等组织阅读活动等[9]。

（四）浙江省

浙江省是重视本省文化建设的大省，为确保浙江省"全民阅读活动"的有效开展，于 2010 年成立了全民阅读活动协调小组，成员单位由省委宣传部、省文明办、省新闻出版局、省教育厅、省总工会、团省委、省妇联、浙江日报报业集团、浙江广播电视集团等单位组成。根据国家新闻出版总署《关于进一步推动做好全民阅读活动的通知》精神，制定了其开展全民阅读活动五年规划目标：既通过连续五年（2010 年—2014 年）广泛深入开展全民阅读活动，在全社会形成"人人爱读书、人人读好书"的良好风气。浙江省各市包括县级市都非常重视全民读书和书香城市的建设，下属慈溪市早在 2001 年就开始举办"全民读书月"活动，积累了丰富的阅读推广经验。2014 年，浙江省全民阅读活动结合"中国梦想·美丽浙江"主题宣传实践活动，创新载体，营造氛围，着力打造书香浙江，推动物质富裕和精神富有的现代化浙江建设。

浙江省十分重视少儿阅读，"浙江省未成年人读书节"从 2005 年起开始启动，至 2014 年已成功举办了 10 届。每届"读书节"都有特定的主题，活动形式多样、内容丰富，特点是承办单位通过申办制度在全省各地县公共图书馆中产生，因此承办地点每年有所不同。这种申办竞争的形式，极大地提高各级文化单位举办活动的荣誉感和积极性，提升阅读活动策划与组织的质量和水平，以此更好地促进青少年在书香氛围中不断体味人生、感悟生命，营造有利于青少年健康成长的良好环境。同时还有各地各单位开展的诸如"干部月月读"、"振兴中华职工读书活动"、"青少年新世纪读书计划"、"浙江人文大讲堂"、"钱报读书会"、"西湖读书节"等活动也都非常有特色。

浙江杭州市，是吴越文化的发源地之一，历史文化积淀深厚。如今读书会也创办运行得有质有量，有声有色。如西湖读书会、湖畔书会、守望者心灵读书会、都市快报读书会、钱报读书会、野外诗歌沙龙、杭州经典诵读读书会、总裁读书会、向阳花开读书会、蓝狮子读书会、杭州瑞中读书会、杭州文史哲读书会、三联学术沙龙、杭州书友会、妈妈读书会等等，这些读书会已成为杭州低调而奢华的文化品位。

据《2013-2014浙江省居民阅读指数调查报告》显示，浙江省总体阅读水平比较高，综合阅读率达到86.4%，比全国平均水平高出近10个百分点，其中数字化阅读水平在全国领先；但纸质书阅读率偏低，只有53.1%，意味着将近一半的浙江人不再看纸质书。调查报告显示，2014年浙江人均阅读量为5.76本书，虽比全国平均水平高0.99本书，但远低于发达国家和先进地区[10]。

(五) 安徽省

安徽省深入开展全民阅读活动成果显著。最近几年来，由安徽新华发行集团与安徽广播电视台共同举办的"新安读书月"活动成为市民追捧的亮点。该活动包括图书捐赠、推荐图书电视展播、读书论坛、10本推荐图书评选等，在社会上引起了强烈的反响。安徽商报《橙周刊》打造的年度阅读报告，每年都邀约国内著名作家和书评人，为读者推荐好书，受到读者热捧。安徽省省直机关的"读书月·书香伴我行"游园活动也同样营造浓郁书香。在芜湖，"书香镜湖"读书节活动也成为一大品牌。在淮北，全民阅读活动也在如火如荼进行，重点活动主要有"相山读韵"主题活动和"淮北书架子工程"。安徽省具有代表性且较为成功的阅读推广项目如下。

1. 新安读书月

新安读书月是从2009年开始，由安徽广播电视台主办的大型年度性社会文化公益品牌活动，是国内首个由广播电视台主办的读书活动。新安读书月以"读书"为核心，秉承"阅读·分享·进步"的宗旨，通过一系列各具特色、全民参与的主题活动来推动全民阅读，提高公民文化素质，全力营造

"多读书读好书"的氛围,为推进安徽文化强省建设和"科学发展和谐兴皖"精神文明创建,提供舆论支持和强大精神的动力。"新安读书月"活动缤纷多彩,主要有新安读书论坛、年度十大好书评选、发布年度好书书单、征文大赛、名家签售、爱心捐赠等各类主题活动,其中新安读书论坛是最重要的活动,每年都会邀请国内政治、经济、文学、历史等领域的人气作家、知名学者进行精彩的讲座,2014年参与新安读书论坛的人数已达2万人。"新安读书月"已经成为安徽人一年一度的文化盛宴,形成了别样的人文景观。

2. 安徽"省直机关读书月"

安徽省直机关读书月是从2010年开始,由省委宣传部"省直机关工委"省新闻出版局主办的读书节活动,至2014年已经成功举办了5届。安徽省直机关工委把每年的4月确定为省直机关读书月,主题为"书香机关引领阅读",旨在通过开展系列读书活动,发挥机关示范带头作用,引领社会阅读,推进学习型党组织、学习型机关单位建设。安徽省直机关读书月继承和发扬安徽崇文重教、诗书传家的优良传统,带动了社会各界广读书、读好书的良好氛围,取得了积极的社会影响,营造了"爱读书、善读书、读好书"的浓厚氛围,推动了安徽省全民阅读向深度和广度发展。

3. "芜湖市读书节"

"芜湖市读书节"创办于1990年4月,从她诞生、延续都充满了创新。寓意为开展"四职"教育,培育"四有"新人,建设"四有"队伍,促进"四化"建设。20多年来,芜湖市读书节已成为广大职工群众"学理论、学经济、学科学、学技术、学管理、学法律"的重要载体,是芜湖市文明创建活动中的一个亮点。芜湖市读书节先后开展了各类知识竞赛、演讲、征文活动,举办"芜湖市书市"、"新旧图书交易会"、知识技术咨询、读书艺术讲座等活动,开展"读一本好书"、"写一篇读后感"、"出一期读书心得专栏"等活动,举办了全市性的电工、车工、钳工、挡车工、电焊工等工种的技术比武活动,每年参加读书节的职工都在10万人左右,占全市职工的三分之一,市总工会共表彰了593名读书积极分子。2009年1月6日,市总工会荣获全国"创建学习型组织,争做知识型职工"活动优秀组织奖。2010年3月,读书节入选芜湖市文明办和精神文明研究会开展的精神文明建设创新案例选编[11]。

4."书香安徽阅读季"

安徽省每年组织的"书香安徽阅读季"全民阅读活动品牌,是由省委宣传部、省新闻出版广电局负责组织,省文化厅、省教育厅、省国资委、省总工会、省妇联、团省委、安徽广播电视台、安徽日报报业集团、安徽出版集团、安徽新华发行集团等单位共同承办,"书香安徽阅读季"组委会成员单位按照各自职能分别做好相关工作。严格要求组委会成员单位高度重视,加强领导;统筹兼顾,整体推进;加大宣传,提升影响,真正使读书深入人心,形成常态。安徽省的"书香安徽阅读季"活动至2015年已成功举办6届。活动内容丰富,很多活动极具特色,并且重视活动的延续性。在活动中,始终以阅读推广和知识传播为宗旨,着力打造书香安徽。在读书节活动宣传过程中充分利用电视网络媒体进行宣传,得到了社会各界的关注和支持,吸引了社会各界众多热爱阅读的个人和家庭的积极参与。充分利用媒体的宣传,在电视上滚动播放宣传片,在纸质媒体上进行报道,在网络上发布活动信息,充分发挥了主流媒体的传播力和影响力,逐渐发展成为安徽省一项大型公益品牌活动。

5.成立公共图书馆阅读推广联盟、文化馆活动联盟

为贯彻落实这些改革要求,经过调查研究,省文化厅决定建立全省博物馆陈列展览联盟、全省图书馆阅读推广联盟和全省文化馆活动联盟等三个联盟,实行资源整合、优势互补、上下联动、共建共享,着力提升全省公共文化服务水平。目前,安徽省县以上公共图书馆共有107个,等级馆85个;文化馆120个,等级馆66个,还有许多市、县正在新建、改扩建图书馆、文化馆,公共文化服务硬件建设得到空前发展。2013年,全省公共图书馆共举办讲座1 431次、展览538个、举办培训班718个,总流通人次1 346.8万人次。全省各级文化馆开展广场、社区演出6 130场次,观众904万人次;各类展览1 754场次,观众97万人次;各类培训班1 524个,人数67 350人。图书馆阅读推广活动和文化馆活动开展已成为两馆文化惠民工作的重要抓手和着力点。经过认真细致的筹备工作,全省博物馆陈列展览联盟已于2014年5月26日成立,全省公共图书馆阅读推广联盟、全省文化馆活动6月18日成立。这是该省文化改革发展的工作新举措,对全省公共图书馆、文化馆事业发展具有首要意义[12]。

二、华南地区的全民阅读活动

华南地区所属省市的全民阅读推广工作十分出色,产生大量阅读活动品牌,如广东省的南国书香节、东莞读书节、深圳读书月、福建的书香八闽、海南省的书博会等活动,都在推动全民阅读做出了积极的贡献。

(一)福建省

1. 成立"全民阅读活动组委会"

福建省委、省政府高度重视全民阅读工作。福建省开展全民阅读活动始于2004年,最早是厦门市和南平市,福州市是在2006年。2007年,福建成立省级全民阅读活动组委会,负责开展全省性的全民阅读活动,成员有福建省委宣传部、省文明办、省直机关工委、省新闻出版广电局、福建日报社等12家单位。福建省新闻出版广电局自2010年开始设立全民阅读活动专项经费,每年拨付150万元专门用于开展全民阅读活动。多年来,每年都有省领导出席"书香八闽"读书月启动仪式,在加强领导、制订规划、配置资源、组织活动、宣传推广、解决重点难点问题等方面发挥了重要作用。自2004年开展全民阅读活动以来,福建省至今共组织全民阅读大小活动近2 000项,吸引了社会各界3 500多万人次参与。10多年的持续推动,福建省的全民阅读活动规模日益扩大,内容不断丰富,方式持续创新,影响逐渐增强,在福建,"书香八闽"已经成为一个妇幼皆知的活动品牌[13]。

2. "书香八闽"阅读品牌

由福建省全民阅读活动组委会主办,福建省新闻出版广电局承办的"书香八闽"全民阅读活动自2007年开展以来,已连续举办了8届。该活动的内容一年比一年丰富,参与对象越来越广泛,活动效果越来越明显,"书香鹭岛"、"书香榕城"、"书香校园"、"书香家庭"等一批具有地方特色和行业特色的阅读品牌不断涌现,"多读书、善读书、读好书"的文明风尚在八闽大地逐步形成。

2014年4月23日,由福建省全民阅读活动组委会主办,福建省新闻出版广电局承办的2014年"书香八闽"全民阅读暨"世界读书日"活动启动仪式在福建省少年儿童图书馆举行,标志着以"弘扬核心价值观,共筑伟大中国梦"为主题的2014年"书香八闽"全民阅读系列活动拉开了帷幕。本次活动举办"福建省全民阅读活动八年回顾展"、"中国梦"摄影书法绘画展、闽版精品图书展和书香论坛外,还在全省范围内同时配套开展了优惠售书、刊登"世界读书日"公益广告和读书活动优秀征文、开设书评专栏和新书推荐以及全民数字阅读惠民活动、"书香少年"选拔赛、"书香班级"挑战赛、"职工读书月"、亲子阅读、"中国梦,我的梦"主题阅读等10多项系列活动,进一步推动了福建省全民阅读进农村、进社区、进校、进军营、进企业、进机关、进家庭。

3. 开通读书网平台

由于省政府的重视,较早建立了"福建在线全民阅读网"。2010年10月9日开幕的福建省第四届"书香八闽"全民读书月活动暨第五届福州读书月活动的同时,开通了"书香八闽"(sxbm.chineseall.cn)读书网平台,提供万余种正版数字图书免费在线阅读,并发布本届全民读书月活动组委会推荐的百种好书书目,同时,全省中小学校及师生将通过福建中小学生在线网站链接"书香八闽",开设网上书城,推介素质教育图书,开展网络主题读书活动。

4. 成立"全民阅读促进会"

为了更有力的推广全民阅读活动,2014年4月23日"世界读书日"之际,福建省全民阅读促进会由省新闻出版广电局指导、省民政厅审批的全国首个省级全民阅读活动组织成立,国家新闻出版广电总局党组成员宋明昌、副省长李红亲自揭牌祝贺,闽江大学原校长孙芳仲同志担任会长,福建省新闻出版局原局长杨家清、福建教育学院原纪委书记林德泉等同志担任副会长。促进会主要业务:建设全民阅读平台,开展全民阅读活动[14]。

(二) 海南省

海南省的全民阅读活动一般由省委宣传部、省文化广电出版体育厅和省教育厅共同组织,设立了全民阅读活动办公室。"海南书香节"活动由来已久,始于1986年海南省新华书店创办的"琼州书市",2009年改名海南书香节。海南书香节一年举办一届,在推动海南全民阅读活动中产生了广泛影响,已成为海南省文化惠民项目之一,是海南省推动全民阅读活动的品牌活动。海南书香节以"推动全民阅读,建设书香海南"为理念,多年来,逐渐形成了"活动板块系统化,活动方式便民化"的举办模式,每年在相对固定的时间、地点举办，活动以阅读为主题，辅以丰富多彩的文化活动。

海南省的全民阅读活动措施和要求明确，一是高度重视，精心组织；二是强化基础，探索规律；三是创新载体，完善服务；四是抓好宣传，确保效果；五是加大投入，提供保障。同时要统筹协调，把全民阅读活动与精神文明创建活动、公共文化服务体系建设结合起来，进一步完善全民阅读公共服务体系，加强阅读设施建设，培育全民阅读公益组织，开展全民阅读志愿服务，基本满足城乡低收入居民、进城务工人员子弟、留守儿童、残障人士等特殊群体的阅读需求，建立健全全民阅读长效机制，实现全民阅读工作的常态化、制度化。积极争取将全民阅读活动开展情况纳入文明城市测评和考核指标体系，纳入对市县党委、政府公共文化服务体系建设的考核内容。完善组织协调机制，增强工作合力，吸引社会各方面力量参与到全民阅读活动中来[15]。

海南省积极策划组织了一系列全民阅读特色活动，除了开展"书香进社区""书香进企业""书香进校园"等活动外，还创立和培育了海南读书文化节品牌，举办了"青少年电视读书节"和"网络读书节"等。海南省书博会让城市文化名片更加闪亮，如2014年3月第23届书博会"书博大篷车环岛行"活动中，三辆大篷车环岛而行，深入全省各市县基层单位广泛宣传书博会，向沿线的学校、部队、乡镇、农场和社区等基层单位和民众赠送价值70万元的图书，同时举办优秀出版物展示展销活动，满足读者的文化消费需求。本届书博会组委会策划了"绿色海岛、文化海南"全民阅读活动、向海南农家书屋和图书馆捐赠图书活动、"惠民券献礼琼岛居民"活动等预热项目。此外，在会展期间还开展了丰富多彩的主题活动，如三亚举行的评选"书香社区"、"书香新农村"、"书香企业"等活动；儋州开展的"捐赠一本书、情系万家行"等活动；万宁开展的"品一杯咖啡，读一本好书"品读活动，这对于培养群众的阅读兴趣、营造浓郁的读书氛围，起到了积极的促进作用。

2015年4月23日，第七届"海南书香节"即"2015年海南省全民阅读活动"正式启动，活动以"共沐书香 培育海南悦读新常态"为主题，活动期间按"名家大讲堂"、"文化海南"、"书香校园行"、"主题图书展"、"书香大篷车"、"图书公益捐赠"六大板块计划开展116场活动。主会场设在海口、三亚、儋州、文昌、陵水等五市县新华书店，分会场设在海南省其他市县新华书店。活动期间还将向边远学校、部队、农家书屋代表赠送出版物，给书香节徽标或纪念章设计获奖人员颁奖，并邀请名家作报告[16]。

(三) 广东省

近年来，广东省新闻出版广电系统开展全民阅读活动取得了很大成绩。一是以 4 月 23 日"世界读书日"为契机的全民阅读活动亮点纷呈。广州市举办了"书香羊城阅读月"系列活动；深圳市开展了"阅读筑梦，阅读圆梦"主题读书活动并被联合国教科文组织授予"全球全民阅读典范城市"称号；汕头市开展了"美丽幸福·书香汕头"读书征文比赛；河源市开展了"好书共分享，文化扶贫助弱"活动；中山市组织"香山讲坛"讲座系列活动等。二是以"农家书屋"为平台的全民阅读活动服务网络作用显著。全省 20 106 家农家书屋（社区书屋）和 98 台"岭南流动书香车"以及各级图书馆、文化馆、新华书店等构成了比较完善的阅读服务网络，发挥了阅读主阵地的作用。三是以"南国书香节"为品牌的全民阅读活动丰富多彩。"南国书香节暨羊城书展"是该省全民阅读的嘉年华，影响力、吸引力、辐射力不断增强，已成为具有岭南特色的文化品牌。四是以"数字全民阅读"为创新的全民阅读活动有声有色。省出版集团数字出版有限公司的"吸墨网"和南方网读书频道以及"天空城"、"小伙伴网"等儿童阅读网，为该省搭建了数字阅读平台。广州市久邦数码科技有限公司的"全民读书，读万卷书——万段读书录音征集活动"项目，被国家新闻出版广电总局确定为"2014 年全民数字阅读"重点专题活动 20 个项目之一。五是以面向基层"七进"为抓手的全民阅读活动取得实效。全省各地积极推动阅读进农村、进社区、进校园、进军营、进企业、进机关、进家庭。广州、深圳、珠海、佛山、梅州、惠州、汕尾、东莞、中山、江门、阳江、茂名、肇庆、清远、揭阳、云浮等地市关注少儿以及弱势群体，组织阅读进校园和开展丰富多彩的少儿读书活动，开展文化助残，送阅读上门活动。"七进"活动使基层群众充分享受到了发展公共文化服务的成果[17]。

1. "南国书香节"

由政府主导、企业运作、媒体配合、整合全社会力量共同参与承办的"南国书香节"品牌始创于 1993 年，当时创办了一个集展销、学术交流、读者见面会、文艺晚会为一体的综合性书展而引起轰动。之后由于效果不理想而停办 10 年，直至 2005 年才重启第三届"南国书香节"，提出"读书人的节日"之定位。2008 年的"阅读嘉年华"概念提出才真正形成了"南国书香节"品牌。此后,南国书香节一年一度,至今已举办8年,是广东全民阅读活动的重要平台。2015年,广东的全民阅读继续升温,让阅读成为生活中的大事。8月15日,一年一度的南国书香节暨羊城书展在广州广交会展馆开幕,为读者打造一场"全民阅读嘉年华"。设在5个地市的分会场也同时启动,形成全省阅读互动的格局,参与人数超过百万人次。此次书香节以"阅读无处不在"为主题,现场设羊城书展馆、广东馆、少儿馆、中国出版集团馆、港台及海外馆、数字出版网游动漫馆等50多个展销和专区,参展图书高达35万种,各类文化活动300多场次。其中,围绕中国人民抗日战争暨世界反法西斯战争胜利70周年重大主题而策划出版的书籍,特别受读者关注[18]。

此外,广州市是民间读书会非常活跃的城市。2009年到2010年读书会发展出现一个高峰,比较活跃的有数十家,小规模的更多。如爱读书会、青春做伴读书时、羊城读书会、青年读书会、万木草堂读书会、广州女诗人朗诵会、少数人读书会、蒲公英读书会、广州静心读书会、淇水读书会、达巷人曰讲论会、检察官读书会等等。读书会活动为这个城市增添了斑斓的文化色彩。

2. "东莞读书节"

2005年,在市政府主导下,东莞举办了第一届"东莞读书节",至2015年已成功举办11届,成为政府主导、市镇联动、社会支持、专家指导、市民参与的品牌性全民读书盛会。2015年东莞第11届读书节暨市民学堂"拾光之约"系列活动启动,全市30余项目重点活动及各镇街420多项特色活动将相继展开。包括名家讲座及签售,儿童故事大王比赛,师生家长同读同写活动等一系列大型主题活动,覆盖不同年龄、不同阶层的群众[19]。

3. "深圳读书月"

深圳市作为中国第一个经济特区,是中国改革开放的窗口城市之一,是经济实力强劲的国际化城市,创造了举世瞩目的"深圳速度"。然而深圳在文艺、科学、教育等方面相对匮乏,所以"文化沙漠"一词也被赋予了它。为此,深圳市政府决心要将"文化沙漠"变成"文化绿洲"。于是,深圳在2000年起就着力开展全民阅读推广活动,"读书月"这一概念即由深圳首创,从创办之日起,就呈现出很强的系统性,每年的11月1日至30日,都会举办一次综合性群众读书文化活动——"深圳读书月"。读书月以营造书香社会,实现市民文化权利为宗旨,致力于提升市民素质,建设学习型城市,目前已经成为中国区域性、城市性的全民阅读品牌，成为深圳一张闪亮的名片。2005年第六届"深圳读书月"，确立"阅读·进步·和谐"为读书月长期总主题，在"规范化、专业化、社会化"的基础上，突出"精品、简约、创新"的特色。深圳公共图书馆利用"深圳读书月"开展主题讲座、网络阅读、新书推荐、读书论坛、专题展览、故事会等多种活动，引领市民阅读。至2015年，深圳读书月，这个全国参与人数最多、持续时间最长、影响最为广泛的读书文化节已经走过了16个年头。16年来他们始终坚持积极提升阅读理念，持续创新活动项目，以人为本贴近市民。"深圳读书月"能够明确社会各部门的职能，创造了政府倡导、专家指导、社会参与、企业运作、媒体支持五位一体的深圳模式，全方位地对"读书月"活动进行协调与运作，使得参与人数从170多万人次发展到900多万人次，活动数量从50多项增加到近600项[20]。经过16年的坚守、耕耘与创新，读书月不仅成为深圳彰显文化魅力的独特品牌，更见证了深圳人对知识的不懈追求。

深圳还成立了阅读联合会，是经深圳市民间组织管理局批准成立的、由致力于推进阅读文化发展的单位和个人自愿结成的行业性的地方性非营利社会组织。既有报业、广电、出版发行等市属三大集团，也有三叶草、小书房、后院读书会等知名民间阅读组织，有深圳新闻网、中国移动深圳分公司、腾讯读书频道等一批新媒体阅读单位，还有一批国内知名的阅读研究的专家学者、阅读推广人。共发展会员92家。创造了国内第一个阅读联合组织，致力于推进全民阅读文化发展。此外，深圳的民间公益读书组织已发展到100余个。如深圳市的后院读书会、龙岗读书会、深圳读书会、彩虹花公益小书房、东民社区妇女读书会、四叶草书友会、小妇人读书会、三叶草故事家族、井田北读书会、深圳钻石读书会、小津概念书房等。此外还有一些小书店组织的特色读书会，如洁心书坊的专注于自身心灵修养的"洁心一家"沙龙等，都是民间爱书人自发组织的读书沙龙，为深圳营造着越来越热烈的读书氛围。

2010年11月，深圳读书月组委会发布《深圳读书月发展规划（2011—2020）》，成为国内首家城市全民阅读中长期规划，《规划》在总结十年来读书月活动的发展基础上，明确未来十年"力争把读书月打造为与东方魅力都会相匹配的特色文化品牌"的战略目标。如今深圳能够拥有国内一流的图书馆系统，成为国内读书氛围最为浓厚的城市，与其全民阅读推广事业的全面发展息息相关。深圳市在2013年11月提出了阅读立法的设想，2014年3月成立了法条起草小组,4月24日启动"全民阅读立法",6月24日《深圳经济特区全民阅读促进条例(征求意见稿)》开始在深圳市法制办官网上公布征求市民的意见。《条例》中的十项制度设计是深圳全民阅读立法的亮点和特点。可以相信,该《条例》经过修改后会很快公布执行,它既是深圳市过去全民阅读活动的概括与总结,也是未来全民阅读活动的推动与创新[21]。

深圳市多年如一日对文化与阅读"高贵的坚守"得到联合国教科文组织褒奖,荣膺"全球全民阅读典范城市",目前正在备选"世界图书之都",足见这座城市的文化能量,同时预示着中国阅读文化正在走向并融入世界。

三、华中地区的全民阅读活动

(一) 湖北省

1. 领导重视,组织健全

湖北省省委、省政府积极实施文化强省战略,站在服务全省发展大局的高度,认识开展全民阅读活动的重要意义,进一步增强责任感、使命,为了把活动抓紧抓好抓出成效,成立了湖北省全民阅读活动领导小组办公室,在其组织领导下,着力构建全民阅读的公共服务体系,建立完善全民阅读活动的运行机制,不断创新全民阅读活动的方式方法,切实加强全民阅读活动的组织领导,为每年的读书活动制订实施方案,如《2013年"书香荆楚·文化湖北"全民阅读活动实施方案》,对全民阅读活动做出细致安排。全省各有关部门、各地各部门都成立了由单位主要负责同志任组长的全民阅读活动领导小组,建立了主要领导亲自抓,分管领导负责抓,责任部门具体抓,一级抓一级、层层抓落实的工作机制。湖北省还诞生了全民阅读媒体联盟,齐心协力履行文化使命,担当全民阅读活动的宣传者、推广者、组织者和参与者,积极推进全民阅读。

2. 创建"书香荆楚·文化湖北"品牌

湖北省的全民阅读推广工作坚持顶层设计,用新理念指导阅读活动科学开展。2012年1月,湖北省委办公厅、省政府办公厅印发了《关于开展全民阅读活动建设学习型湖北的意见》,确定从2012年起,每年4月定为"书香荆楚·文化湖北"全民读书月,每年一个活动主题,通过全民阅读活动进机关、进学校、进企业、进村组、进社区、进家庭、进工地、进军营、进特殊人群、进网络,争创青年书香号等"十进一创"活动,在全省持续掀起全民读书热潮。"书香荆楚 文化湖北"已成为全国知名的全民阅读品牌。2012 年"书香荆楚·文化湖北"全民读书月活动在武汉启动,同时在宜昌、襄阳、黄冈、恩施、荆州等 5 座城市设立分会场。2015 年湖北省全民读书月启动仪式在襄阳举行。在"书香荆楚·文化湖北"品牌活动的联动下,全省各市全民阅读活动异彩纷呈,表现出蓬勃向上的势头,根据各自特点,开展了特色鲜明、形式多样的全民阅读活动,并取得了显著成效,在活动中涌现出一大批全民阅读先进典型。

3. "电视阅读"已试点成功

湖北省为推动全民阅读工程而打造了"书香荆楚·文化湖北"的数字化全媒体阅读平台,是配合湖北省全民阅读读书月活动开展的公共阅读网站,设置了在线阅读、好书推荐、开卷有益、十进一创、专题推荐等栏目,为全民阅读活动创造条件保障。同时,该省的"电视阅读"已试点成功。在电视大屏幕上可根据老照片时间顺序勾勒出湖北的百年读书史,通过历史读书的镜头,唤起了现场观众对百年间荆楚大地上曾掀起的种种读书热潮的追忆。"电视阅读"作为一种新兴的阅读方式,让读者足不出户即可在电视上阅读海量的图书杂志及电子读物被隆重推介。这种阅读方式集内容编辑、需求整合、内容分发于一体,是省新闻出版局、长江出版传媒股份有限公司、湖北楚天广播电视信息网络有限公司联合开发的新成果,当前在鄂州市试点已获成功,即将普及[22]。

4. 率先颁布"阅读法"

2013 年,湖北省汇集社会各界专家意见,开展"全民阅读立法"工作。2014 年 11 月,湖北省政府常务会审议通过了《湖北省全民阅读促进办法》,该办法全面阐述了立法宗旨、目的、原则、适用范围,突出了组织保障、经费保障、平台保障、特殊保障等,是中国首部关于全民阅读的地方政府规章。此举将让全民阅读活动做到有法可依、阅读权益获得保障。该《办法》首次以法律形式正式提出,设立湖北省全民阅读活动指导委员会,组织和指导全省全民阅读,要求各级政府将全民阅读纳入国民经济和社会发展规划。要求新闻媒体充分发挥舆论引导作用,通过开辟全民阅读专栏,推介优秀读物、普及阅读知识、刊播公益广告等方式营造阅读氛围。鼓励支持各类单位和实体书店提供低价或免费阅读服务等。同时,《办法》规定在世界读书日(4 月

23日)和孔子诞辰日(9月28日)期间,集中开展全民阅读活动[23]。《湖北省全民阅读促进办法》在全国率先颁布实施,为全省全民阅读活动持续健康发展提供了法制保障。

(二) 湖南省

1. "三湘读书月"品牌

从2009年开始至2015年,湖南省已连续举办了7届"三湘读书月"活动,倡导全民阅读,影响越来越大,对推动全省大兴学习之风,推动建设学习型党组织、学习型社会起到了十分重要的作用。通过进机关、学校、企业、农村、社区、家庭、军营,以及新创"市州城市阅读指数"、"公益书架"、"声音图书馆"等举措,吸引了群众积极参与,响应"书香"召唤。为更加注重实效,打造全民阅读品牌,湖南各地开展了读书沙龙、征文演讲、知识竞赛、旧书交易等活动,群众热情参与。全省在"三湘读书月"活动带动下,各地纷纷创建了特色品牌,如郴州市积极营造读书好、好读书、读好书的浓厚氛围,成功打造"林邑讲坛"、"郴图讲坛"、"天天读·月月谈"、"郴州学习在线"、"春苗书屋"阅读推广活动、流动图书屋等阅读品牌,引领全民阅读新风尚。永兴县组织开展了"免费休闲读书吧"建设,该县共建设各类读书吧500个,其中县城150个,乡镇350个,积极搭建全民阅读新平台。宜章县以"讲学"为引领、"亮学"为激励、"考学"为约束、"活学"促实践,深入开展"四学"活动,着力打造"书香宜章"。湖南省纵向到底、横向到边的"三湘读书月"活动,吸引多个兄弟省市学习效仿,并得到了中央主管部门的高度评价[24]。

2. 基层书屋建设

湖南省本着阅读活动纵向到底、横向到边的理念,已累计建成农家书屋43 800多个,每个书屋配置1 600多种出版物,覆盖每个行政村;建成职工书屋1 700多家,总藏书量350余万册,配套电脑4 000多台;全省2 400多个社区基本建有图书室[24]。并在今后继续巩固完善"三湘读书月"活动品牌,继续推进农家书屋、职工书屋、社区书屋等阅读基础设施建设,加大资金投入,增加藏书数量和品种,并建立"三湘读书月"活动官方微信平台,更广泛深入地推荐阅读经典等。

3. 移动互联网数字阅读平台

"书香湖南·数字阅读"是由青苹果数据中心提供数字图书资源和数字技

术，向湖南省地域范围开放的公益（免费）移动互联网数字阅读平台（APP），是一项创新惠民工程。其注册商标为"书猫"，适用于Android和IOS系统的智能手机和平板电脑。只需下载"书猫"APP，即可免费下载、阅读海量电子书。外地手机只要在湖南境内也可享受服务。"书香湖南·数字阅读"以移动终端新形式推广全省全民阅读，普及快、受益广、不受城乡限制，这是一项创新文化惠民工程，也是推进湖南省全民阅读、建设书香湖南的新举措，为实现建设湖南文化强省、教育强省、经济强省的目标注入新内容，增添新活力。

（三）河南省

1. 构建遍布城乡的全民阅读服务体系

河南省是文化资源大省，承载着延续中原文化血脉的重任。河南人有"尚读、尚书"的传统，每年的图书消费量在全国排名靠前，这跟中原这块厚重的历史故地有不可分割的联系。全民阅读活动更得到省委省政府的高度重视，为推广与开展实现这一目标，注重对全民阅读的组织协调，建立健全全民阅读活动组织领导机构，完善体制机制，结合本省实际，深入研究，精心策划，认真制定全民阅读活动方案，加大对全民阅读活动的支持力度。2009年4月，河南省首届"全民阅读活动"启动仪式在郑州举行。全省在"倡导全民阅读，建设文化强省"的大主题下，每年的全民阅读活动都开展得有声有色。在农家书屋、职工书屋、社区书屋以及驻豫部队开展主题读书征文活动；在读者俱乐部举办专家讲解、推荐优秀读物讲座活动；在青少年中开展各种主题教育读书活动，引导和培养青少年读者的阅读兴趣。

河南省为构建遍布城乡的全民阅读服务体系，全民阅读的活动方案围绕如下七个方面开展：①丰富优秀出版产品供给。实施精品战略，在人文社科、科学技术等领域，策划推出一批体现国家意志、代表国家水平的标志性出版项目，发挥优秀出版物的引领示范作用。②广泛开展主题读书活动。开展优秀传统文化经典诵读、读书讲座、读书征文、知识竞赛等内容丰富、形式多样的主题读书活动，激发群众阅读热情，弘扬主旋律，传播正能量。③发挥品牌引领作用。共同推进"绿城读书节"、"南阳读书月"、"郑州图书交易会"以及"书香中原"等全民阅读活动品牌，发挥品牌引领作用，在全社会营造浓郁的书香氛围。④完善全民阅读设施体系。加快城乡阅报栏屏建设，加快社区书屋、职工书屋、连队书屋、寺庙书屋等基础阅读设施建设，探索长效管理机制。⑤面向基层开展全民阅读活动。推动全民阅读进农村、进社区、进校园、进军营、进企业、进机关、进家庭活动的常态化。保障重点群体基本需求，着力保障未成年人、农村留守儿童、进城务工人员以及残障人士等重点群体的阅读需求。⑥积极开展全民数字阅读专题活动。组织辖区内重点出版企业、大型网站和内容投送平台，策划数字阅读活动实施方案，围绕主题读书活动开展形式多样的数字阅读专题活动。⑦加强全民阅读宣传和推广服务。各地各部门要积极利用报刊、电视、广播、网络等媒介，加强全民阅读公益广告投放工作，充分发挥新媒体的宣传推广功能，营造浓厚的舆论氛围。

2. "云书网"引领全民读书潮

2015年4月23日，河南省社科届、文艺界、教育界、新闻出版界的领导、专家、作家和读者共聚于中原图书大厦，参加"书香中原"全民阅读活动暨"云书网"开网启动仪式。活动仪式上宣布，由中原出版传媒集团和河南新华书店发行集团打造的河南首家专业文化电子商务平台"云书网"正式开网。这标志着河南省读者有了属于自己的专业文化电商网站。

该"云书网"整合各类产品120万余种，形成了以"云书网"商城网站为主体，实体"云书网"O2O体验店为主的线上线下一体化体验式网络购物平台，为读者提供丰富多彩的文化消费盛宴。"云书网"的服务特色优势和准确的功能定位，表明"技术带来了生活方式的改变，人们要适应这种改变。要利用好互联网和云技术，让更多的人都能够来读书"[25]。

（四）江西省

1. 穷啥不能穷了阅读

江西自古就有诗书传家、崇文尚文的优秀传统，江西人秉承了中华民族文化血脉中的读书传统，始终把阅读作为主流生活方式加以推广，共同营造读书氛围。江西属欠发达省份，无论城市还是农村，各级政府都有一个共同的信念：穷啥不能穷了阅读。全民阅读活动已经上升为各级党委政府大力支持的重要工作。席卷全省的全民阅读工程正以润物细无声的方式感染着江西群众，让赣鄱大地充满浓浓的书香。在九江市，全民阅读活动写进《政府工作报告》，被列为全市宣传思想工作重点，领导干部阅读书目由市委书记亲自审定。在瑞金市，政府安排了全民阅读活动专项经费，每年印发1万张购书券，面值100元中央财政补贴50%。而在井冈山所在地吉安，红色经典诵读红红火火，参与人数前后高达300万人次。在龙南县，政府不仅每年安排100万元用于推动全民阅读，而且在县城最大广场龙翔广场的中心位置，建了一座桃川书院（亦是农家书屋）。在这个围屋式两层楼建筑中，设有近10个阅览室，每个阅览室都有专门的主题，用高品质图书和清一色的原木桌椅迎接每天的读者[26]。

2. 阅读要从娃娃抓起

江西省在儿童阅读推广上下了大功夫。从2007年起，二十一世纪出版社就颇有远见地倡导成立了"二十一世纪中国儿童阅读推广论坛"，至今成功举办8届，成为业界持续时间最长、影响最广的阅读推广人沟通交流的重要平台。多年来，该社每年投入30多万元办这个公益性论坛，就是希望把中国儿童推广的力量聚在一起，让孩子喜欢上阅读很重要。在江西，还有一个由江西省教育厅主办、一些出版单位共同承办，参与人数达上千万人次的"暑假读一本书"品牌阅读推广活动，该活动每年都会聘请专家学者荐书、邀请国内外知名作家"陪孩子过暑假"并开展读书征文活动。这是一项读者业者共赢的活动，"暑假读一本好书"活动是一项读者业者共赢的活动，既培养了儿童的阅读习惯，又使出版业销售额大幅提升。又如在暑期，宜春市图书馆新馆，最受读者欢迎的儿童阅读区俨然成了"幼儿园"，二十一世纪出版社也在大楼临街一面开了一家"纪童书馆"有专职的"故事姐姐"每天给孩子讲故事。现在，世纪童书馆已经成为南昌市内儿童阅读的地标。

3. 多彩的全民阅读活动品牌

江西省大力打造全民阅读活动品牌，以"绿色崛起·筑梦中国"为主题举办全民阅读系列活动，各地开展的"中国梦·江西情"活动、"书香传递爱心，情暖留守儿童"活动、"万枝玫瑰映红读书周"和"发现母亲、成就孩子"等一系列活动，均成全民阅读活动的特色品牌。江西省通过开展全民阅读主题文化活动，把全省新华书店布置成展览、参观、宣传、阅读、互动、购书、观影的文化活动场所。每天请一位知名作家以不同主题与读者互动，组织出版物展示、作者签名售书、作者谈阅读、读书知识有奖问答、优惠售书等。同时精选百种以"中国梦"、"社会主义核心价值观"、"江西是个好地方"等为主题的优秀出版物，通过媒体向广大读者推介，这些活动点燃了江西人民的阅读激情，提升了国民素质。

江西省努力构建全民阅读数字平台。开展诵读大赛，扩大全民阅读参与面、影响力。加速农家书屋电脑联网，让更多书屋实现与县乡图书资源共享。推进政府采购农村电影放映服务，发挥市场机制满足群众观影需求。吸纳社会先进技术，高质量完成中央广播电视节目无线数字化工程，顺应互联网传播移动化、社交化、视频化的趋势，为传统媒体与新媒体融合打下良好基础。并开展江西省新闻出版广播影视业10件大事、10大人物、30件优秀作品的年度评选，提升新闻出版广电业发展水平和发展质量，助推全民阅读活动深入发展[27]。

四、华北地区的全民阅读活动

（一）北京市

北京市是中国的政治、经济、文化中心。在全民阅读推广活动中，北京市利用独有的政治、文化、人才以及行业优势，充分调动各方的积极性，组织200多家出版机构、50多家媒体机构、200多位专家学者，率先构建了五位一体的全民阅读综合服务平台。

1. 办好"书香中国·北京阅读季"品牌

"北京阅读季"是由北京市委宣传部、市新闻出版广电局、市委市直机关工作委员会、市委教育工作委员会、首都精神文明建设委员会等机构与媒体共30余家联合开展的全民阅读活动。北京阅读季第一届是在2011年4月举办的，此后每年4月举办一次，至今已举办6届。北京阅读季的活动主题既有连续性，又坚持不断创新，如第三届主题是"阅读精品·助飞中国梦"，第四届主题是"共享全民阅读·同绘中国梦想"，第五届主题是"千年运河·万里书香"，第六届主题是"阅读点亮中国梦"。阅读季期间，举办丰富多彩主题的数百场文化活动，丰富首都人民的精神文化生活，让阅读成为每个人的生活方式，让浓浓书香飘满京城。

北京阅读季不仅仅是一个品牌和旗帜，更多的是完成了服务平台的搭建。这个平台包括：由书店、图书馆、益民书屋、大中小学校、市直机关、各类企业、社区文化中心等多种渠道构成的北京全民阅读公益活动平台；由众多媒体和网站参与的北京全民阅读媒体平台；由众多出版机构和文化机构参与的全民阅读资源平台；由上百位阅读推广人和资深书评人引领的全民阅读引导平台；由北京阅读季官网、活动手册、微信、微博组成的全民阅读服务平台。综合服务平台的创建，为全民阅读的可持续发展提供了一种可繁衍、可复制的样本，在体制机制上给予了保障。

2. 打造阅读特色文化名片

北京市坚持以全民阅读活动为抓手，在打造品牌上进行探索，逐步摸索出一条促进全民阅读的长效机制。一些精心设计的既体现阅读特色、时代特征和北京特点，又切合不同人群需求的主题活动，不仅为阅读季添彩，而且具有持续的生命力。如"悦读好书共享精品"大众有奖荐书活动，"诵经典忆光辉历程，赞幸福迎红色华诞"红色经典诵读活动，"我的阅读我做主"青少年评书荐书活动，青少年读书有奖征文、绘画、摄影、DV活动，弘扬"北京精神"大型读书主题活动，"读书益民杯"有奖征文活动，"品经典、承精神"机关干部读书活动，"北京精神美德传承"读书演讲比赛，北京市"书香家庭"评选活动，"悦·读"读书风景摄影展，百姓读书大讲堂，以及第二届北京阅读季新推出的"国际交流活动"、"新媒体阅读活动"等一系列群众性读书活动，推动全民阅读活动深入开展，为"三个北京"和"世界城市"建设营造良好的读书氛围[28]。还定期发布"北京市阅读指数调查"，通过客观评估并反映全市城乡居民的阅读情况，鼓励和促进各地加大对于公众阅读活动的投入和推动力度，提升居民对阅读的关注度。

3. 聘请"北京读书形象大使"

北京阅读季组委会还十分重视文化名人和专家的作用，注重推动专家对阅读活动的指导。主办者从筹备活动开始，就聘请多位专家研讨，并在阅读季期间聘请文化名人担任"北京读书形象大使"。如2011年第一届北京阅读季在通州区启动，活动期间聘请了苏士澍、毕淑敏、周大新、梁晓声、周国平、白岩松六位社会知名人士为北京读书形象大使。在专家指导下，开展一系列新书、好书、好文章推介与评选活动；在专家指导下，阅读季的各项主题活动开展得有声有色。广大市民特别是郊区县群众的阅读能力与质量得到提高，激发广大市民读书兴趣，培养良好阅读习惯。并邀请知名作家、专业讲师、组成讲师团队，深入农村、社区、学校、机关、军营、企业、大型书城，开展读书讲堂活动，以提高市民阅读兴趣，全力打造"书香北京"。

4. 举办北京书市

为进一步倡导全民阅读良好社会风气，北京出版发行业协会、北京市发行集团等单位多次举办北京书市。如于 2014 年 4 月在北京朝阳公园举办"2014 年北京书市"。北京书市将构建北京地区乃至全国各地广大读者的购书、淘书及以书会友乐园，搭建作家、作者与读者沟通交流的平台。在活动期间，举办各种签售、讲座、新书首发式、互动教育咨询等文化活动，丰富市民文化生活，打造具有首都特色的文化品牌活动。

5. 开展系列"领读者培训"

北京阅读季组委会十分重视培育阅读推广组织，组建阅读志愿者团队，建立促进社会或高校阅读联盟。2015 年 4 月，由北京市新闻出版广电局、市教委、团市委、市妇联、北京出版集团等单位又联合组织发起"实施书香中国·北京阅读季领读者计划"活动。领读者计划将开展系列培训，选拔具有一定文化层次、有实践经验、有志于全民阅读推广的志愿者，分期分批进行系统培训，形成相对稳定的全民阅读推广者队伍，使之成为助推全民阅读的骨干力量。如对学校老师、机关公务员、各区县主管领导、益民书屋管理员、大学生社团、实体书店及社区读书会等负责人的培训，提高全民阅读推广的专业化水平。作为书香中国·北京阅读季的重要活动，"领读者计划"首场培训会将在 9 月和 10 月的周末在京举行。届时对学校教师、机关公务员、大学生社团干部、实体书店负责人等群体进行培训，为阅读活动的基层组织者提供交流机会，形成相对稳定的阅读推广者队伍，以提升北京全民阅读推广的专业化水平[29]。

6. 民间读书会组织发展

北京市，作为文化惠民和全民阅读活动的中心之地，拥有很多典型的民间读书会组织。自 2006 年以来民间读书会呈逐年递增趋势，2010 年以后民间读书会数量迅猛增长并出现很多典型的民间读书会。如阅读邻居读书会、雨枫书馆、同道读书会、浩途读书会、新知沙龙、金融博物馆书院读书会、爱思想读书会、燕鸟集阙读书会、野地里读书馆、集智俱乐部、燕京读书会、706 青年空间等等。据不完全统计，北京地区目前共有 145 家民间读书会，其中活跃度较高的有 60 家，每月都会举办一次以上的共同阅读活动[30]。同时，组织部门从 2015 年开始对民间读书会等负责人进行培训，对全市读书会发起人提供专业支持和交流机会，使读书会实现长期、持续性发展。中国目前阅读公共服务还严重不足，有接近 20% 的人选择去图书馆阅读和到书店租书，但图书馆还并不普及；而根据统计，中国有超过六成的人希望参加读书活动，最方便的去处应是身边的读书会，因此民间读书会需要广泛推广。

7. 成立北京阅读新媒体联盟

阅读氛围的营造，需要靠每一个人；推进全民阅读，重要的力量在于基层。为了更有力的助推全民阅读，由首都互联网协会主办、北京阅读季领导小组办公室指导的"北京阅读新媒体联盟"2015年9月11日在北京成立。参加联盟组织的有：豆瓣阅读、耕林童书馆、阿里文学、千龙网、网易云阅读、新浪读书、凤凰读书等60个机构会员单位。北京阅读新媒体联盟是依托第五届"书香中国·北京阅读季"创立的阅读类新媒体平台，旨在团结阅读类新媒体及知名阅读推广人、阅读推广机构，通过新媒体手段助推全民阅读。同时，对新媒体阅读进行科学引导，增强新媒体阅读的知识性和深厚性。

8. 开展系列评选活动

北京阅读季领导小组不断策划阅读创新活动，积极发挥激励措施的作用，不断推新的开展"书香北京"系列阅读评选活动。如2014年"书香中国·北京阅读季"期间，通过报纸、网络、电视广告等平台进行征集，在全市范围内评选出十位"金牌阅读推广人"、十个"阅读示范社区"、十大"书香家庭"。活动旨在发挥先进典型的传承和示范作用，挖掘先进文化的发展源泉，激发全民读书兴趣，形成良好读书习惯。2015年4月，针对"书香中国·北京阅读季"各类活动中涌现的典型人物、典型事件、典型话题、典型场所等策划传播活动，提升"书香中国·北京阅读季"整体品牌形象。采取区县推荐、社会报名、大众投票、专家评审等方式，开展"金牌阅读推广人"、"书香家庭"、"北京最美阅读空间"、"北京阅读示范社区"、"北京书香校园"等评选活动，遴选一批热爱阅读、持之以恒、带动他人、堪为表率的个人和机构，大力倡导"爱读书、多读书、读好书"的社会风尚，推进书香社会建设。

9. 鼓励发展数字阅读平台

北京市委宣传部、市新闻出版广电局、市网管办、北京出版发行业协会，联合组织全市有影响力的数字出版机构开展丰富多彩的"数字阅读，免费体验"活动，由大众阅读体验推选出优秀阅读平台。通过此活动鼓励数字阅读平台推广健康向上的阅读产品。北京阅读新媒体联盟还将联合亚马逊、京东、当当、中文在线、掌阅、阅文集团、塔读文学、多看、豆瓣阅读、百度文学等20余家数字阅读出版平台，以"推广精品、引导阅读"为原则，举行为期一个月的"数字阅读金秋联合限免"惠民活动，推荐100部优秀的数字阅读精品图书，供读者免费下载[31]。

10. 开展国际阅读交流活动

2014年的北京阅读季活动又有了新的创意，北京市委宣传部、市新闻出版广电局、市妇联、北京出版发行业协会等组织，依托外国驻京使馆以及驻京各国文化中心，以学习中外文化，拓宽视野为目的，重点推荐国际知名作家座谈、讨论，开展以国际文化交流为主题的阅读推广活动。如由第四届北京阅读季、人民东方出版传媒有限公司（东方出版社）举办的"魅力俄罗斯·文学与文化"大型专题讲座于7月19日在东城区图书馆召开。本次以俄罗斯文学和文化为主题的讲座，成为阅读季之国际阅读交流活动中的一大亮点。活动邀请到了首都师范大学副校长，中国俄罗斯文学研究会副会长邱运华，当代著名翻译家、中国俄罗斯文学研究会会长、中国社科院外文所研究员刘文飞，北京外国语教授、俄罗斯文学研究会副会长张建华，北京师范大学教授、俄罗斯文学研究会副会长吴泽霖，中国社科院外文所副所长、研究员、俄罗斯文学研究会秘书长吴晓都等专家；人民东方出版传媒有限公司总裁潘少平、副总编彭明哲也受邀参加本次活动。

俄罗斯文学是俄罗斯国家最亮丽的文化名片，也是其国家形象和民族性格构建过程中最为重要的因素。几代中国人心中的"俄罗斯情结"本质上即是对俄罗斯文学的眷念和偏爱。因此，传播和普及俄罗斯文学既是责任，更是担当，也是丰富中国民众阅读视野的选择，进而用文化架起一座对话与沟通的桥梁。开展国际阅读交流活动将会不间断地开展下去[32]。

总之，北京市的全民阅读推广活动开展得如火如荼，成为全国各地开展活动的典范。

（二）河北省

1. 政府高度重视全民阅读

河北省委、省政府高度重视全民阅读工作，成立了由党委或政府主要领导担任负责人的全民阅读组织领导机构，省委宣传部、新闻出版局、教育厅、民政厅、文化厅、工会、团委、妇联等多个部门作为成员单位。全民阅读组织领导机构在加强领导、制订规划、配置资源、组织活动、宣传推广、解决重点难点问题等方面发挥了重要作用。全民阅读活动按照"七进"的工作思路，形成了党委政府大力支持、专门机构策划推动、党政机关带头实践、社会各界广泛参与的良好工作局面。河北省全民阅读活动的总体目标是：通过开展"书香河北"创建活动，实现全省农村、社区公共阅读场所覆盖率达到70％以上，全省阅读率提高到65％以上，参与全民阅读的人数突破4 000万人，达到全国领先水平，全民科学文化素质和思想道德水平显著提升，文化软实力显著增强。他们从基层入手，着力加强公共文化基础设施建设和公共文化服务体系建设，力争实现全省农村、社区公共阅读场所覆盖率达到60％以上，全省图书阅读率达到60％以上，高于全国平均水平。为了实现这一目标，重点做好三个方面的工作。一是对标摸底，寻找差距。各地各单位对照创建标准，制定科学可行、特色鲜明的创建规划，重点部署，明确责任，有序推进。二是突出重点，全面推进。充分发挥政府的支持和引导作用，加快城乡阅读场所工程建设。充分利用农家书屋组织开展丰富多彩的农民读书用书活动。广泛调动社会各界力量，深入推进全民阅读"七进"工程。三是选树典型，示范引导。建立"书香河北"创建活动激励机制，培育和选树一批"书香河北"创建典型[33]。

2. 以"全民阅读互动"为重要举措

河北省把组织开展"全民阅读互动"作为推动文化大发展大繁荣、建设学习型社会和文化强省的重要举措，广泛开展了以"阅读·创新·和谐"为主题的多种活动，受到广大群众的热烈欢迎。该省注重开展并精心策划各种评选活动，率先以家庭为单位开展大规模阅读调查，如2011年在河北省全民阅读活动组委会办公室的组织下，河北省开展"书香之家"评选活动，从推评"书香之家"、"书香之村"、"书香之镇"、"书香之县"开始，推动书香中国建设。又如2015年揭晓河北出版阅读界"三个十"（读者喜爱十部好书、河北作者十部好书、出版阅读界十件大事）评选结果，第二届河北"十佳"图书评选揭晓颁奖，河北省第二届"书香之家"和首届"书香之乡（镇、社区）"评选活动启动，公布"津津乐语"移动数字阅读项目，在全省开展数字阅读活动。其中河北2011年举办的"书香飘万家"全民阅读书香家庭普查评选活动得到了中央领导同志的充分肯定。2015年在全省联合举办形式多样、丰富多彩的全民阅读、文化惠民、出版惠民系列活动160多项。活动的开展将影响100多万人，为民让利300万元以上[34]。注重以"全民阅读互动"为重要举措，以激励手段广泛推广全民阅读。

3. 创新载体打造品牌

河北省为了将全民阅读活动持久、深入地开展下去，使各界群众切实感受到阅读带来的乐趣和效益，在开展全民阅读时确定了"七进"活动，并围绕该活动积极创新载体和形式，组织开展了一系列特色活动。在省直机关开展了"争创学习型党组织，争当学习型个人"主题读书活动，省直工委组织开展了"强素质，作表率"主题读书活动，省军区组织开展了"军地携手，共沐书香"读书活动，省教育厅组织开展了"河北青少年'阅·知·行'读书活动"，省内高校组织了"书香志愿者"到农村、福利院、社区开展助读活动。省新闻出版局还组织开展了"好书推荐、乐读共享"活动，每月通过新闻媒体向读者推荐10本优秀读物，并协调新华书店系统进行优惠销售。截至目前，根据专家、学者和读者的推荐，已向读者推荐了11批共计110本优秀图书[35]。该省为了吸引广大农民群众参与到活动中，还以农家书屋为平台，组织开展了"我的书屋、我的家"农村阅读活动，激发了农民读书、用书的热情，培育了一大批通过读书改变命运、带头致富的典型。

（三）山西省

1. 广泛开展全民阅读活动

山西省以"书香三晋 文化山西"为主题，深入开展全民阅读活动，进一步提高山西城乡居民的阅读能力、科学文化水平和思想道德素质。构建全民阅读文化服务体系，推进全民阅读资讯平台建设，加快图书馆网络化建设，加强数字阅读内容和数字阅读平台建设，推广新型阅读方式。在公共场所设立阅读设施，提供公共阅读空间和服务，加大农村公共文化设施改造提升力度，加大对实体书店扶持力度，推动全民阅读活动进企业、农村、军营、学校、社区及特殊人群，扩大公共文化服务体系覆盖范围。设立全民阅读监测和效果评估体系，强化监督考核，将全民阅读率等指标纳入全省经济社会发展指标体系。

2. 全民读书月活动

山西省从2011年开始组织全民读书月活动，至今已举办了5届全民读书月活动，2015年将以"书香三晋·文化山西"为主题，以丰富多彩的全民阅读系列活动为载体，积极营造全民读书、崇尚学习的良好社会氛围，着力打造山西特色阅读品牌，为促进山西经济社会健康发展提供强大的精神动力和智力支持。2015年太原市正式出台"书香太原全民阅读"系列活动方案，重点推出"书香校园，中国梦、阅读梦"主题活动、"读书家庭"评选活动等内容，将通过一系列活动，营造"多读书、读好书"的氛围。

3. 开展全民阅读报刊行活动

2015年9月，为进一步贯彻国家全民阅读的战略部署，为第二十五届全国图书交易博览会和第二届山西文化产业博览交易会营造浓厚阅读氛围，省委宣传部、省新闻出版广电局、省总工会、团省委、省妇联、山西日报报业集团、山西出版传媒集团联合开展了"书香三晋·文明社会"全民阅读报刊行活动。活动开展以来，全省77家报纸出版单位、200家期刊出版单位全部参加了"书香三晋·文明社会"全民阅读报刊行活动，宣传发动、寻访采写、重点报道扎实进行，活动办公室组织专家进行了评审，共评出10名"最美读书人"；评出40个"最美读书人"提名奖、10家优秀组织单位和15名优秀采编人员。该活动效果明显，社会影响越来越大[36]。

（四）内蒙古自治区

1. 建设基层"草原书屋"

2007年3月，中央文明办、新闻出版总署等8部委联合印发《农家书屋工程实施意见》，开始在全国范围实施"农家书屋"工程，在内蒙古称之为"草原书屋"工程。草原书屋的图书以农村牧区普及类出版物为主，兼顾政治、经济、科技、法律、卫生、文艺、文化教育、少儿等类出版物，分为蒙语、汉语两类。每一农家书屋可供借阅的实用图书不少于1000册，报刊不少于30种，电子音像制品不少于100种（张）。内蒙古自治区政府响应党的号召，在弘扬草原文化方面做了许多工作。该工程得到了自治区党委、政府的高度重视，得到了社会各界的广泛关注，并积极开展"草原书屋"工程建设。到2012年，全部完成了11 275家草原书屋工程建设，实现草原书屋在自治区行政村、嘎查的全覆盖。

2. "书香伴着乳香飘"活动品牌

内蒙古自治区的"草原读书月"活动于2006年开始启动，首次提出"书香伴着乳香飘"的读书概念，至今已活动10年。草原读书月将民族特色和大众文化紧密地结合，内容新颖丰富，有内蒙古人最喜欢读的100本书评选、学说蒙古语、学唱蒙古歌大课堂、巴·毕力格漫画作品展、爱心书袋征集、读书好声音评选、成吉思汗珍贵历史文献赏析、中国乳都名人演讲周、图书漂流大悦读、图书大厦购书优惠月、优秀图书展销会及丁宽亮摄影作品展等活动。草原读书月活动从开展以来，受到了全区广大阅读群体的普遍欢迎，已经成为内蒙古自治区的重要品牌文化活动之一。如 2014 年 11 月在呼和浩特启动的第九届草原读书月活动，其主题为"伊利·书香伴着乳香飘"。

3."卫星数字农家书屋"建设

"卫星数字农家书屋"是内蒙古自治区新闻出版广电局在全区推进的试点工程。它是对传统农家书屋的数字化升级和重要补充，同时也是对农家书屋的延伸，是针对自治区广大农牧区实际情况的有益尝试。自治区新闻出版广电局于 2014 年 11 月启动 1200 个数字农家书屋建设工程，主要分布在人口相对集中的社区、边境地区、偏远牧区。该工程利用卫星数字发行系统，将电子图书、杂志、报纸、音像制品等出版物以数字方式投递到草原书屋中，实行 24 小时内容更新，用于农村牧区远程教育、文化信息资源共享、农业技术培训和公共电子阅览，农牧民可通过电视、投影、电脑等设备阅读观看。2015 年 8 月，内蒙古锡林浩特市已为全市 7 个街道办事处的 28 个社区安装了卫星数字接收终端设备，首批"卫星数字农家书屋"落户锡林浩特市，该市希日塔拉街道办事处那达慕社区居民实现收看卫星数字农家书屋新下载的社区服务类节目。卫星数字农家书屋的建设，创新了阅读模式，解决了传统书屋报刊图书更新慢、运输不便、借阅不便等问题，与传统农家书屋形成了有益补充，使农家书屋的传播能力得到大幅度的提高[37]。

参考文献：

[1] 东方网.世界读书日上海推百余项活动 移动阅读成新风尚[EB/OL].[2015 – 08 – 20].http://www.kaixian.tv/gd/2015/0421/422684_2.html.

[2] 蒋俭.2015"世界读书日"：阅读，无处不在[EB/OL].[2015 – 08 – 20].http://www.ishenbao.com/sj/epaper/sjfwdb20150429/201504/t20150429_788269.htm.

[3] 人民网.中国（上海）全民阅读网开通[EB/OL].[2015 – 08 – 20].http://book.people.com.cn/GB/69839/157324/157367/11453326.html.

[4] 颜维琦,曹继军.上海：全民阅读媒体联盟成立[N].光明日报,2013 – 04 – 23(09).

[5] 齐鲁网.山东列入全民阅读专项资金 1800 万元 为历年之最[EB/OL].[2015 – 08 – 20].http://news.iqilu.com/shandong/yuanchuang/2015/0421/2376491.shtml.

[6] 山东省新闻出版广电局.关于成立山东省全民阅读媒体联盟的通知[EB/OL].[2015

-08-20]. http://www.sdxg.gov.cn/tzgg/201504/30/3506.html.

[7] 苏州市文化广电新闻出版综合信息网.阅读,让苏州更美丽 2012 第七届苏州阅读节[EB/OL].[2015-08-20].http://www.cnssz.com/201212wgjd7jydj/1.htm.

[8] 新华网.江苏出台全国首部促进全民阅读地方性法规[BE/OL].[2015-07-10].http://www.js.xinhuanet.com/2014-12/24/c_1113764706.htm.

[9] 中国江苏网.江苏省人民代表大会常务委员会关于促进全民阅读的决定[EB/OL].[2015-08-20].http://jsnews.jschina.com.cn/system/2014/12/01/022764499.shtml.

[10] 百度百科.浙江全民阅读节[BE/OL].[2015-07-10].http://baike.baidu.com/link?url=XSVCUaxxTXdFk TLOLViU122xkj2EVBrJXr6se8txqFDxo3hNXVOCzccMpzbOqF5OJ844lMjg-hasAj-xNVSDZ7RIKNsQjgAcZgOY.

[11] 徐庆超.芜湖市"读书节"创新赋予勃勃生机[J].中国职工教育,2010(4):16.

[12] 袁华.全省公共图书馆阅读推广联盟、文化馆活动联盟成立大会上的讲话[EB/OL].[2015-08-20].http://www.ahwh.gov.cn/zwgk/ldjh/29390.SHTML.

[13] 10年组织活动近2000项,吸引3500多万人次参与,福建全民阅读活动影响力提升[EB/OL].[2015-08-20].http://www.gapp.gov.cnnews1672/247071.shtml.

[14] 张福财.福建"书香八闽"全民阅读促进会成立[EB/OL].[2015-08-20].http://www.xwcbj.gd.gov.cn/news/html/gdxx/article/1398380857847.html.

[15] 海南省文化广电出版体育厅.关于印发《海南省 2015 年全民阅读工作方案》的通知[EB/OL].[2015-08-20].http://wtt.hainan.gov.cn/swtt/zwgk/wtzygz/201504/t20150414_1547997.html.

[16] 王晓樱.海南第七届书香节开幕[N].光明日报,2015-04-24(16).

[17] 广东新闻出版网.广东省新闻出版广电系统全民阅读活动经验交流会召开[EB/OL].[2015-08-20].http://www.xwcbj.gd.gov.cnnewshtmlzxdtarticle/1411463112556.html.

[18] 吴春燕,严圣禾.南国书香节 三大新亮点[N].光明日报,2015-08-14(1).

[19] 东莞阳光网.东莞第十一届读书节启动[EB/OL].[2015-08-20].http://mt.sohu.com/20150814/n418899471.shtml.

[20] 读书月编辑.深圳读书月:"文化狂欢节"辐射全国[EB/OL].[2015-08-20].http://www.szsky.com/article-50485-1.html.

[21] 市法制办.《深圳经济特区全民阅读促进条例(征求意见稿)》公开征求社会意见[EB/OL].[2015-08-20].http://szbbs.sznews.com/thread-2350765-1-1.html.

[22] 长江商报.2013 年湖北全民读书活动启动[EB/OL].[2015-08-20].http://www.changjiangtimes.com-04/440964.html.

[23] 湖北省人民政府.湖北省全民阅读促进办法[EB/OL].[2015-08-20].http://gkml.hubei.gov.cn/auto5472/auto5473/201412/t20141224_603523.html.

[24] 刘容.全民阅读让湖南书香四溢 4 万余个书屋钻进农村[EB/OL].[2015-08-20]. http://hn.rednet.cn/c/2014/06/25/3386657.htm.

[25] 南乐天."书香中原"全民阅读活动启动"云书网"引领读书潮[EB/OL].[2015-08-20].http://news.dahe.cn/2015/04-23/104827186.html.

[26] 王玉梅,朱烨洋,韩东.江西:不要口号要行动[EB/OL].[2015-08-20].http://www.kaixian.tv/R2/n3485057c7.shtml.

[27] 甘菊.江西省局大力打造全民阅读活动品牌[EB/OL].[2015-08-20].http://www.chinaxwcb.com/2015-03/06/content_312730.htm.

[28] 王坤宁.北京阅读季:首善之区的文化名片[EB/OL].[2015-08-22].http://www.chinaxwcb.com/2012-07/27/content_247995.htm.

[29] 北京网络台.阅读点亮中国梦 第五届书香中国·北京阅读季启动[EB/OL].[2015-08-22].http://tv.brtn.cn/20150422/ARTI1429675991048739.shtml.

[30] 焦雯.光明就在不远的前方——一个民间读书会的坚守与困惑[N].中国文化报,2014-06-24②.

[31] 史竞男.北京阅读新媒体联盟成立 助推全民阅读[EB/OL].[2015-08-22].http://news.qq.com/a/20150917/032361.htm.

[32] 网易读书.北京阅读季国际阅读交流活动聚焦俄罗斯文学与文化[EB/OL].[2015-08-22].http://book.163.com/14/0723/15/A1RNKS3G00923P3U.html.

[33] 崔哲."书香河北"创建开启全民阅读活动新篇章[N].燕赵都市报,2012-06-07(22).

[34] 张晶,吕冰心.相约世界读书日 阅读在我身边.河北日报,2015-04-22(03).

[35] 刘成群,袁川.河北省全民阅读活动亮点频现.河北日报,2011-12-29(03).

[36] 李耀武.山西省召开全民阅读报刊行活动总结表彰会[EB/OL].[2015-08-22].http://yc.sxgov.cn/content/2015-09/26/content_6310175.htm.

[37] 文德丽.首批卫星数字农家书屋落户锡林浩特[EB/OL].[2015-08-22].http://inews.nmgnews.com.cn/system/2015/08/13/011747792.shtml.

第五章 全民阅读活动在全国蓬勃发展（二）

一、西北地区的全民阅读活动

（一）陕西省

陕西省的全民阅读活动是由省委宣传部、省文明办、省新闻出版局联合组织，下属各市成立了全民阅读活动组织机构，具体负责组织实施、统筹协调全民阅读活动。一是及时召开动员会，提出具体实施方案和要求；二是每年发出全民阅读活动倡议书，号召全省人民多读书、读好书；三是推动全民阅读活动向基层、向企业延伸。榆林市的全民阅读活动期间，组织开展科级干部读书培训活动，图书馆开放日系列活动，暑期精品图书展销活动等90项阅读活动。汉中市开展了"书香汉中"全民阅读活动。市民政局购置相关图书向社区捐赠10万元图书，向村镇赠送12万余册图书和宣传资料；市图书馆和陕西理工学院举办了"书香汉中"全民阅读活动启动仪式，开展书画摄影征集大赛、图书漂流、诵读国学经典朗诵会等27项活动。渭南市积极探索数字阅读新模式，形成了推进数字阅读的初步方案，在政府给予相应补助的基础上，计划在全市28家环境好、管理严、面积大的网吧进行推进数字阅读免费进网吧试点活动。带动民众踊跃参与读书活动，形成全员参与、人人热爱读书的良好氛围。

2010年5月，"三秦书月"陕西省2010年全民读书月活动正式启动，表明一场激发三秦大地全民读书的热潮已经掀起。从此，"三秦书月"成为陕西宣传文化工作的新品牌，文化惠民的新名片。"三秦书月"活动至2015年已经举办了6届，吸引了上千万群众参与，省内外媒体围绕"三秦书月"刊发文章1000多篇。中国新闻出版研究院第八次全国国民阅读调查显示，"三秦书月"活动开展以来，陕西全民阅读水平有了大幅度的提升。其中，西安市城乡居民年均图书阅读量由2009年的2.38本增长到2010年的5.13本，比

2010年全国平均水平的4.25本高出0.88本。"三秦书月"活动也因此被评为"2010陕西十件文化大事"之一，获得"陕西宣传思想文化工作创新奖"。2015年"三秦书月"的活动主题是："丝路新起点·阅读助腾飞"，围绕该主题，本届"三秦书月"进一步推动"书香机关"、"书香校园"、"书香企业"、"书香村镇"、"书香社区"、"书香工地"、"书香之家"、"书香军（警）营"、"书香市区"、"书香站所"等"十大书香"工程，组织开展形式多样，内容丰富的各类阅读活动，并覆盖全省、服务全民。目前，"三秦书月"全民阅读活动不断向基层城乡推进，向每个家庭、每个公民渗透，让更多群众参与，让更多人群受益，推动全民阅读活动向纵深开展[1]。

（二）宁夏回族自治区

1. 自治区党委高度重视全民阅读

宁夏回族自治区党委高度重视读书活动，倡议在全区开展全民阅读活动。区直机关工委紧扣时代主旋律，牢牢把握区直机关党员干部的精神需求，先后开展了"阅读·和谐·进步"、"阅读·修身·立志"、"阅读·厚德·正行"、"阅读·鉴史·笃行"等一系列主题读书活动。开展图书漂流、优秀读物巡回展、知识关爱行动、读书征文比赛、读书标兵评选等多种活动，组织广大干部踊跃走进"读书月"、与书交朋友，共同建设书香机关。同时，着力打造"科学发展大讲坛"、"普通党员讲党课"等有影响力、有特色的学习品牌，搭建创建学习型党组织平台。于丹、周天勇、秦大河等一大批区内外知名学者登上讲坛，深度解答了读书与鉴赏、科学推进发展、气候变化、低碳经济等一些为党员干部热议的话题。丰富多彩的读书形式点燃了区直机关党员干部求知成才、干事创业的激情，选择读书学习就是选择进步逐渐成为广大党员干部共识。

宁夏各行业各单位在全民阅读活动中精心组织，扎实推进，特别是开展了全民阅读活动进农村、进社区、进校园、进军营、进企业、进机关、进家庭"七进"活动，效果非常显著。相继举办了"送书下乡"农民读书活动、农家书屋工程、职工书屋工程、读书月等系列活动，大力倡导"爱读书、读好书、善读书"的文化风尚，推进和谐文化建设，提高全民科学文化素质，建设学习型社会。自治区党委宣传部、自治区文明办向全区推介"百本"优秀经典图书，包括《论语》、《弟子规》、《中国哲学与中华文化》在内的《中华传统美德校本教材国学系列》、《"国学经典"系列丛书》、《我们的节日》、

《中国民间文化杰出传承人丛书》，号召全区党政机关、社会团体、企事业单位、大中专院校、窗口行业要广泛开展读书活动，以领导干部带头读书带动机关干部读书，进而带动全民读书。举办读书讲座、开展读书竞赛、读书交流、读书征文、成果展示等活动，吸引群众参与，形成读书热潮，营造全民读书氛围。开展"我与书的故事"征文与"我心中的传统节日怎样过"创意征集活动，引导广大群众，尤其是青少年在读好书中系统地了解中华文明，潜移默化地培养优良的道德思想，道德风尚，弘扬尊重知识、崇尚文明的阅读理念，塑造浓郁书香的学习型社会。

2. 读书月活动9年不间断

如今，随着"书香银川·银川书香"活动的深入，全民阅读风靡银川，书香一年365天溢满湖城。采访中，记者了解到，市直机关干部职工读书月活动持续9年不间断。

银川市自2006年以来，市直机关每年举办的读书月活动包括读书论坛、美文朗诵比赛、好书推荐、优秀读书心得征集、书评座谈等10余项读书活动成为机关干部长期坚持的读书品牌。截至目前，该市已建成各级各类"职工书屋"415家、"农家书屋"344家、"公共电子阅览室"156个、农民工流动书屋20个、职工读书兴趣小组（科室）242个，而且"图书漂流"活动从图书馆、校园遍及到建筑工地。"职工书屋"、"农家书屋"、"公共电子阅览室"读书活动为企业职工、农村和社区群众打造文化乐园。

"读书讲堂"系列讲座活动面向普通市民"周周讲"。市委宣传部组织的"市委中心组理论学习"月月举办学习讲座；市委宣传部、组织部等部门联合开办的"周末讲坛"自2007年开办以来已举办讲座60余期，累计参加人员30万余人次；市委宣传部等部门主办、银川日报社承办的传播高端、前沿文化的"朔方人文科学大讲堂"面向大众，每双周举办一期，内容涵盖文化艺术、社科、经济、心理等多个领域。此外，还开办"书香银川·百姓讲堂"、"健康大讲堂"、"国学讲堂"等相关知识讲座。打造"书香银川·银川书香"，全面提升市民素质和城市文明程度[2]。

3. 建立"书香宁夏·全民阅读"数字平台

宁夏为进一步深化全民阅读活动，更好地为群众提供高质量的公共文化服务，2015年2月2日，自治区新闻出版广电局与北京中文在线数字出版股份有限公司签署了"书香宁夏·全民阅读"数字平台建设项目战略合作协议，

"书香宁夏·全民阅读"数字平台启动仪式在银川市正式启动。数字平台承载了10万种以上正版数字图书、3万种有声图书、3 500种数字期刊、23万种中小学试卷、2万多种中小学课件、50万分钟以上的教育教学视频及几十万分钟影视剧节目资源,并能实时更新。市民可以通过电脑、手机等多种数字终端,下载"书香宁夏·全民阅读"数字平台客户端即可享受24小时无障碍阅读,全天候感受到数字阅读带来的便利[3]。

(三) 甘肃省

1. 成立全民阅读活动领导小组

甘肃省为建立健全全民阅读组织领导机构,进一步完善长效工作机制,充分发挥各部门职能作用,协力共同推进全民阅读活动,于2013年7月30日成立了甘肃省全民阅读活动领导小组,统筹、指导和协调全省全民阅读工作。领导小组设立了联络员,负责与领导小组办公室的联络,落实本单位全民阅读活动相关责任。全省14个市州和甘肃矿区以及86个县(市、区)成立了全民阅读领导小组,领导小组办公室设在文广新局,负责全民阅读活动的组织、协调和开展工作。为引导广大兰州市民兴起全民读书热潮,构建学习型社会,推进"文化兰州"建设,弘扬民族优秀文化和道德,广泛提高兰州市民整体文化素质,2005年3月,兰州读书节(全民阅读)组委会成立。为深入推进全民阅读活动的开展,2014年5月,金昌市成立了首个以推广阅读为主要目的的公益性民间组织—金昌博览读书协会,该读书协会的诞生,实现了政府部门、民间组织共同推进全民阅读的良好局面。

2. 加大资金投入力度

全省各地政府加大全民阅读公共服务体系建设,为开展全民阅读活动创造有利条件,满足不同群体的需求。金昌市、张掖市通过创建国家公共文化服务体系示范区,加大资金投入力度,改善公共文化基础设施条件,为开展全民阅读活动提供了良好平台。金昌市投入10多亿元,修建了市级图书馆、博物馆、大剧院、传媒中心,县(区)图书馆、文化馆,改造提升了乡镇文化站、社区文化中心等基础设施建设。投入约300万元,在改造提升138个行政村农家书屋设施条件的基础上,新建城市社区书屋36个、流动图书站5个。同时,市、县(区)财政累计投入153万元,用于全民阅读工作经费。张掖市投资3.6亿元建设市文化馆、图书馆和博物馆,其中市图书馆建筑面积达 10 038 m²。甘州区、高台县、临泽县、肃南县在图书馆分别建设了数字图书借阅机，特别是甘州区为 18 个乡镇均配备数字图书借阅机，实现了全覆盖。肃南县实施的数字图书馆建设工程和少儿流动书包图书馆，在示范区创建中期督查时受到文化部领导和专家的充分肯定，有效推进了基层公共文化阵地建设，较好地满足了读者多样化阅读需求。

3. 倡导公益捐赠

按照省委省政府建设文化大省的工作要求，结合创建华夏文明传承创新区，努力打造"书香陇原"全民阅读活动品牌。围绕"书香陇原"品牌的建设，于 2015 年 4 月 23 日世界读书日，在西北书城组织了"书香陇原——甘肃省第二届'飞天出版传媒杯'全民阅读暨首届'书香校园·绿色书签'青少年阅读活动"启动仪式。活动期间，全省 92 家连锁新华书店共同开展图书优惠展销；开展了"百社千校书香童年"阅读活动；组织开展"书香校园·绿色书签"青少年阅读活动。由省新闻出版广电局、兰州市文广新局、飞天出版传媒集团向全省有关中小学校捐赠总价值 30 万元；由读者出版集团所属各专业出版社、兰州大学出版社、甘肃文化出版社、甘肃音像出版社等 12 家出版单位向兰州市、定西市农村中小学捐赠价值 15 万元码洋的青少年读物，引导广大青少年多读书、读好书，打造我省青少年阅读品牌，营造青少年健康成长的良好社会文化氛围。

4. 打造"书香陇原"品牌

甘肃省坚持政府主导、社会参与、服务大众的基本原则，以"推动全民阅读，建设书香陇原"为主题，以开展丰富多彩的创建活动为载体，积极营造"爱读书、读好书、善读书"的浓厚氛围，着力打造"书香陇原"全民阅读品牌。各市地结合自身实际，也打造了书香品牌，如"兰州读书节"、"陇右讲堂·书香天水"、"书城不夜·书香武威"，嘉峪关"绿色阅读·灯谜竞猜"、"爱阅读、爱生活—书香镍都"、"爱我酒泉·传承文明"、"书香溢张掖"、"书香铜城—白银"、"书香定西—阅读引领未来"、陇南"书香伴我行·共筑中国梦"等各地具有特色的读书活动，使"书香陇原"更具生命力和影响力。"兰州读书节"至今已举办了 11 届，兰州慈善总会、兰州文化联谊会、甘肃科技出版社分别向各县区图书馆、榆中县和平镇马家山村和兰州市图书馆捐赠图书和书画作品。定西市以"读好书·做文化人"和"治庸问责·提能增效"为主题，推进"全民阅读进机关"。张掖市结合创建国家公共文化服务体系示范区示范区，打造"书香溢张掖"活动品牌。甘州区图书馆创办了《张掖阅读报》，重点刊发读书心得、精品文章、阅读动态等；平凉市邀请本地知名作家、心理咨询师和书法家，依托图书馆内资源，定期不定期开展"经典诵读比赛"、"文学欣赏和写作"等公益性读书交流活动30多次，参与人数约2 500多人次[4]。使建设书香社会取得了明显成效。

（四）青海省

青海省政府十分重视开展全民读书教育活动，积极召开专题会议，研究部署全民阅读工作。为了使全民阅读活动正常、有序的开展，提高其针对性和实效性，专门成立了全民阅读活动领导小组。制定了全民读书活动实施方案，建立和完善学习制度，严格学习纪律，出台并实施一系列激励干部职工学习的有效措施。从2009年起，青海省通过实施文化信息资源共享、县级两馆改造、乡镇文化站建设、农家书屋、文化"进村入户"等一系列文化惠民工程，目前基本建成了覆盖全省城乡的公共文化设施网路，公共文化机构免费开放工作扎实推进，全省44个公共图书馆、51个文化馆、329个乡镇文化站实现无障碍、零门槛进入，全部免费开放[5]。

具有品牌效应的"文化西宁·书香夏都"全民阅读活动在西宁市全面展开，该活动内容丰富、特色鲜明、形式多样，推进了创建公共文化服务体系示范区工作，提升了市民文化素质，提高了城市文明程度，在全社会大兴读书学习之风，倡导了"多读书、读好书"的良好风尚，营造了全民阅读的氛围。西宁市积极拓宽服务领域，读书活动蔚然成风。在西宁城区设立4台24小时街区自助图书馆，市民享受自助办证、查询、借还书的图书馆服务；湟中县图书馆充分发挥"流动图书车"作用，在全县5个乡镇186个村进行图书流动借阅和播放民族特色文化宣传片；西宁市图书馆在建筑工地创建西宁市首批3家农民工流动图书室；市图书馆为西宁市聋哑学校、西宁市特殊教育学校赠送了"数字西宁"阅读卡400余张；西宁市妇联组织倡导各级妇联开展"中国梦、巾帼阅读、岗位建功"读书活动；重视青少年阅读，打造书香校园，让青少年在知识的海洋中尽情地遨游，使读书活动蔚然成风。

为努力把"书香青海"培育为具有地方特色的知名阅读活动品牌，青海省各出版单位还将认真做好"向全国青少年推荐百种优秀图书和百种优秀电子音像出版物"、"向全国少年儿童推荐优秀少儿报刊"、"大众喜爱的50种图书"、"向全国老年人推荐优秀出版物"、"向全国推荐百种优秀民族图书"等系列推荐活动；在"4·23"世界读书日、"六一"儿童节、"国庆节"等重要节庆举办精品图书展销活动，开展优秀出版物推介和展销，吸引全民阅读，推动数字阅读，向全社会展示我省出版最新成果；邀请著名作家做读书讲座，为全省基层图书馆免费配发优秀民族语音像出版物，在全国藏区中小学开展有奖征文活动，为贫困地区青少年捐赠优秀少儿读物；依托各级公共图书馆深化全民阅读，举办优秀地方文化讲座和读书征文活动，开展图书馆"优秀读者"评比活动，激励广大读者多读书、读好书。

（五）新疆维吾尔自治区

新疆维吾尔自治区政府十分重视全民读书，为在全社会营造读书的氛围，让图书成为增进各族群众友谊的桥梁，拉近各族群众之间的距离，成为促进社会和谐发展的一项重大文化活动，自治区早在2005年6月，策划并启动了"新疆天山读书节"，至今已连续举办了10届，"新疆天山读书节"不仅在全社会营造了读书学习的良好氛围，而且已经成为新疆一项重要的品牌文化活动，成为新疆各族人民所期盼的重大节庆之一。每年的新疆天山读书节都围绕读书征文活动、读书讲座、朗诵会、主题报告会、好书推荐征文、演讲比赛、"向困难群众赠书"、优秀图书联展、优惠售书、设立专题展架、展台、知名作家签售新书等等，一连串的各类读书活动把每一届"新疆天山读书节"塞的满满当当，人们在品位书香味道的同时，也在通过图书这个载体品味着人与人之间的温暖和情意[6]。

经过多年的传承，"天山读书节"呈现以下特点：①围绕自治区中心工作开展，每年提炼一个主题。如2011年，正值中央新疆工作座谈会召开一周年，中国共产党成立90周年，为此，"新疆天山读书节"专门推出了与这两大主题有关的图书展销等活动。②每年邀请区内外知名作家、学者进行有主题的讲座，搞签名售书等文化活动，既丰富了读书节的内容，又开拓了广大读者的视野，提升了他们的文化素养。③每年都会有针对性地为各族读者推荐一些优秀图书，引导和培养读者的阅读兴趣，逐步在全社会营造了浓郁的书香氛围。④连续10届都在全疆各地新华书店举办一系列的打折优惠售书活动，同时延长营业时间，极大地方便了读者的购书需求。在自治区党委和人民政府的重视支持下，新疆"天山读书节"举办的红红火火，有声有色，丰富多彩的活动在全社会营造了浓厚的书香氛围，新疆大地处处跳跃着文明和谐的音符。"新疆天山读书节"的深入开展，表明了新疆各族群众的文化追求和文化态度，这是文化软实力的源泉，更是经济硬实力的支撑。

二、西南地区的全民阅读活动

（一）广西壮族自治区

广西壮族自治区是中国一个典型的多民族聚居地，从1994年至1997年，实施以图书馆建设为中心的"知识工程"在当地取得了显著成效，在全区民众中真正兴起了读书藏书热潮。凭借其地域特点的典型性和工程实施的成效性，广西壮族自治区为全国各省市树立了一个典范。1997年1月，由中央宣传部、文化部、国家教委、国家科委、广播影视部、新闻出版署、全国总工会、共青团中央、全国妇联九部委联合发出通知，以广西壮族自治区为示范，号召在全国组织实施"知识工程"，力争在全国提升图书馆事业的质量，形成全民阅读的良好风尚，尤其注重对农村阅读的扶持以及促进图书馆服务的转型。

为深入贯彻落实党中央、国务院关于倡导和开展全民阅读活动的战略部署，倡导"多读书、读好书、善读书"的文明风尚，自治区党委致力于全区农家书屋的建设，至2010年，自治区投入1.263亿元建成农家书屋2 572个，在建农家书屋3 742个，共计6 314个，覆盖全区44%的行政村，覆盖农村人口1 500万[7]。广大农民从农家书屋中受益匪浅。

自治区党委十分重视推动全民阅读活动，大力推动学习型政府、学习型社会、学习型组织、学习型家庭、学习型社区的建设，让书香飘满八桂大地，同心协力实现中国梦。如2010年的"世界读书日"，自治区党委宣传部组织23个单位联合举办了"倡导全民阅读、共建书香八桂"广西全民读书活动，掀起了全区新一轮读书热潮。贯彻中央有关部署，依托农家书屋开展了"两赛一活动"，即"读书征文"比赛、阅读讲演比赛、科技知识讲座群众性活动。全区各地读书征文比赛共收到有效稿件500多份，举办各种讲演活动505场，阅读讲演比赛参与者达400人次，开展科技知识讲座300余场，惠及全区农村群众30多万人。"书香八桂"已成为自治区全民阅读活动的品牌。2014年4月，广西"八桂书香·阅读圆梦"的全民阅读主题系列活动正式启动。期间举办了创建书香校园、书香社区赠书仪式，广西新华书店集团向南宁市华西路小学和南宁市兴宁区望州南社区分别捐赠了价值3万元的图书。活动开展一年来，在八桂大地涌现了许多"执著追求阅读梦"的感人故事。

为充分发挥先进典型示范作用，2014年11月，自治区党委宣传部开展推荐遴选"八桂最美阅读追梦人"活动，吸引了2 000多人参选。经评选审核，从中产生11名首届"八桂最美阅读追梦人"，他们自强不息，执著追逐自己的阅读梦，并通过阅读改变了自己的人生之路，向世人诠释了阅读的魅力、知识的力量[8]。

(二) 四川省

1. 建立全民阅读活动组织领导机构

在推进全民阅读的过程中，四川省委政府提高对全民阅读的认识，成立了"全民阅读活动指导委员会，"取得了阶段性成果，2015年"书香天府"、"书香宜宾·悦读戎州"全民阅读活动品牌成效初步显现，营造了浓厚的读书氛围，让全省处处弥漫着书香。

2. 打造"书香天府"品牌

2015年4月，四川省全民阅读活动指导委员会办公室，为打造四川全民阅读品牌，促进全民阅读活动深入开展，统一规划设立"书香天府"全民阅读活动文化品牌。并向全省人民发出倡议：以"书香之家"大型公益活动为契机，每年的3月打造成四川一年一度的"全民阅读月"，让全民阅读活动长期开展下去。并要求各级党委政府积极行动起来，为全民阅读营造良好的环境。健全全民阅读活动开展的长效机制，完善全民阅读设施体系，保障群众阅读文化权利，发挥"书香天府"全民阅读品牌引领作用，倡导全民为"四个全面"战略布局、实现"两个一百年"奋斗目标和谱写中国梦四川篇章而努力读书，终身学习，带动形成"书香弥漫四川大地，人人奋进共筑中国梦"的良好文化风气。机关企事业单位和社会团体积极行动起来，开展丰富多彩的主题读书活动。重点打造书香家庭、书香社区、书香校园、书香田园、书香企业、书香机关等系列读书活动，使"书香天府"全民阅读活动成为四川文化的闪亮名片。号召全省人民积极参与到"书香天府"全民阅读活动中来，让阅读成为人们的一种生活方式和精神特质，让书香成为天府大地的重要内涵和显著标志[9]。

3. 开展"农民读书月"活动

四川省创新开展"农民读书月"活动，省委宣传部、省文明办、省新闻出版广电局等将在全省开展送书下乡，惠民展销、群众文艺演出等活动；团省委、省妇联等将在全省，面向农村留守儿童有针对性地组织各类读书活动和讲座，让农家书屋真正成为农村留守儿童的乐园；省新闻出版广电局开展专（兼）职书屋管理员选配、培训和表彰，分级组织实施示范农家书屋创建、考评活动；四川新华发行集团、新华文轩出版传媒股份有限公司在全省开展农民喜爱的好书评选活动；赠送图书、报刊到农家书屋，组织出版、发行单位在全省县级书店、乡镇门店、农家书屋和"流动售书车"等网点开展出版物展销活动；省总工会在省内农民工集中地，完善职工书屋，广泛开展向农民工送书活动，帮助农民工掌握实用技术、法律维权以及其他文化知识，让广大农民工共享文化发展的成果，不断丰富农民工精神文化生活。

4. 全民阅读活动遍地开花

四川成都的全民阅读活动在西南地区比较先进，以"书香成都"为目标，在全市营造"多读书、读好书"的浓厚氛围，让阅读成为市民的一种生活习惯。2015年读书节期间，四川开展以"全民阅读川版好书"为载体活动，在全省范围内评选出100个"书香之家"、10个"书香校园"、10个"书香企业"和10个"书香之城"，通过寻找、发掘读书故事，宣传"书香之家"典型，吸引更多群众参与全民阅读。于是，全省各地纷纷推出精彩活动项目，如攀枝花市开展本土作家签名赠书活动，掀起"全民阅读"高潮；泸州市纳溪区龙车镇中学校园读书节活动全面启动；内江市启动2015年全民阅读活动，将首次评选"书香之家"，该市隆昌县举行2015年少儿国学经典诵读预赛；成都市大邑县全民阅读志愿者主题活动全面起航；成都市锐钯街的新华文轩格调书店，在4月23日成为全省首家"24小时书店"，不打烊的书店，晚间定期举办摄影、电影和诗歌沙龙，将以文化活动充实全天服务内容；自贡市图书馆举办"我的图书我做主"少儿自主选书活动；广元市利州区开展"全民阅读·书香利州"主题活动；巴中巴州区图书馆开展"4·23"世界读书日活动，足以证明，在四川的大地上全民都在开展阅读活动，呈现遍地开花的局面[10]。

（三）贵州省

1. "优秀黔版图书阅读活动"

2009年10月，为在全省进一步掀起全民阅读优秀图书的热潮，形成"多读书、读好书"的良好氛围和社会文明风尚，贵州省新闻出版局根据中宣部、新闻出版总署要求，结合贵州实际制定了《贵州省优秀黔版图书阅读活动工作实施方案》，在全省启动了"优秀黔版图书阅读活动"。阅读活动所推荐的优秀黔版图书，均为参与评选贵州省第七届图书奖的图书，以及省内图书出版单位获"五个一工程奖"、"中华优秀出版物奖"、"中国出版政府奖"的图书。所推荐的优秀黔版图书类别有政治、经济、民族、科技、教育、文艺类的大众读物，以及"农家书屋"读物和少儿读物等，具有文化传播的普及性和广泛性。并开展优秀图书"三进"（进社区、进校园、进部队）活动、优秀黔版图书读书征文评奖、全省性"读优秀黔版图书网络演讲比赛"等活动，把全民阅读活动推向高潮。还将结合活动内容，组织出版《优秀黔版图书读书征文获奖作品集》，全力引导和助推全民阅读活动。

2. 召开全民阅读座谈会

近年来，贵州省各地相继举办了一些全民阅读活动，这些活动对培育和践行社会主义核心价值观，建设学习型贵州，起到了积极的促进作用。但是，贵州省在阅读推广工作上有待进一步发展，尚没有形成文化，缺少品牌性全民阅读主题推广活动。为此，2014年贵州省召开了全民阅读座谈会，会议上宣读了"贵州省全民阅读倡议书"，号召全省各界各族人民积极参与到全民阅读活动中来。提出全民阅读活动总的指导思想，既立足"科学发展、后发赶超、同步小康"的战略思路，大力倡导全民阅读，以"读中华图书·爱多彩贵州"为主题，扎实开展形式多样的全民阅读系列活动，进一步完善阅读设施、激发阅读热情、培育阅读习惯、满足阅读需要，在全社会形成"爱读书、读好书、善读书"的浓厚氛围和"开放创新、团结奋进"的贵州时代精神。他们以举办第24届全国图书交易博览会为契机，深入开展全民阅读活动，在全省形成"党政主导、部门推动、专家指导、社会参与、各方联动"的全民阅读运行模式和长效机制。将全省阅读环境进一步优化，公共阅读服务体系进一步完善，开始成型一批全民阅读活动品牌，进一步增强"重视读书、提倡读书、读书有用、不读无用"的社会意识，逐渐让阅读开始成为贵州人的一种生活常态和精神特质[11]。

（四）云南省

作为国务院首批公布的历史文化名城，昆明热爱读书、崇尚读书之风绵延不绝。近年来，昆明又从建立学习型城市入手，推动全民阅读活动蓬勃开展。2009年10月，"2009昆明首届读书月"活动在南屏步行街启动。图书优惠销售、名家讲座、"昆明人最喜欢的十大图书"评选等活动，促使广大市民投身到全民读书的大潮中。2010年11月，以"知识改变命运 学习成就未来"为主题的"2010昆明第二届全民阅读月活动"如期开幕。百科知识竞赛、图书捐赠、读书形象大使评选等10项系列活动，让更多的市民感受到昆明这座城市的文化魅力，促使他们加入到"爱读书、读好书、善读书"行动中来。2011年4月23日，昆明启动了"培育书香昆明，构建品质春城"2011书香昆明暨第三届全民阅读月活动。这一届活动历时154天，"十佳书香社区"、"十佳书香家庭"、"十大售书明星"、昆明人最爱读的十大好书评选等系列活动，充分调动了社会各界的力量，全力打造"书香昆明"。2012年今年4月23日，第十七个世界读书日来临之时，以"阅读·发展·和谐"为主题的2012书香昆明暨第四届全民阅读月又正式启动，6 000册精品畅销图书在全市37个点"漂流"，供市民传递阅读。

从2012年开始，云南省举办"书香红土地、和谐彩云南"全民阅读活动，先后开展了举行优秀图书推介、"《雷锋日记》伴我成长"电视演讲大赛、全民阅读征文、全民藏书活动、评选"云南十大藏书名人"、云南城市居民阅读指数调查、"加入绿书签"签名优惠售书活动、名人名家助力，读书讲座、签名售书活动、"爱读书，读好书，好书相伴度假期"全省中小学生暑假读书活动、党建手机报、职工手机书屋等数字阅读活动形式多样的主题读书活动，在全省形成"多读书、读好书"的浓厚氛围和创新创造活力迸发的生动局面。2014年4月至12月在全省组织开展"书香红土地·和谐彩云南"全民阅读活动。"书香红土地·和谐彩云南"的主题，成为云南省全民阅读的招牌[12]。

（五）重庆市

从2007年起，为推动开展全民阅读活动，营造书香重庆，建设知识重庆，全面推进学习型社会建设，努力增强重庆的文化竞争力和影响力，重庆将全民阅读工作纳入宣传工作考核内容，初步建立起全民阅读工作考核机制。将每年8月设定为重庆读书月，至2015年该活动已举办了8年，受到广大市民的喜爱。通过开展大规模的重庆书展活动，并先后成功举办千余项读书活动，吸引了全市数千万人的积极参与。同时，把全民阅读与创建文明单位、文明社区、文明村镇、文明家庭有机结合起来，与推进农家书屋、社区书屋以及各个阶层、各个行业的图书室等基层文化阵地建设有机结合起来，在全市营造读书氛围，打造全民阅读示范城市。2014年4月，在重庆市沙坪坝区启动以"倡导全民阅读，共建书香重庆"为主题的书香重庆读书月活动，读书月活动将依托公共图书馆、文化馆等公益性文化阵地，开展"中华魂"主题教育读书活动、"红岩少年"读书活动、第七届重庆读书月优秀出版物惠民巡展等16项活动，充分发挥示范性、带动性、引领性，推进全民阅读持久开展。

2014年，机构改革新成立了市文化委后，将全民阅读活动纳入"三馆一站"免费开放绩效评价，在业务指标得分中实行扣分制评价，充分调动了各级公共文化机构深入开展全民阅读的积极性。为进一步调动区县积极性，深化全民阅读考核，从2015年起，将进一步完善考核体系，在市委、市政府对区县党政班子的考核中，探索设置全民阅读单项指标，作为公共文化服务体系考核的重要内容，促进基层党委政府抓实全民阅读。在文明创建工作中，市文明办将深入调研分析，设置全民阅读指标，使书香成为文明不可分割的一部分。同时，全市将加大全民阅读先进的表彰，探索开展全民阅读先进区县、先进单位、先进个人评选，大力表彰为全民阅读做出贡献的单位与个人，在全社会形成读书为荣、读书为乐的良好风尚[13]。该市还建立了"书香重庆"网站，设立"重庆读书月"、"社区书屋"、"书香原创"等栏目，为建设书香重庆，共享书香生活，力求提高全市人民群众的思想道德和科学文化素质。

(六) 西藏自治区

1. "社区书屋"工程被评为全民阅读活动优秀项目

西藏自治区新闻出版局把全民阅读活动作为一项重要工作抓紧抓实。从2007年开始"农家书屋"和"社区书屋"工程建设，尤其"社区书屋"工程建设比较突出。西藏共有居委会188个，街道办9个。通过积极沟通协调，争取到全国各兄弟省市的援助。在拉萨市仙足岛、吉崩岗、当巴等四个社区建立了社区书屋18个，配备了图书、期刊、音像制品、书架、阅览桌椅等，总价值100多万元。2009年，自治区"社区书屋"工程被评为"全民阅读活动"优秀项目。为推动"全民阅读活动"深入开展，2010年自治区举办首届"西藏珠峰读书节"。读书节在世界读书日和地区传统节日期间举办。读书节期间，自治区新闻出版局等相关部门组织全区的图书音像出版发行单位举行图书展示展销活动，并邀请地区著名专家学者、作家举行签字售书活动，邀请自治区相关领导与青少年一起参加诗朗诵、书法比赛等。另外，活动期间，还举办主题突出的征文比赛，在全社会营造了良好的读书风尚。

2. 成立"阅读推广委员会"组织

2013年，西藏自治区图书馆为了提高阅读意识，宣传读书的益处，专门成立了"阅读推广委员会"，组织开展各项阅读推广活动，激发全民阅读兴趣，培养阅读习惯。阅读推广委员会成立后，西藏自治区图书馆已启动"共享阅读、分享知识"的品牌活动，完成了两期青少年寒假共享阅读活动，活动以专家讲座、学生互动与分享的形式进行。2013年的"世界阅读日"，在拉萨市区内举办了"从春天走来，走向阅读社会"的宣传活动，还深入到贡嘎县甲竹林镇甲日村和曲水县茶巴拉乡小学分别举办了读书宣传活动。已编制了"阅读·快乐·成长"和"亲子阅读"两本阅读推广宣传册，目前正在编制宣传海报、书签、文具、T恤、有声读物等阅读推广文化产品[14]。

3. 开展"书香西藏"阅读惠民活动

2015年4月21日，自治区宣布开展"书香西藏"全民阅读活动倡议书，次日，"西藏书屋书香"全民阅读活动启动，活动期间大力开展惠民阅读活动：①举办图书免费赠送活动，上万册图书向各界群众免费赠送，送完即止。②由湖南青苹果公司研发的全国首个藏汉双语数字阅读平台，在西藏全区常年免费开通，上万种图书供您随时下载、随时阅读。③中国移动手机阅读基地设立"悦读中国，书香西藏"活动免费专区，免费为西藏用户提供书卷500万份，每个用户可领取价值100元的书卷可阅读40本图书，"悦读中国，书香西藏"活动免费专区提供上千种优选经典图书免费阅读，活动时限2015年整年。④在拉萨、山南、林芝建设1 000个卫星数字书屋，图书、报刊、电影大片随时免费看[15]。⑤举办出版物让利展销活动，同时拉萨市区所有新华书店和部分民营书店全场八五折让利销售。自治区新闻出版广电局为西藏各界群众提供了前所未有的阅读大餐，全面推进全民阅读。

三、东北地区的全民阅读活动

（一）辽宁省

1. 全民阅读活动推向高潮

辽宁省的全民阅读推广活动起步相对较晚。据2012年调查，全省有4 300

万人民，居民综合阅读率57%，低于全国平均水平20个百分点，这一现象引起政府领导的重视。相关部门才开始筹划首届读书节活动。经过近年来的努力，全民阅读推广活动得到长足发展。该省从2012年开始举办读书节，至今已举办4届，每届都有新主题，每届都有新收获。2012年首届读书节以"阅读·进步·和谐"为主题，倡导"月读一本书、日读一小时"，读书节期间组织开展了10项重要活动，收到良好效果。2015年4月23日是联合国教科文组织确定的第20个世界读书日，也是辽宁省以人大立法形式确立的第一个"辽宁省全民阅读日"。本届读书节的活动主题是"推动全民阅读·建设书香辽宁。"读书节的综合性活动主要有：重点图书"六进"活动；"五大平台"阅读推广活动；"让青春遇见经典·用书籍滋润心灵"辽宁省首届青少年读书节系列活动。专题性活动是：阅读推广与公益引读；阅读竞赛与有奖征集；惠民书展与便民服务；公益捐赠与定向援建。读书节期间评选全省"四个一百"（2013~2014年度全省百家示范农家书屋、百家示范社区书屋、百名优秀农家书屋管理员、百名优秀社区书屋管理员）代表和读书节优秀组织奖获奖单位。"四佳人物"推荐评选（即最佳写书人、最佳出书人、最佳读书人、最佳藏书人），勇做全民阅读的倡导者和践行者，为建设书香辽宁、助力新一轮辽宁振兴贡献力量。"书香辽宁·筑梦青春"辽宁第四届全民读书节美文诗歌朗诵会将全民阅读节推向高潮，春季惠民书展、"辽海讲坛"等公益读书讲座，以及向农村中小学校、农家书屋、社区书屋捐赠图书等多项重要活动，其中一些活动系首次开展。此外，为充分发挥网络、手机等新媒体的传播优势，为广大读者提供阅读资讯并发布活动信息，由省全民读书节活动组委会创建设立的读书网站"辽宁读书网"和"阅读辽宁"微信公共账号于4月23日正式开通启用。

2. 提前完成农家书屋建设

为了贯彻国务院关于《关于进一步加强农村文化建设的意见》和《关于加强农家书屋管理的意见》精神，辽宁省于2010年全面完成了农家书屋建设任务，使辽宁全省14个市11 762个行政村全部建立了农家书屋。2011年春节前，这些农家书屋将全部对农民开放。这标志着，经过3年努力，辽宁提前实现了农家书屋建制村全覆盖的目标。率先实现村村都有农家书屋的工作目标，解决了农民"买书难、借书难、看书难"的实际问题。在2015年内，辽宁省建设城市社区书屋1782个，实现社区书屋100%全覆盖。同时，完成

49座高山无线发射台站基础设施建设,在11 822个行政村放映141 864场数字电影,解决37 311户农民听广播看电视的问题,为实现农家书屋信息化奠定基础[16]。

3. 民间读书会层出不穷

辽宁省读书节活动举办相对较晚,但并没有影响本地区公益性民间读书会的出现。如沈阳市有父母道读书会、沈阳读书会、启蒙之光读书会、趁早读书会等20多家;丹东市的各种读书会至少有10个,其中由温禹、周晓明两人自费经营的公益性民间读书会"悦读沙龙读书会",是当地推广全民阅读的重要支撑载体,目前温禹、周晓明主持的"读文明书做文明人"活动已进入第52场。大连市的"大连同城读书会"、"大连市青年读书联谊会"、给喜爱读书的大连人,一个书的城堡,一个精神的寓所[17]。这些公益性民间读书会会员,最与众不同的,在于他们不仅仅是读死书,他们是执著的文化志愿者,他们为了传播中华民族的优秀文化而不遗余力地努力着。可以说,公益性民间读书会为培育人民群众养成阅读习惯发挥了无以替代的作用。

4. 率先为阅读立法

2015年3月31日《辽宁人民代表大会常务委员会关于促进全民阅读的决定》正式实施,这是继江苏、湖北、深圳全民阅读立法之后较早颁布的又一个地方性法规。该《决定》共分五个部分:对增强促进全民阅读的使命感,全面开展阅读推广各项活动,组织公共文化机构提供读书惠民服务,营造全民阅读的良好氛围,建立和完善全民阅读的长效机制等做了明确规定。旨在规范政府促进全民阅读的责任和义务,激发社会各界参与全民阅读的活力,提高公民整体阅读能力,推动书香辽宁建设和文化强省建设。并将每年4月23日设立为"辽宁省全民阅读日",将全民阅读纳入政府工作规划,全民阅读活动进入了新常态化发展,明确了政府在提供与保障公共阅读资源等方面的责任,提供了有力的法律保障。

(二) 吉林省

1. 重视建设"书香吉林"

吉林省委、省政府始终高度重视全民阅读工作。自2006年以来,该省坚持面向基层、服务群众、大胆探索、积极推动。国家及吉林省各级财政累计投入资金2.1亿元,于2011年10月建设2 335个农家书屋,全省9 365个行政村实现农家书屋全覆盖。开展了向贫困家庭、进城务工人员、农民工等特困群体免费提供阅读产品，发放文化惠民购书券，建立读书辅导专家库，农民读书节等丰富多彩的活动，并成立了吉林省全民阅读协会。这些活动，架起了知识之桥，成为培育全省城乡人民阅读习惯，营造人人阅读氛围的鲜活载体；成为知识传播的品牌和吉林文化的名片。

2. 成立全国首家"全民阅读协会"

2013年9月，吉林省全民阅读协会正式成立，是全国首家全民阅读协会。协会围绕全民阅读的目标，从多方面扎实开展工作，探索出"党委重视，政府支持，舆论关注，全民参与，社会组织，全程服务"这一全民阅读的"吉林模式"，为吉林省全民阅读事业的发展提供了宝贵经验。协会创办了《天下书香》杂志和"天下书香读书会"，主办了"书香吉林"网站，首次面向社会发展1 000个家庭会员和100个团体会员，组织了大量独具特色的全民阅读活动。2015年初，又谋划了"吉林省全民阅读宣传周"和"吉林省全民阅读月"两项重大活动，并获得省委宣传部批准。在省全民阅读协会的推动下，吉林、四平、松原、延边、长白山、东丰、抚松、长春市朝阳区和九台区等地相继注册成立了全民阅读协会，省政协、省残联、省人社厅、吉林工商学院、长春汽车经济开发区、天景食品公司、吉林科技投资基金公司等相继成立分会。长春、白城、白山、辽源、通化、梅河口、榆树等地开始筹建地方全民阅读协会，一些省级机关和地方企业公司等正在筹建分会，一个参与广泛的社会化全民阅读体系在吉林大地构建起来[18]，形成全民阅读民间组织体系。该协会受到新华社、光明日报、中国文化报等重要媒体的广泛关注，成为吉林省推广全民阅读的品牌。

3. 创建"天下书香读书会"

由吉林省全民阅读协会和省图书馆共同打造、创建了"天下书香读书会"，读书会的宗旨为："深入贯彻党中央倡导全民阅读和开展全民阅读活动的要求；弘扬中华民族优秀传统文化，分享世界优秀文明成果，普及具有时代特点的文化经典；培育和践行社会主义核心价值观；共圆中华民族伟大复兴的中国梦"。该读书会不同于几人或几十人的小型读书会，它的参与者与受众面十分广泛，在打造省图"主阵地"的同时，该读书会注重吸纳各地方图书馆、书屋、学校、企业、机关加盟，打造高品质的读书会群落。以省内著名作家、学者与大众分享中外经典好书为主体内容，旨在更好地推进全民阅读。

吉林省全民阅读初步形成了省委重视，政府支持，人大和政协推动，社会各界广泛参与，各种媒体大张旗鼓宣传的良好格局。省全民阅读宣传推广的大幕已经拉开，各项阅读活动逐一登场，一道道文化盛宴将呈现在全省人民面前。

（三）黑龙江

1. 成立专门领导小组

黑龙江省政府自2007年就开始开展全民阅读活动。2012年，成立了全民阅读活动领导小组，省委常委、宣传部长张效廉同志任组长，由省委宣传部、省直机关工委、省新闻出版局等14个部委办局和群团组织组成，办公室设在省新闻出版局。全民阅读活动领导小组在加强领导、制订规划、配置资源、组织活动、宣传推广、解决重点难点问题等方面发挥了重要作用。多年来，在省委、省政府的高度重视和正确领导下，经过各市（地）、各有关部门、成员单位的精心组织和共同努力，全民阅读活动取得了丰硕成果。

2. 阅读活动在黑龙江落地生根

在全民阅读活动领导小组的组织策划下，全民阅读活动在该省落地生根，社会民众参与度和覆盖面不断扩大，形式不断推陈出新，读书学习之风日趋浓厚，"让阅读成为一种习惯"的理念日益深入人心，形成了多个读书品牌活动，崇尚读书的社会风尚日益浓厚，为建设学习型社会营造了良好的文化氛围。2007年以来，省及各地财政共投入资金3亿多元，搭建各类阅读平台2万个，累计举办各类读书节、读书月、读书讲坛、知识竞赛、报告会、捐赠助读、图书漂流、演讲征文、书香之家和先进单位、先进个人评选、优秀图书推介等群众喜闻乐见的活动达1万多场（次），直接参与的群众达到2 000万人次[19]。创建了哈尔滨市"读书月"、"书香大庆"等读书节品牌；举办了职工"读书学习节"、"书香龙江"读书节、"龙江讲坛"等主题活动，为深入开展全民阅读活动，加快推进学习型社会建设做出了积极贡献。

3. 提前超额完成农家书屋建设

黑龙江省政府各级财政共投入资金2亿多元，建设完成农家书屋10 040个，其中，行政村8 773家，种畜场、牧场20家，农垦农业职工书屋522家，林场书屋625家。提供图书总量7 740种1 463多万册，音像制品402种130

多万张，报刊24万份，为252个朝鲜族村配备朝鲜民族文字出版物2万多册。累计培训书屋管理员192批9700多人次。全省已举办以农家书屋阅读为主题的各种讲座、培训、活动367次，农民参加人次达30多万[20]。农家书屋建设不仅解决了农民读书问题，书屋还成了农村重要的文化活动场所。

四、台港澳地区的全民阅读活动

（一）台湾地区

台湾地区具有深厚的文化底蕴，十分重视民众读书，以公共图书馆为主导，联合民间团体及宗教界推进全民阅读，以读书会作为阅读推广的主要手段，重视儿童阅读、阅读效果测评以及阅读推广人才的培养。台湾地区有公立公共图书馆547所，普遍实行总分馆制，已经建立了较为完善的公共图书馆服务网络。公共图书馆每年都会利用世界读书日、"图书馆周"举办各类型阅读推广活动，让读者了解和走进图书馆。同时通过培养读书会人才、鼓励民间团体组建读书会等方式主导读书会的工作。公共图书馆除了培养读书会人才，也不断培训基层图书馆工作人员、故事妈妈、图书馆志愿者等阅读推广人才，让阅读推广深入到社会的每个角落。

1. 台北书展

台北书展，是每年春季在台湾台北市举行的专业性出版品展览会，由"中华民国行政院"新闻局主办，最早称之"中华民国台北国际书展"，于1987年12月15日在"国立中央图书馆"（今国家图书馆）首度举行，主要是以增进国际出版品之交流为重要的主轴，后来于1990年期起，固定于台北世界贸易中心展出，截至2015年为止，已成功办理23届，并且展览规模大幅增加。台北书展号称全球第四大书展，除了现场售书、版权交易以外，还逐渐担负起推动社会阅读的重任，日益成为阅读的"超级嘉年华"。2009年在台北举行的"台北国际书展"，以"阅读，跃起的力量"为主题，齐聚百位知名作家，共举办300多场精彩的活动，吸引了国内外各界的关注和参与，特别是对于鼓励全民阅读、提升阅读风气起到巨大的推动作用。台北书展和香港、上海书展一样，近年来都已从面向专业人士转变为当地市民购书狂欢节，专业人士交流仅安排在第一天，接下来的展期都对公众开放。

2. 读书会活动

读书会，也叫学习圈（Study Circle），是指由一群人定期聚会，针对一个主题或问题，进行有计划的学习。它是由具有读书意愿的一群人主动组成的读书团体。台湾地区有大大小小的读书会上万个，每年都会举办大型的读书会博览会，主要活动项目有读书会成果展、读书会活动观摩与实务座谈、好书"大家谈——与作者对话"和读书会专题研讨等。台湾地区的读书会受到了政府和民间的广泛重视。政府部门、公共图书馆、学校、各级读书会发展协会和民间团体都在积极推动读书会的发展，使其成为被广泛采用的阅读推广活动手段之一。

3. 世界书香日活动

世界阅读日（4·23）在台湾被称为"世界书香日"。每年的世界书香日，台湾各地都会举办丰富多彩的阅读推广活动，以唤起人们对阅读的重视。例如，台北市的"阅读马拉松"户外朗读会及亲子"阅读嘉年华"，花莲县的"2008世界书香日暨国际家庭阅读月——后山的阅读桃花源记"活动，台中县的"书送幸福，书送爱"、"玫瑰书香传情"等主题活动。这些形式各样的活动都别具特色、精彩纷呈，是每年阅读推广活动的最高潮。此外，台湾地区每年6—7月还要举办好书交换活动，它是台当局行政院文化建设委员会与350多家公共图书馆、民间公益团体、基金会与企业等联手推动的大型阅读活动，其主要目的在于共享阅读资源，让好书再次流通，重现书的生命力。自2004年以来，已累计有72万人次参与了这项活动。

4. 重视儿童阅读

台湾地区十分重视儿童阅读，开展了"全国儿童阅读运动实施计划"、"交点三百——国民小学儿童阅读推动计划"、"儿童深耕阅读计划"等，还引进了"阅读起跑线计划"。同时通过参与"学生基础素养国际研究计划"和"国际阅读素养调查（PIRLS）"来检验儿童阅读推广的成效。建立了玩具图书馆、漫画图书馆等主题图书馆，专为儿童阅读服务。此外，台湾公共图书馆的阅读推广工作注重关怀弱势群体，如外籍新娘、残障人士及服刑人员等。图书馆通过开展"生活适应班"、"乡土文化工作坊"、"悦读成长营"等活动，让更多移民家庭走进图书馆；通过制作有声图书和盲文读物、送书到家等服务保障残障人士平等的阅读权利；通过帮助监狱成立读书会、送书到铁窗等工作关怀服刑人员的阅读生活。

5. 阅读教育终身学习列车

依据教育部迈向学习社会白皮书方案七"普设终身学习场所方案"的行

动策略，鼓励财团、法人、文教基金会等公益团体加强举办终身学习活动。台湾地区"教育部"自 2004 年起每年都举办"阅读教育终身学习列车"系列活动。活动计划以"推展终身教育、建立学习社会"为目标，推动终身教育及资讯网络教育方案。结合教育基金会民间资源，以策略联盟方式，规划主题领域的学习活动，共同策划办理全民终身学习活动，加强非营利组织与政府之合作伙伴关系。如 2008 年有 28 家基金会实现了 34 项计划，举办了诸如"悦读阅有趣拓展小区阅读计划"、"喜阅家庭乐读推动计划"和"亲子阅读推广计划"等共计 1 868 场次的阅读推广活动，对提升全民阅读风气影响深远[21]。

（二）香港特区

香港特区政府非常重视全民阅读推广工作，特区政府的民政事务局还专门设立了"图书馆委员会"，规定了该委员会推广全民阅读的职权范围，并将阅读推广工作作为图书馆服务的重要环节。图书馆委员会积极倡导民众终身学习，制定多元化的全民阅读推广计划，如"阅读城建设工程"、"儿童及青少年阅读计划""自在人生自学计划"等。

香港地区共有 65 个固定公共图书馆，10 个流动图书馆。公共图书馆的阅读推广活动都有推广计划，并将未来一到两个月的活动计划和内容在图书馆网站上公布。为鼓励青少年养成良好的阅读习惯，公共图书馆还推行多项阅读计划，如"儿童图书推介计划"，鼓励家长陪同子女共同阅读；开始于 2002 年的"阅读缤纷月"活动，丰富孩子们的暑期阅读生活；实施为期 10 年的"阅读城建设工程"，将图书送进学校；实施"一生一卡"计划，通过让全港所有小学生免费拥有一张借书卡以鼓励小学生培养良好的阅读习惯；推行"儿童及青少年阅读计划"，为阅读计划的会员设立阅读记录册。

香港地区拥有数量众多的读书会，如"青少年读书会"、"家庭读书会"等，只有公共图书馆的登记读者才能成为读书会会员。这些读书会通过阅读、导读、讨论、推荐新书等方式，鼓励青少年阅读和家庭阅读。香港的社区图书馆推出"小区图书馆伙伴计划"，将图书馆服务推进社区，方便民众阅读，同时招募家长做义工，培训成"故事家长"，以帮助社区儿童提高阅读能力和写作能力[22]。

（三）澳门地区

澳门特区政府也非常重视全民阅读推广工作，将推广阅读作为政府施政的重点之一,在全民阅读活动的各个具体实施过程中都起着主导的作用。图书馆联合政府部门及社会民间团体从2002年起就开展"图书馆周"活动,并重视青少年阅读,青年局于2004年在全澳中小学开展《学校阅读优化计划》以完善中小学图书馆的软硬件设施。于2005年推出《终身学习奖励计划》鼓励澳门市民成为终身学习者。

澳门共有8个公共图书馆,以澳门中央图书馆为中心建立了澳门公共图书馆网,完善的公共阅读网为公众阅读提供了物质保障。图书馆联合政府部门及社会民间团体每年定期开展"书香文化节"、"阅读文化节"、"图书馆周"、"终身学习周"、"终身学习推广日"等阅读推广活动,其中"图书馆周"活动已将活动时间从一个星期扩展到一个月,引导市民阅读[23]。民间团体则深入社区成立各类"读书会",并定期举办培训课程,为"读书会"培养领导者、辅导人员等。

四、结语

党和国家的高度重视,政府部门的大力倡导,成为推动全民阅读的巨大推手,读书活动在人们的精神生活层面正呈现出越来越独特的魅力。全国各省、自治区、直辖市都已经有了属于自己的全民阅读推广活动,活动内容丰富、形式多样、方法灵活。此时的全民阅读推广工作呈现出以人为本的个性化价值取向、与时俱进的数字化发展取向以及全民参与的多元化价值取向。应该说,全民阅读活动已经成为全社会的共识,为构筑书香中国打下了坚实的基础,全社会"多读书、读好书、好读书"的积极健康的阅读风尚日趋浓厚。

参考文献:

[1] 冀楠. 陕西开展"2011·三秦书月"全民阅读活动[EB/OL]. [2015-08-22]. http://news.cnwest.com/content/2011-05/11/content_4568332_4.htm.

[2] 姬恒飞. 全民阅读 书香满城[EB/OL]. [2015-08-22]. http://nx.wenming.cn/zt/2014zt/ycydj/ydjyw/201409/t20140924_1372198.htm.

[3] 张洁龙. "书香宁夏·全民阅读"数字平台正式启动[EB/OL]. [2015-08-22]. http://www.nx.xinhuanet.com/newscenter/2015-02/03/c_1114229002.htm.

[4] 刘锐锋. 关于开展全民阅读活动的分析与思考[EB/OL]. [2015-08-22]. http://www.gsgd.gov.cn/pub/36/2015/09/29/2261.html.

[5] 李欣.全省全民阅读活动拉开帷幕[N].青海日报,2013-04-25(2).

[6] 诸葛瑞金.新疆启动第八届天山读书节[EB/OL].[2015-08-22].http://www.chinaxwcb.com/2013-05/23/content_269214.htm.

[7] 李柱江,蔡金龙.全民阅读 有望全民[N].广西日报,2010-08-11(11).

[8] 林雪娜.首届"八桂最美阅读追梦人"揭晓[N].广西日报,2015-04-14(2).

[9] 百度百科.南国书香节[EB/OL].[2015-09-20].http://baike.baidu.com/link?url=-BwZpURtnyPJy2IIzgCdAL_3zWMnjqz780jfN7bd9L-PXxjY8fHX_9VkoTYmlF98z0rh_nGM1WIDSa5X2dYaeq.

[10] 黄里.全省首家24小时书店将迎客[N].四川日报,2015-04-15(12).

[11] 邹韧.贵州全民阅读提出:读中华图书 爱多彩贵州[EB/OL].[2015-08-22].http://www.chinaxwcb.com/2014-07/24/content_298811.htm.

[12] 作家出版社.2013年全民阅读活动的总体安排发布[EB/OL].[2015-08-22].http://www.ilucking.com/zixun/shuye-558/.

[13] 王晓樱.海南第七届书香节开幕[N].光明日报,2015-04-24(16).

[14] 广东新闻出版网.广东省新闻出版广电系统全民阅读活动经验交流会召开[EB/OL].[2015-08-22].http://www.xwcbj.gd.gov.cnnewshtmlzxdtarticle/1411463112556.html.

[15] 肖涛.我区启动"西藏书屋书香"全民阅读活动[N].西藏日报,2015-04-19(1).

[16] 辽宁省人民政府.去年全省新建1400个社区书屋 今年实现全覆盖[EB/OL].[2015-08-22].http://news.xinhuanet.com/local/2015-01/24/c_127416098.htm.

[17] 李景科.大学教授于文给我们讲特别的雕刻艺术[EB/OL].[2015-08-22].http://ln.wenming.cn/lnwh/201404/t20140415_1870564.html

[18] 书香吉林.吉林省全民阅读协会情况介绍[BE/OL].[2015-07-10].http://www.shuxiangjl.com/wz33-366.html.

[19] 东北网.龙江大地书香飘——黑龙江省全民阅读活动开展情况综述[BE/OL].[2015-07-10].http://heilongjiang.dbw.cn/system—04/23/055674298.shtml.

[20] 刘伟林.黑龙江实现农家书屋全覆盖[N].农民日报,2012-11-10(5).

[21] 曹桂平.关于台湾地区阅读推广活动的思考,图书馆建设,2010(3):78-82.

[22] 许琳瑶.从"振兴中华"读书活动到全民阅读推广工作:1982-2012[D].南京大学,2013.

[23] 师丽娟.港澳地区阅读推广活动介绍及启示[J].图书馆杂志,2007(5):61-63、41.

第六章　全国统一推进的农家书屋工程

随着社会的不断发展进步，中国经历了由传统农业社会向现代工业社会的转型。在这一过程中，涉及农业、农村、农民的三农问题显得尤为尖锐，农村改革势在必行。2005年10月中国共产党十六届五中全会提出要扎实推进社会主义新农村建设，作为农业及农村的建设主体，农民在社会主义新农村建设中的作用不容小觑。如何提高农民文化水平、如何提升农民职业技能、如何充分发挥农民在农业发展和农村建设中的作用，成为亟待解决的问题。在这样的时代背景下，农家书屋工程应运而生。农家书屋是为满足农民文化需要，在行政村建立的、农民自己管理的、能提供农民实用的书报刊和音像电子产品阅读视听条件的公益性文化服务设施[1]。农家书屋工程的建设和推进可以提高农民的科学文化水平，使农民掌握农业新技能，更加适应新农村建设的要求。有益于农民文化意识的甦醒，有助于农业现代化的实现，是社会主义新农村建设中不可或缺的环节。

一、中央关于农家书屋工程实施意见

2007年3月，国家新闻出版总署会同中央文明办等相关部门联合发布《"农家书屋"工程实施意见》，对农家书屋工程建设工作提出六项要求，针对参与部门、参与人员、建设路径、出版渠道、宣传表彰、监察制度等方面做出明确规定和阐释，确保农家书屋工程的顺利实施。

2007年8月27日，新闻出版总署主持召开农家书屋工程建设领导小组第一次会议，标志农家书屋工程建设进入全面实施阶段。为配合农家书屋工程顺利推行，相关部门数次召开主题工作会议并颁布相应规章制度，积极开展对农家书屋工程的监督监管，保障全国农家书屋工程的顺利铺开。如：2008年7月21日，新闻出版总署颁布《农家书屋工程建设管理暂行办法》，2008年8月21日，财政部、新闻出版总署联合发布《农家书屋工程专项资金管理暂行办法》，相关规章条例相继出台，确保农家书屋工程建设有章可循。

二、农家书屋工程指导思想与任务目标

(一) 农家书屋工程指导思想

农家书屋工程坚持以邓小平理论和"三个代表"重要思想为指导,以科学发展观为统领,全面贯彻党的十六大和十六届三中、四中、五中、六中全会精神,加大政府对新农村文化建设的投入,充分调动社会各方面力量,大力发展社会主义先进文化,保障农民群众最基本的文化权益,推动农村经济社会发展和社会主义和谐社会的建设[2]。

(二) 农家书屋工程任务目标

农家书屋工程的主要任务是为广大农民普及科技知识,传播先进文化,提供精神食粮,体现人文关怀,努力满足广大农村群众最基本的精神文化需求和日益增长的多层次、多方面文化消费需要。农家书屋工程现阶段着力解决农民群众买书难、借书难、看书难的问题。农家书屋工程的中长期目标是通过5—10年的建设,在全国农村逐步建立起供书、读书、管书、用书的长效机制,基本形成适应社会主义市场经济要求、符合社会主义精神文明建设规律的农村出版物发行服务新格局。有效解决农村出版产品和服务供给不足的问题,用健康有益的出版物占领农村出版物市场,用社会主义先进文化占领农村思想文化阵地[3]。农家书屋工程具体阶段性目标如表6.1所示:

表6.1 农家书屋工程阶段性目标

进　度	目　标
2007年	进一步扩大试点,完成全国及各省、自治区、直辖市的农家书屋工程规划编制、实施方案工作
2008年	农家书屋工程在全国全面展开
2010年底	全国建立20万个农家书屋
2015年底	完成全国64万个行政村农家书屋的全覆盖

三、地方政府工作思路与主要措施

(一) 地方政府的工作思路

地方政府建设农家书屋以《"农家书屋"工程实施意见》为指导,按照

政府组织建设，整合已有资源，鼓励社会捐助，农民自主管理，创新机制发展的思路组织工作。

1. 政府组织建设

农家书屋工程由政府规划实施，并且与各部门、各地区在农村文化建设中的类似项目和农民教育培训等各项惠农措施有机结合。自《"农家书屋"工程实施意见》发布以来，地方政府积极部署，努力推行，充分发挥带头作用。如：云南省在农家书屋建设过程中，云南省委、省政府组织决定，将边疆党建长廊工程与农家书屋工程有机结合，由组织部门和新闻出版部门共同建设农村党员书屋。具体由该省各组织部门重点负责协调所需场地、设备等基础资源，由省新闻出版局配置图书等文献资源。该项举措将党建项目与惠民工程有机结合，一方面丰富党建项目的内容，另一方面缓解农家书屋工程因资金匮乏而难以为继的困境。由于地方政府的权威性和号召力，由地方政府牵头组织，具体部门承办的方式提高了农家书屋工程的效率。由多部门分工协作的建设方式有利于发挥各部门职能优势，实现资源最优组合，分工明确则有利于细化责任，量化任务，有助于监督管理。将农家书屋工程与地方政府相关工程、项目相结合，实现资源有效配置和共建共享，避免资源重复建设和浪费。

2. 整合已有资源

农家书屋工程坚持整合各种资源、不搞重复建设的原则。地方政府积极践行这一工作思路，充分整合已有的人、财、物等资源。如：辽宁省海城市依托于"万村千乡"市场工程乡村便民超市建成农家书屋，并将这一建设模式在全市全面推广，整合已有的屋舍资源以及便民超市长期积累的客流量，一方面节省农家书屋的建设成本，另一方面在一定程度上保障农家书屋工程的受众群。农家书屋工程是一项为农民做实事、做好事的工程，如果在实施过程中为追求表面成就，忽视资源整合，造成资源浪费，就背离了农家书屋工程开展的初衷。中国正致力于资源节约型社会的建设，反对铺张浪费，整合现有资源、避免重复建设是地方政府在农家书屋工程持续推进中需要重点关注并且切实执行的工作思路。

3. 鼓励社会捐助

广泛动员社会力量参与，鼓励国内外社会各界多形式、多渠道的参与捐赠，积极拓展投资来源，充分调动社会力量参与农家书屋建设的积极性。如：2007年8月16日，人民出版社等多个单位向广西柳州市农家书屋工程捐赠图书和资金，用于建设150家农家书屋。自农家书屋工程开展以来，地方政府始终注重社会力量的参与，激励国内外各界人士以各种方式广泛的参与到农家书屋工程建设中。农家书屋工程资金来源主要包括中央财政、地方财政拨款以及社会各界捐赠，但是中国行政村基数庞大，给中央和地方财政带来极大压力，为缓解这种"粥少僧多"的状况，社会捐赠起到不可替代的作用。根据民政部所属的中民慈善捐助信息中心于2014年9月20日发布的《2013年度中国慈善捐助报告》显示：2013年中国接收国内外社会各界的款物捐赠总额约989.42亿元[4]。鉴于中国社会捐赠所展现的生机和活力，各地政府如何做好农家书屋工程的宣传以及动员工作，有效激励社会力量广泛参与农家书屋工程，为农家书屋工程建设和持续推进提供必要的人力、物力、财力支持，这项工作对农家书屋工程建设状况有着深远影响。

4. 农民自主管理

农家书屋按照农民自主管理、自我服务的模式进行管理和运行。党支部、村委会等各级基层组织承担具体筹建和监督职责，在个人自愿的基础上，由村民民主推荐书屋管理人员。农家书屋工程是一项深入基层行政村的惠民、便民工程，地方政府在推行过程中难免有鞭长莫及之感，因此村委会等基层组织承担具体的筹建、监督和检查职责。农家书屋工程的本质是一项向农村居民普及科学文化知识，提高农业生产技能的惠农工程。为增加农民参与的主动性和积极性，地方政府侧重农家书屋建设的自主性和民主性，鼓励农民自主参加、自我服务、自愿推荐，在此基础上选出的农家书屋管理人员更加贴近农民群众，有助于与农民的无障碍沟通；在此基础上形成的农家书屋管理模式体现农民实际需求，解决农民实际问题；在此基础上形成的农家书屋管理制度具有较为畅通的监督渠道，具备系统性和科学性，可以有效提升农家书屋工程的参与度与满意度。

5. 创新机制发展

农家书屋设立后，为保证出版物的及时更新和书屋长期生存，按照社会主义市场经济规律和农村的客观实际，政府通过鼓励支持具备条件的书屋管理人员开展出版物经营活动等创新手段，通过经营收入支持农家书屋良性发展，积极探索农家书屋运行、发展的长效机制。如：祁门县箬坑乡设立新华便民店，即农家书屋代销点，该农家书屋代销点设有专人负责图书的销售与管理工作。书屋内除部分工具类图书外，其余按六折销售，少儿、学生读物双休日专门对农村孩子开放，解决了农民"看书难、买书难"的实际问题。依靠财政拨款购买的图书和接收社会捐赠的图书，图书种类和内容有限，且产权属于农家书屋所有，村民有借阅权，却没有购买权，已经越来越难以满足农民的文化需要。地方政府在农家书屋建设过程中，通过支持具备条件的书屋管理人员以及图书发行企业从而创新机制，在保障农民基本阅读权益的基础上，为农家书屋提供获得收益的机会，为农家书屋的持续发展注入动力和活力。因此，地方政府在开展农家书屋工程时的工作思路越来越聚焦于创新机制发展。

（二）地方政府的主要措施

农家书屋工程自2007年在全国全面推广以来，地方政府成为组织者、开拓者与践行者。

农家书屋工程，作为社会主义新农村建设和农村文化建设"五大文化惠民"工程之一，受到地方政府高度重视，实行一系列措施确保农家书屋工程顺利开展。

1. 思想上重视

农家书屋工程是面向基层、依托于基层的一项惠民工程，顺利开展的首要条件是需要地方政府在思想上重视。在农家书屋工程建设之初，地方政府积极响应、群策群力，首先在思想上给予农家书屋工程高度关注。如：2007年时任湖北省副省长、省农家书屋工程建设领导小组组长的李春明就提出：农家书屋工程是一项公益工程，一项民心工程，一项基础工程。其意义重大，影响深远。要充分认识这项工作的重要性和紧迫性，切实增强做好这项工作的自觉性，认真地把这项工作抓紧抓好[5]。2006年时任江苏省省委书记的李源潮做出批示，明确提出要多建农家书屋。地方政府以农民利益为中心，关注民生，在农家书屋工程建设之初即在思想上高度重视，关注对所辖范围内各基层政府、相关组织机构的思想宣传和教育动员，该项举措为农家书屋工程顺利开展奠定思想基础。

2. 行动上支持

地方政府为确保农家书屋工程顺利开展，在行动上给予充分支持。成立农家书屋工程建设领导小组,举办农家书屋工程建设工作会议,制定农家书屋工程发展计划,地方政府在人、财、物方面提供持续支持。如:2007年四川省各级共投入建设资金近2 700万元用于建设农家书屋,从2012年起,省财政分4年投入10亿用于公共文化服务建设,不仅解决农家书屋的发展问题,还纳入社区书屋建设。至2012年地方各级财政共投入资金60多亿元。地方政府作为农家书屋工程的承办者、建设者、创造者,为农家书屋工程建设提供必要支持,保障了农家书屋工程建设进度和质量。至2012年全国已有30余个省将农家书屋纳入为民办实事的重点民生工程,纳入地方政府绩效考评体系[6]。如:山东省把农家书屋建设纳入各级党政目标考核的重要内容,作为社会文化先进县市和文明村镇评选的重要条件。湖南省将农家书屋工程建设纳入政府考评体系,并明确考核指标、考核单位、考核方法、考核通过比例及奖惩办法。地方政府将农家书屋建设与政绩考核挂钩的措施,在客观上保障各基层单位对农家书屋建设工作的关注与践行。

3. 建设中整合

三农、民生作为中国社会发展中的突出问题,一直受到广泛关注,诸多关乎三农、民生问题的工程相继开展。地方政府在农家书屋工程建设中注重工程与工程之间的整合。如:云南省将"边疆党建长廊"工程与农家书屋工程相结合;辽宁省海城市将农家书屋工程与"万村千乡"市场工程乡村便民超市相结合;江苏省将"农家书库"、农家书屋、"农家书店"相结合,推进"农家书香"工程;青岛市将面向农村农民的农家书屋、面向城镇居民的社区书屋、面向进城务工经商人员的新市民书屋三种书屋和组织适用图书编辑出版、推进全民阅读的两项活动相结合,实施"益民书屋3+2"工程[7];辽宁省将农家书屋工程与农村乡镇综合文化站和村文化活动室建设工程、文化信息资源共享工程、广播电视村村通工程、农村电影放映工程一同列入辽宁省农村公共文化服务五项重点工程整体推进[8]。资源、人力、文献等资源的有效重组,既节省资源,提高资源利用率,又提高政府工作效率。

4. 过程中监督

为保证农家书屋工程进度与质量,过程中的监督必不可少。权力如果缺乏监督,往往会滋生问题,监督是为确保农家书屋工程有效推进。地方政府在农家书屋工程建设过程中充当监督者的角色,充分发挥监督职能。如:重庆市江津区于2007年11月中旬组织人员先后到多个镇街对"农建书屋"的建设管理情况及书屋图书管理人员开展监督检查，并邀请区图书馆专家进行一对一的图书管理业务与技能的指导；山东省新闻出版局和省财政厅于2008年联合制发《山东省农家书屋建设验收考核暂行办法》，规定省内农家书屋建设验收工作遵循统一领导、统一标准、分级管理、分级负责的原则，采取自查与专项检查相结合的方式对山东省辖区内已建成的农建书屋进行监督检查；宁夏回族自治区注重农家书屋工程采购的品种、数量与和质量，自治区新闻出版局专门组成工程监督验收小组，邀请纪检人员随行监督。在农家书屋工程建设过程中，各级地方政府注重对工程的实时监督与检查，广泛采取地方自查与省级抽查相结合的方式监督工程建设与完成情况。各地方政府亦根据本地区特点，有所侧重的制定相应的监督检查项目与标准，充分发挥地方政府在农家书屋工程建设中的监督作用。

5. 发展中创新

农家书屋工程不是一项实时性的项目、而是一项持续性的、具有长远意义的长期工程，为保障该项工程持续发展，地方政府一直致力于农家书屋工程的开拓创新，不断推陈出新。如：黑龙江采取市直机关与书屋竭诚帮扶对策，每周为书屋送报刊；广东启动岭南流动书香车，定期在书屋间交流图书；湖北省荆江市采取村村互借图书，写笔记谈体会；深圳市龙城街道五联社区图书馆是深圳市首家农家书屋示范点，改"一人一证"为"一家一证"，实现服务的家庭化，并以家庭为单位组织各种图书交流活动；福建省泉州南安市依托公共图书馆，通过图书流转、搭建平台、队伍建设等方式，形成了大馆带小屋的模式。地方政府为确保农家书屋工程持续有效开展，在资源建设方法、资源流通方式、资源借阅制度、活动组织方式、队伍建设方式等方面进行一系列探索与创新，这些灵活多样的举措，让农家书屋活起来，保持新鲜与活力。

6. 进程中帮扶

农家书屋工程作为一项为广大农民做实事的工程，不仅仅是基层政府相关部门的职责，在农家书屋工程建设中离不开地方政府的帮助与指导。在农家书屋工程建设过程中，地方政府加大对财政困难地区的帮扶力度，跨地区积极举办农家书屋工程建设交流、研讨会。在农家书屋工程建设过程中，由于各地自然状况、财政状况、人员素质、管理方式等方面存在差异，建设进程有一定差距。为有效弥补这种差异性，加快整个农家书屋工程的建设进程，地方政府注重对经济相对落后、财政力量相对薄弱地区的援助。授人以鱼不如授人以渔，因此地方政府在注重经济援助的同时，定期召开与农家书屋相关的会议，注重相对落后地区农家书屋建设状况的把握，以及先进地区农家书屋建设和管理经验的交流、共享，进行思想上、经验上、知识上的帮扶。

7. 关注中激励

农家书屋作为一项利民工程，受到地方政府的持续关注。农家书屋工程作为一项长期的、公益性的工程，需要持续的关注与投入，为调动基层单位工作的积极性和社会各界的广泛参与，地方政府采取一系列激励措施。如：北京市举办"星级书屋"评选，以评促建、以评促管，调动基层组织农家书屋建设工作的积极性，提高农家书屋的管理水平和工程质量；湖北省下发《关于组织援建农家书屋工程的通知》，明确要求各级文明办要把援建农家书屋工作列入文明单位创建活动的重要内容，作为评比文明单位的依据之一。

四、农家书屋工程实施方式与工作进度

（一）农家书屋工程实施方式

《农家书屋工程实施意见》明确规定了农家书屋工程的实施方式，包括如下几个方面：①中央有关部门、团体和各级党委、政府目前开展的各类送书下乡项目，纳入农家书屋工程总体规划，名称不变，渠道不变，由现有单位承担，继续分头组织实施。②设立捐建平台，并以冠名、通报表彰等各种积极有效的措施，引导鼓励国内外各界人士、企事业单位和各类社会组织捐建农家书屋，支持农民自己筹建农家书屋。捐助人可根据公布的农家书屋建设规划、资助标准，自主选择捐助对象，通过指定的慈善公益组织和农家书屋工程组织机构，统一安排落实。③农家书屋所需出版物，由相关部门参照农家书屋工程协调小组办公室公布的推荐目录，结合本地实际情况，组织采购和配送。每一农家书屋原则上可供借阅的实用图书不少于1000册，报刊不少于30种，电子音像制品不少于100种（张），各地可根据本地区的实际情况，因地制宜，灵活掌握。具备条件的地区，可增加一定比例的网络图书、网络报纸、网络期刊等出版物。严防不良出版物进入农家书屋。④建立完善农家书屋管理、服务等各项规章制度，并纳入村务公开范围，形成良好的竞争、激励、约束机制，通过培训、定期检查和评比，不断提高书屋管理人员的责任意识和服务管理能力，保证农家书屋充分发挥功能和作用。⑤农家书屋建

立一段时间后,对管理规范、服务较好、具有一定经营条件的,可在书屋管理人自愿的前提下,由新闻出版行政部门授予出版物经营许可证。书屋管理人在保证书屋正常运行的基础上,可开展出版物经营业务,获得的经营收入,按规定比例用于购买新的出版物,不断扩大书屋规模。⑥实施"三农"读物出版工程。组织图书、报刊、音像、电子等出版单位,大力开发适合农村、农民和农业需要的各类出版物,从源头上保障社会主义新农村文化建设的需求[9]。⑦农家书屋工程由省级以下新闻出版行政部门根据本地区农家书屋工程实施计划,会同县、乡政府负责农家书屋工程建设和管理工作。其建设资金由中央财政拨款、地方财政拨款和社会捐助三部分构成。在具体实施过程中,相关部门参照《农家书屋工程实施意见》、《农家书屋工程建设管理暂行办法》、《农家书屋工程专项资金管理暂行办法》以及地方政府制定的相关实施办法。如:《辽宁省农家书屋复查回访工作暂行办法》、《江西省农家书屋检查验收办法》等。

(二) 农家书屋工程工作进度

2012年9月27日,全国农家书屋工程总结大会在天津召开,在中央财政大力支持、地方政府强力推进和社会各界广泛参与下,至2012年8月底,全国共建成农家书屋600 449个,农家书屋已经覆盖全国具备条件的行政村,基本实现了"农家书屋村村有",农家书屋工程建设提前三年完成。在此过程中,一共投入财政资金120多亿元、社会资金60多亿元,共向农村配送图书9.4亿册、报刊5.4亿份、优秀音像制品1.2亿张、影视放映设备和阅读设施60多万套[10]。

自2005年实施农家书屋试点工作以来,经过8年时间,农家书屋从2005年250个成长为2012年的60余万个(具体变化状况如图6.1所示),农家书屋工程极大地满足了农村居民的文化需求,有利于缩小城乡文化水平差距。由于各地文化意识、经济发展水平、群众参与热情以及行政村数量与规模等诸多因素的差异,各省(包括直辖市、自治区)的农家书屋建设状况也有所差异。参照国家新闻出版总署制定的《农家书屋工程"十一五"时期建设规划》,全国二十余个省份在2012年基本完全覆盖,各省(包括直辖市、自治区)农家书屋工程具体完成状况如表6.2所示。较早完成农家书屋全覆盖的省份包括:北京市、天津市、辽宁省、上海市、江苏省、广东省、吉林市、重庆市、宁夏回族自治区,其中以属于东部地区的省份居多。而尚未完成农家书屋全覆盖的省份包括：浙江省、山东省、河南省、湖南省、四川省、贵州省等，其中以属于中、西部地区的省份居多，这些省份的统一特点是行政村基数较其他省份更为庞大[11]。

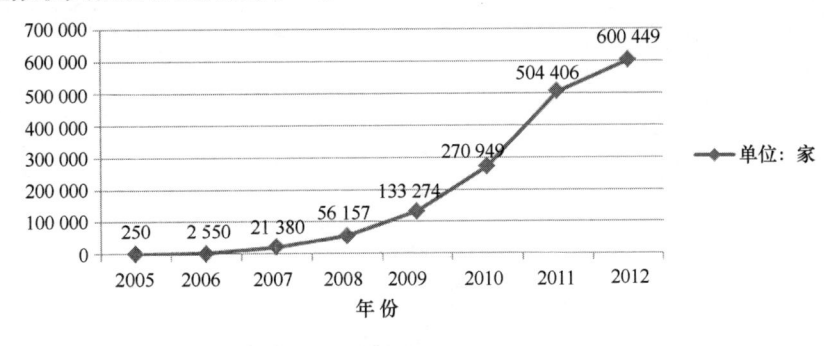

图 6.1 农家书屋工程建设进程

表 6.2 各省份农家书屋全覆盖完成状况

	省份	统计涉及行政村个数	建成农家书屋个数
东部地区（9）	北京	3 620	3 975
	天津	3 760	3 706
	辽宁	11 735	11 762
	上海	1 862	1 514
	江苏	16 740	17 158
	浙江	33 161	24 179
	福建	14 918	14 433
	山东	81 353	61 922
	广东	20 803	20 106
中部地区（10）	河北	49 824	49 408
	山西	28 809	28 339
	吉林	9 394	9365
	黑龙江	9 045	9 457
	安徽	18 952	18 952
	江西	16 656	17 391

续表

	省份	统计涉及行政村个数	建成农家书屋个数
中部地区 (10)	河南	41 670	48 613
	湖北	27 133	28 433
	湖南	45 028	43 888
	海南	2 542	2 657
西部地区 (12)	内蒙古	11 275	1 1275
	广西	14 791	14 938
	重庆	9 986	9 986
	四川	49 532	47 824
	贵州	19 669	18 781
	云南	12 928	13 994
	西藏	5 931	5 609
	陕西	24 822	27 364
	甘肃	16 763	16 860
	青海	4 164	4 169
	宁夏	2 507	2 785
	新疆	8 756	8 713
合计	31	618 642	600 449

较早完成农家书屋全覆盖的省份依托本地特点，又快又好地推进农家书屋工程的建设进程，在建设过程中体现不同特色。如：北京市"益民书屋"是全国创办最早的农家书屋，经过较长时间的探索逐渐形成颇具本地特点的书屋建设策略。即：充分搜集农家书屋所反映出的农村居民的信息需求，有针对性地出版一批低价位、高质量、有特色的优秀读物，让农村读者买得起、看得懂、用得上，从而确保农家书屋文献的实用性，构建符合农村居民需求的出版产业链；辽宁省注重农家书屋工程的检查与回访工作，颁布《辽宁省农家书屋复查回访工作暂行办法》，规定了复查回访的对象及责任主体、复查回访的方式及主要内容、考评办法和奖惩方式等内容；上海积极策划农家书屋相关活动，自2009年起，上海市推出包括每年推荐一百种重点图书、组织一百场科技文化讲座、评选一百年优秀阅读作品出版、评选一百位优秀管理员、建立由一百名新闻出版界优秀青年组成的文化导读志愿者队伍的"农家

书香五个一百"活动；广东省善于利用已有文化基础设施，依托祠堂建设农家书屋；重庆巴南区根据本地区多山地的自然状况、体现巴蜀地方文化风貌，推出"背篓书屋"工程，利用背篓运送、流转图书。

五、农家书屋的实效和后续发展

(一) 农家书屋的实际作用

农家书屋工程作为农村文化建设"一号工程"，极大丰富了农村居民的精神文化生活，农村居民实现不出家门，遍观世界，保障农村居民的阅读权利，开创社会主义新农村文化建设的新局面。

1. 农家书屋解决农村地区书荒

由于农民对图书报刊等文献资料的需求量较少、收入水平较低等原因，书店等文化机构在农村难以拓展市场，导致农村文化基础设施落后，农村长期存在缺书少报无音像制品的问题。农家书屋工程的开展破除农民看书难读报难的窘境，根据相关规定，原则上每个农家书屋所在场所应在50平方米以上，配置的图书一般不少于1 500册，品种不少于500种，报刊不少于30种，电子音像制品不少于100种（张），农家书屋提供较为舒适的阅读环境且文献资料种类丰富，俨然是一个个微型图书馆。自农家书屋工程实施以来，农村居民人均图书拥有量比工程实施之前增长十几倍，缓解了农村地区长期存在的书荒。

2. 农家书屋丰富农村文化生活

农村文化条件较差，文化生活长期落后，家长里短、飞短流长、封建迷信的文化习俗对世世代代的农民已产生根深蒂固的影响。加之文化环境较差，先进文化难以渗透到农村。自农家书屋工程开展以来，不仅注重向农村输送先进的、颇具实用性的图书报刊资料，而且注重社会主义先进思想和文化的传播。如：甘肃省利用农家书屋，采用赠送十七大读物、宣讲十七大精神等多种形式，将党的十七大精神送到农村。借助农家书屋工程的风口，越来越多的先进文化吹入农家，巩固农村思想文化阵地，极大地丰富农村文化生活。

3. 农家书屋提升农民文化素质

由于农村学习环境较差，农民的文化水平普遍较低，文化素养偏低。传统的辛勤劳动的观念已经难以跟上现代农业发展的步伐。现代农业可谓是知识农业的时代,知识改变命运已经成为现实。农家书屋工程的开展,一方面为农民送去知识,普及科学文化知识。另一方面为农民提供学习知识、传播文化的场所,培养农民自主学习以及终身学习的意识,充分保障农民的文化权益,农民的文化意识逐渐苏醒,文化素质有所提升。

4. 农家书屋辅助农村文化教育

农村经济条件较差,教育资源较为落后,造成很多人无书可读、无学可上,成为很多农民终身之憾。农家书屋配备的大量图书、报纸,给具有读书愿望的农民提供学习知识的场所,弥补其未受教育的缺憾。农村教育资源相对匮乏,农村学生除了书本以外很难能获取到额外知识,农家书屋为农村的中小学生提供书本以外的知识,了解学校学不到的内容,辅助农村教育事业发展,农家书屋俨然成为农村居民的第二课堂。

5. 农家书屋增加农业职业技能

相较于传统农业,现代农业需要农民具备更多的农业职业技能,农家书屋工程的开展在一定程度上解决了这个问题。如:吉林省乾安县水字镇龙字村的书屋中种植、养殖、加工类知识的资料占总藏量的75%,春耕时节,查找资料的农民络绎不绝,询问田间种植和大棚种植相关问题的农民日益增多[12]。农民利用农家书屋的文献资料学习科学种植技巧、增加现代农业知识,农家书屋成为农业发展进步的小助手。农家书屋使农民更加注重现代农业知识,解决农民的现实问题,通过阅读图书、查找资料,农民农业职业技能得以提升。

6. 农家书屋促进乡民和谐友爱

农家书屋成为河南省刘家岗村村委会与村民沟通的重要场所。村镇规划和村民发生纠纷,村委会就从《法制日报》上选出相关案例给群众讲解,帮助做通了工作;遇到不孝顺老人的事情,就让子女到书屋读《妇女生活》等刊物上的文章,唤起他们的爱心,使家庭更加和睦。书屋建立以来,村里没有发生一起上访事件,没有一个计划生育超生对象,没有一件治安案件[13]。书是固定的,而知识是流动的,活用农家书屋文献资源,用知识教育村民和睦相处,让知识流动起来,使村民相亲相爱,开创社会主义新农村的新气象,有利于中国社会主义和谐社会的创建。

7. 农家书屋助力地方文化传承

农村地区是中国民俗文化和地方文化留存较广的地区,但是由于农民文化意识匮乏，缺乏文化保护观念，造成很多悠久的、珍贵的民俗文化遗失。很多农家书屋举办一系列文化活动以提高农民文化意识、助力地方文化传承。如：北京市延庆县大榆树镇东桑园村农家书屋举办端午包粽子比赛；北京市密云县巨各庄的农家书屋开展包括根雕、绣品、剪纸、编制等内容的才艺比赛。依托农家书屋举办灵活多样的文化活动极大地调动农民参与的积极性，在轻松愉快的环境中传播地方文化精髓，培养农民的文化保护意识，有利于地方文化流传。

8. 农家书屋改善农村生活风貌

随着农业现代化的不断发展，越来越多的现代设备被广泛地运用到农业生产之中，机械化作业日益取代传统的手工化劳动。农业生产方式的改变使农民闲暇的时间多了，长期辛苦劳动之后的骤然放松，使农民醉心于所谓的享受，乱了生活节奏、缺了生活目标，属于农村居民的朴实没了，农村生活风貌面临着空前的挑战。而随着农家书屋工程的相继开展，农民的业余生活有了新的导向，种类繁多、内容多样的图书、报刊、音像等文献资料吸引大量的农村居民，使农村的社会风气焕然一新。

（二）农家书屋的后续发展

1. 农家书屋存在的问题

（1）农家书屋之"农"的问题

第一、群众缺乏认知。虽然早在2012年底农家书屋已经基本完成全覆盖，农家书屋工程自实施以来受到政府、学者乃至媒体的广泛关注。但是农家书屋工程的受益群体——农民，却对农家书屋不甚了解。造成农家书屋在农村居民中认知度低的原因主要包括：一是思想误区。一些基层单位在建设农家书屋之初就存在认知误区，把农家书屋工程作为一项面子工程，农家书屋沦为基层单位装点门面的工具和手段，本应作为这项惠民工程主要受益者的农民反而成为可有可无的装饰品，甚至有的地方为了维护书屋资源与设备的完整性，并不希望群众到书屋来，不注重对农家书屋的宣传，造成农家书屋在广大村民中的知晓度较低。二是宣传不到位。虽然有的基层单位注重对农家书屋的宣传，但是很多宣传只是通知村民农家书屋已建成，但是农家书屋究竟是什么、农家书屋里有什么、农家书屋可以为广大村民带来什么好处，这些本质性的、农民真正感兴趣的内容却没有得到广泛宣传，农民对农家书屋的认知程度通常仅限于简单的了解阶段，通常知而不晓。

第二、参与热情较低。虽然农家书屋越建越多，文献资料越来越丰富，设备越来越现代化，但是农家书屋的群众参与热情始终较低。究其原因，主要是由于受众研究不足，输出的文献资源与受众需求不匹配，缺乏对受众基本状况的把握与考量。中国是工业化大国，越来越多的农村青壮年人口为改善贫穷落后的生存状况而选择到城市务工，因此留守于农村的大多是妇女、儿童和老人。而妇女、儿童、老人由于传统思想、阅读兴趣、身体状况等诸多因素的制约而难以参与到农家书屋活动中。

（2）农家书屋之"财"的问题

任何活动的顺利开展都离不开资金上的支持，如果缺乏资金上的可靠保障，农家书屋工程也只能沦为理论上的美好愿景，在农家书屋工程建设过程中，亦存在一定的资金问题。

第一、建设资金缺乏保证。农家书屋工程作为公共文化服务项目，其资金主要来源于公共财政。但是目前农家书屋工程建设资金尚未纳入政府财政预算体系，地方政府对农家书屋工程的资金投入缺乏规范，具有一定的随意性，保障机制缺失。从总体上说，虽然地方政府对于农家书屋工程的总体资金投入量充足，但是中国行政村有64万多个，基数庞大，落实到每个农家书屋的建设经费仍显不足。

第二、后续资金缺乏保障。虽然在农家书屋工程建设之初，中央、地方都表现出极大的建设热情和积极性，至2012年共投入建设资金已超过百亿元，但是自2012年农家书屋实现全覆盖以来，中央和地方对农家书屋工程的后期投入明显疲乏。农家书屋作为政府主导的公益性工程，其建设资金主要来源于中央和地方财政的支持，由于缺乏资金投入的硬性指标以及相关部门之间责任推诿，致使农家书屋后续建设资金明显不足，中央和地方资金投入持续疲软，必然导致农家书屋工程难以为继。

第三、资金使用缺乏监管。虽然目前已经出台《农家书屋工程专项资金管理暂行办法》，但是该《办法》并未对农家书屋专项资金的使用做出明确、细化的规定。因此，各地方存在着建设资金管理与使用不统一、不规范的现象。具体表现为：一是部分农家书屋尚未建立完整的财务管理制度，账目不明、经费混用的情况普遍存在。二是缺乏必要的资金监管机制。农家书屋专项资金是否落实到实处，是否使用足额资金用于农家书屋配套设施建设，这些问题都严重影响农家书屋投入资金的安全性、有效性和规范性。

(3) 农家书屋之"屋"的问题

第一、基础设施薄弱。农家书屋通常是依托村委会、村中小学校、村文化中心等场所建立的，这些场所由于利用率较高，因此基础设施的建设和维护得以保障。但是，仍然有部分农家书屋是依托废弃屋舍、工地设立甚至建在村民家中，其屋舍环境以及设备状况难以保证。虽然，目前农家书屋的馆舍面积基本都能达到新闻出版总署规定的不少于20平方米，在一定上保障农村民众的阅读空间。但是大部分农家书屋的硬件设备仍停留在一桌、一椅、一书、一书柜的状况，缺乏必要的影音播放设备、上网设备等现代阅读设备。

第二、建设模式僵化。农家书屋建设模式的问题主要体现在以下几个方面：一是思想僵化。基层单位在农家书屋建设过程中习惯于积极配合上级的部署，容易导致形式主义和教条主义的错误，不能因地制宜的开展工作。如：部分地区地理环境多山、道路崎岖，在自然环境不适合的状况下仍按照上级标准建设农家书屋，导致很多村民因交通不畅而放弃到农家书屋学习；二是工作标准僵化。即，用统一的标准衡量推进农家书屋工程，这样容易忽略各地的差异性，犯一刀切的错误。如：在不调查本地民众文献需求的基础上，单纯按照新闻出版总署推荐的书目建设农家书屋的文献资源，造成农家书屋千篇一律、资源重复率高的状况。

第三、布局缺乏平衡。农家书屋发展的不平衡性主要体现在两个方面。一是行政村较多的省份与行政村较少的省份之间资源配给的不平衡。目前尚未完成农家书屋全覆盖的省份基本都存在行政村数量庞大的问题，由于行政村数量多，资金、资源等配套设备难以满足，建设难度大。二是东部地区与中、西部地区之间的不平衡。东部经济发达地区拥有深厚的历史文化底蕴、充足的资金支持、良好的硬件设备，因此农家书屋工程进行的又快又好，成果显著。中、西部经济欠发达地区经济发展落后、自然环境较为恶劣、少数民族聚居等状况都增加了农家书屋工程的建设难度，因此其建设成果较东部发达地区有较大差异。

(4) 农家书屋之"书"的问题

第一、文献更新不及时。由于农家书屋的建设资金缺乏保障，直接导致农家书屋文献资源更新不及时。由于经费不足，部分农家书屋使用上级单位替换下来的老书、旧书，文献内容滞后。经费相对充足的农家书屋主要采用

"一年一置"的文献购置方案,缺乏动态的文献保障机制,无法保证其时效性与持续性。

第二、文献类型较单一。目前农家书屋所配置的文献资源以图书、报纸和期刊为主,音像制品和电子图书较少。电子音像制品因其具有纸质读物所不可比拟的形象直观、声情并茂、观赏性强等方面的特点,对广大农村不识字的老人和众多喜爱快餐文化的年轻人来说,有更大的吸引力。电子图书相较纸质图书具有价格低廉,便于传播等特性,尤其手机、电脑等电子设备在农村日益普及,电子图书对农家书屋资源配置产生重大影响。有鉴于此,当前失衡的重纸质资源、轻数字资源的文献配置结构,必然会忽视一些特殊群体的阅读需求,从而导致农家书屋服务覆盖面缺失。当前,农家书屋资源类型配置仍需升级,要形成报纸期刊、音像制品、图书、电子资源等不同媒介产品共同呈现的格局[14]。

第三、内容构成不合理。当前,大多数农家书屋的文献资源内容构成有待进一步完善,很多农家书屋购置的图书因乏人问津而逐渐成为死书。根据对陕西部分农民的调查显示:从内容上看,农民更喜欢阅读有关与农村日常生活密切相关的生活类图书和农业畜牧业知识类的图书。时政信息的获取和文学历史类的求知消遣占的比例也很可观。与农民生活密切相关的法律类、经商投资类和医疗卫生类书籍也很受欢迎。[15]由此可知,农民目前最迫切的信息需求是关于解决生计、生活方面的,但是很多地区的农家书屋却购置一些艰涩难懂的书籍,这些高大上的书籍与广大农村民众接地气的朴素愿望相背离,文献内容构成极不合理,文献建设缺乏科学性与客观性,与农民的信息需求存在差异。

(5) 农家书屋之"人"的问题

第一、管理员构成复杂。担任农家书屋管理员的人员主要分为全职和兼职两种,当前仍以兼职为主。这些兼职书屋管理员有的是兼职村干部、有的是退休老教师、有的是大学生村官,很大部分书屋管理员在管理农家书屋的同时还要兼顾其他工作,有时难免难以兼顾,因此造成书屋开放时间不够、管理员无法掌握文献基本状况、文献资源管理混乱等问题存在。

第二、管理员素质较低。主要体现在以下方面:一是文化水平较低。根据对天津市已建成农家书屋的调查显示,书屋管理员目前仍以高中和初中学历为主体,共占总体的86%以上[16]。由于农村居民整体文化水平偏低,书屋管理员通常是在村民中选拔的,因此农家书屋管理员也存在整体文化素质偏低的问题;二是工作热情不高。有的农家书屋管理员仅仅是完成工作职责,缺乏对这项工作的热情与投入;三是图书管理知识匮乏。农家书屋管理员缺乏必要的图书分类、整理知识,造成图书管理混乱;四是缺乏职业道德。有些农家书屋管理员将书屋的资源作为私人财产,由于农家书屋管理员是在行政村内产生的,管理员与农村居民相互之间熟识,原则上便于工作开展,但也因为熟人效应,部分农家书屋管理员罔顾图书借还制度,不按规章登记借出图书,甚至将图书馈赠他人。

第三、管理员缺乏保障。农家书屋作为一项公益性事业,其建设经费有限,因此落实到农家书屋管理员薪资报酬的资金不足,收入微薄。甚至有些兼职管理员是村里委派的义务管理者,并没有工资,这就使农家书屋管理员缺乏收入保障,长此以往难免会消减农家书屋管理员的工作热情。

(6) 农家书屋之"管"的问题

农家书屋缺乏统一的图书管理制度和人员管理体制,管理松散,缺乏科学性。书和人是农家书屋运行的两个基本要素,保障书屋文献资源充分利用、规范书屋管理员行为,需要制度化管理。目前,存在于农家书屋管理中的另一个普遍性问题就是监督渠道不畅通。一方面,虽然《农家书屋工程建设管理暂行办法》、《农家书屋工程专项资金管理暂行办法》规定应对农家书屋相关信息予以公开,但是目前仍未有正规的公开渠道,不利于群众监督。另一方面,目前农家书屋的监督检查工作通常以定期检查为主,监督方式较为单一,检查内容也较为制式化,缺乏一个灵活而长期的监督渠道。

2. 农家书屋的后续发展

为了保障农家书屋的持续发展,需要采取一系列措施保障其创新活力。

(1) 打破局限,拓展书屋功用

农家书屋往往被誉为微型图书馆,在建设过程中,农家书屋也发挥图书馆的功能,传播知识与文化。同时,这一固有观念在一定程度上阻碍了农家书屋相关功能的拓展。因此,在农家书屋后续建设中应该逐渐摆脱这一观念上的束缚,打破思想僵局,积极拓展农家书屋的职能和功用。未来的农家书屋应该与文化宣传工作相结合。可以利用农家书屋这一平台,将党和政府的规章制度以及思想观念传播给农民群众,巩固农村思想文化阵地,加强社会主义思想文明建设;未来的农家书屋应该与文化监督执法工作相结合。如:

湖南省新闻出版局以农家书屋为依托，全省网状布局，设立扫黄监督岗，并建立信息快速通道。面向书屋管理员开展法制培训班，宣传出版物监管的相关法律法规，讲授非法出版物鉴别的有关知识，提升书屋管理员打击非法出版物的能力，将农家书屋建设与"扫黄打非"工作相结合[17]。这一举措既拓展了农家书屋的功能，又改善了农村地区的面貌。

(2) 注重宣传，调动参与热情

农村居民缺乏对农家书屋的参与热情主要缘于宣传不到位、功能单一、服务缺乏针对性。可以通过多种途径充分调动农村居民参与农家书屋的踊跃性和积极性。其一，通过乡村广播和农村意见领袖加强宣传。农村地区更讲究地缘文化和熟人效应，因此农村间的人际传播是扩大农家书屋宣传力度的重要方式[18]。农村能人（村干部、中央大户、农民企业带头人等）扮演农村意见领袖的角色，其在文化信息传播中发挥着重要的作用，在农家书屋宣传中，意见领袖的引导作用不容小视[19]。在宣传之前，要做好农村意见领袖的动员和培训工作，使之了解农家书屋建设的重要性以及现实意义。其二，开展接地气的文化活动。农村居民受教育水平普遍较低，因此更愿意接受与自身生活息息相关的文化。因此，农家书屋可以开展包粽子比赛、剪纸大赛、诗歌朗诵大赛等既朴实又贴近农民生活的活动，以趣味性调动农民的阅读热情。既传播传统民俗文化，又增加民众参与农家书屋的热情。其三，推送个性化的文化服务。农家书屋可以针对不同群体开展有针对性的文化服务。例如：可以针对农村老人开展读书认字扫盲活动、开展健康知识讲座等，针对妇女可以开展职业技能培训，针对农村的留守儿童可以通过书屋资源搞好留守儿童的培养教育工作，可以通过培训为农村留守儿童树立正确的人生导向、增强农村留守儿童的自救能力，使农家书屋成为农村留守儿童的精神家园。

(3) 社会参与，拓宽资金来源

农家书屋在资金使用和管理上，一方面要积极推进将农家书屋资金纳入政府财政预算体系，保障资金的长期、连续供应。建立基层农家书屋财务管理与监督制度，保证农家书屋资金可以全额、及时、有效地运用于农家书屋工程建设中来；另一方面要鼓励社会各界的参与，积极筹措资金。具体可以采取以捐助人或捐助企业命名书屋的方式加以激励，也可以积极寻找与本地相关的文化名人、政治名人或者社会名人，鼓励其在资金上加以援助，并扩大宣传，以产生一定的社会效应，从而吸引更多人捐助农家书屋。

(4) 因地制宜，创新书屋模式

中国部分农村地区多山少地、地广人稀、交通不便，因为自然条件的制约，一般的农家书屋建设模式并不具有普遍适用性。因此，农家书屋建设应以利民、便民的思想为指导，结合本地区的自然和人文状况，因地制宜的建设农家书屋。第一，农家书屋建设应摆脱僵化模式。农家书屋不应该仅仅固化为一个场所、一座房子，在必要的情况下可以灵活的变为一个背篓、一辆汽车，建设背篓书屋、流动书车。第二，扩展个人书屋的功能。虽然政府鼓励个人创办农家书屋，但是相对于公立农家书屋，这些私立农家书屋的功能较为单一。这些由社会热心人士设立的个人书屋，通常仅能向农村居民提供文献资料免费借阅的权利，并不具备代销图书的权利，无法完全满足农村居民的文化需求。地方政府可以出台相关的规章制度，明确何种资质的个人书屋可以代售图书，并做好监管工作。第三，创建数字化农家书屋。现代科技通信技术日益改变人们的阅读习惯，新一代的农村青年相对于到实体的农家书屋，更倾向于通过网络获取、阅读图书等文献资料，数字化农家书屋建设势在必行。根据中国互联网络信息中心2015年1月发布的《中国互联网络发展状况统计报告》显示，截至2014年12月，中国农村网民规模达1.78亿[20]。农村网络的普及为数字化农家书屋建设提供客观支持。数字化农家书屋在数量上实现海量存储；在内容上消除出版物种类和形式上的制约，内容更丰富；在时效上突破传统书屋出版物配送环节的限制，更新更加及时、实时；在阅读时间上突破时间限制，可以全天候开放、获取，具备传统农家书屋不可比拟的优越性[21]。

(5) 联合办屋，加强资源建设

农家书屋的突出优势是贴近农民群众，与农民群众有最直接、密切的联系，便于与农村居民沟通。虽然，农家书屋不断增加对文献资源的投入力度，但是资源建设基础薄弱、经费不足的问题始终存在，文献资源严重不足也始终制约着农家书屋的发展。相较于农家书屋，公共图书馆和高校图书馆具有丰富的文献资源。近年来公共图书馆和高校图书馆也一直致力于服务社会，探索开展公益性文化服务的新途径。农家书屋工程的开展为公共图书馆和高校图书馆文献信息服务深入农村提供了平台和场所，公共图书馆和高校图书馆则可以为农家书屋工程的顺利开展提供充足的文献资源。首先，应联合公共图书馆、高校图书馆共同办书屋。公共图书馆和高校图书馆参与农家书屋文献资源建设有以下几个路径：选送专业性、针对性图书定期向农家书屋流通；整合本馆文献资源和农民信息需求，编写涉及三农问题的使用小册子并定期向农家书屋推送；借助专业人才优势帮助农家书屋制定文献资源建设策略，保障农家书屋文献资源结构的科学性与合理性[22]。其次，基于用户需求制定文献发展计划。目前，农家书屋广泛存在有书而无人用的现象，主要是由于很多基层单位仅仅将农家书屋作为一项工作量来完成，在选购图书前并未经过系统、科学的论证。为了保证农家书屋工程的持续发展，地方政府应在购置文献资料之前，成立调研小组，下到基层走访村民，真正了解本地居民的阅读兴趣和阅读偏好，并根据本地区的风土民情、自然环境、农业特征、资金等状况，结合新闻出版总署的文献荐购目录，合理配置文献资源的内容和类型，制定符合本地特色和实际的文献发展计划，满足农村居民的阅读需求，达到书尽其用的效果[23]。如：在少数民族聚居地区购置少数民族语言书籍，同时针对少数民族汉语水平低的状况，应配备汉语教学相关的图书、影音资料。

(6) 突出特点，打造品牌书屋

农家书屋作为一项文化公益工程，基本覆盖了中国所有的行政村，惠及数亿农民，更多体现的是其公益性，文化性并未得到极大的发挥。农家书屋虽然基本达到村村有，但尚未形成文化影响力。为了突出农家书屋的文化属性，增强其影响力，应该将农家书屋建设与地方文化特色相结合，打造品牌书屋。广东省在这方面已经做出了有益的尝试，祠堂是岭南文化的重要组成部分，广东省有着丰富的古祠堂资源，分布广，保护好。广州、佛山、东莞、中山、肇庆、云浮等地充分利用古祠堂建成农家书屋，这些古祠堂具有浓厚的地方文化特色，吸引了众多游客。将农家书屋建在古祠堂，促使农家书屋成为一个文化地标、一种文化符号，形成品牌效应，带给民众更多的记忆点，农家书屋建设势必会获得更多的关注和支持，是长期持续发展的一个有效途径。

(7) 加强培训，提高人员素质

农家书屋管理员作为农家书屋的实际管理者、具体维护者和服务创新者，素质高低、职责履行状况直接影响农家书屋建设与服务的质量。首先，应该通过教育培训提高书屋管理员的职业技能。可以通过邀请乡村企业家、农业领域专家的方式对书屋管理员进行教育，提高其农业理论素养。可以通过邀请图书管理专家、学者的形式对书屋管理员进行集中培训，提升其图书管理能力；其次，应该以"奖罚并重"的形式提升书屋管理员的工作热情。具体可以举办"农家书屋管理员职业技能大赛"等活动对表现优秀的书屋管理员进行表彰，并注重树立标杆式人物。同时可以建立严格的农家书屋管理员考评机制，对表现较差、无法完成工作目标的书屋管理员进行一定的惩罚；再次，要建立严格的"农家书"屋管理员管理制度，明确书屋管理员的选用标准、岗位职责、薪资水平、奖惩标准等；最后，要吸收志愿者参与、走入农家书屋。农家书屋管理员普遍年龄偏高、文化程度偏低，亟须一批有文化、有活力、有创意的年轻队伍的加入。现在每所高校几乎都有若干个教学实验基地或者社会实践基地，大学生参加各种社会实践活动或者大学生挂职锻炼已经成为当代大学生必要的一课[24]。农家书屋建设过程中，应该加强与高校的合作，尤其是设有农、林、图书等专业的大学，争取让农家书屋成为大学生的社会实践基地。鼓励大学生到农村宣传先进文化与知识，为农家书屋建设添砖加瓦。

（8）加强监管，畅通监督渠道

为了保证农家书屋工程的有效完成，应该加强对农家书屋的监管，综合运用各种方式保障监督渠道的畅通。首先，应该明察与暗访相结合。目前，农家书屋的监督检查主要靠上级主管机关的定期检查和不定期抽查，有的农家书屋平时管理懈怠，但是检查时却做表面文章，这种单一的监督检查方式并不能完全掌握农家书屋的管理状态。事实上，当地的村民是最了解农家书屋运行状况的，相关部门应该加强对农家书屋与当地村民的暗访，查访工作要注重保密性；其次，加强农家书屋信息公开。自2008年《政府信息公开条例》颁布以来，基层民众越来越关注自身的知情权。《农家书屋工程建设管理暂行办法》、《农家书屋工程专项资金管理暂行办法》明确规定要将农家书屋相关信息予以公开，但是实际上获取农家书屋相关信息在当前是相当困难的。为了保障农家书屋工程的透明性，应该将农家书屋资金投入、使用状况，基础设备建设状况，文献资源建设状况等基本信息纳入村务公开的范畴，保障农村居民的知情权；再次，搭建有效的信息反馈渠道。具体可以考虑依托农家书屋工程主管单位——新闻出版总署搭建的全国农家书屋网，在该平台上设置信息反馈通道，及时了解并解决农家书屋建设中存在的问题。

六、结语

农家书屋在建设过程中承担着多重文化和社会责任,伴随着"农家书屋村村有"的实现,农家书屋的服务范围和服务内容日益深化,农家书屋在农村地区发挥了巨大的作用。解决了农村地区的书荒、丰富了农村文化生活、提升了农民文化素质、辅助了农村文化教育、缩短了城乡文化差距、增加了农业职业技能、存进了乡民和谐友爱、助力于地方文化传承,极大地改善了农村和农民的风貌,农家书屋取得了令人瞩目的成绩,为社会主义新农村建设做出了突出的贡献。但是,目前农家书屋在农、财、屋、书、人、管方面仍然存在着诸多问题。农家书屋和图书馆作为文化基础设施,同样发挥文化功能和育人功能,具有类似的属性,因此图书馆五定律应该同样适用于农家书屋,未来的农家书屋应该达到"书屋的书是为了用的,每个农民有其书、每本书有其读者,节省读者的时间,农家书屋应是一个不断生长着的有机体"的终极目标。为了这一远大目标的实现、保障农家书屋的后续发展,应该打破局限,拓展书屋功用;注重宣传,调动参与热情;鼓励社会参与,拓宽资金来源;因地制宜,创新书屋模式;联合办屋,加强资源建设;突出特点,打造品牌书屋;加强培训,提高人员素质;加强监督,畅通监督渠道。

国务院总理李克强在出席 2014 年 12 月 22 日的中央农村工作会议时提出物的新农村和人的新农村建设要齐头并进。提高农民的文化素质与改善农村物质生活被放到了同等重要的地位。全民阅读作为关键热词已经连续 3 年被写入《政府工作报告》。农家书屋工程是全民阅读工程的重要组成部分,是全民阅读工程最艰巨的任务。目前最为棘手的问题是农家书屋工程的后续发展问题。如何引导农家书屋的服务延伸与创新并健康持续发展显得尤为重要。在未来的农家书屋建设中,既要注重改善物质环境,又要始终关注农心、农意,倾听广大农民群众的呼声,解决农村居民最迫切的文化需求。在农家书屋工程建设过程中,应该时刻谨记常怀爱农之心,常树恤农之德、常增利农之识,常施便农之为。相信通过努力,中国的农家书屋建设必将开创一个新局面。

参考文献：

[1][2][3][9] 中国新闻出版总署.《关于印发＜"农家书屋"工程实施意见＞的通知》, [EB/OL].[2015-04-08],http://www.gapp.gov.cn/contents/801/77066.html。

[4] 中民慈善捐助信息中心.《2013年度中国慈善捐助报告》[EB/OL].[2015-04-10]. http://www.charity.gov.cn/fsm/sites/newmain/preview1.jsp? ColumnID = 290&TID = 20131008130627209393340.

[5] 湖北省新闻出版广电局.《湖北省版权局.关于印发李春明同志在全省"农家书屋"工程建设电视电话会议上的讲话及有关会议材料的通知》[EB/OL].[2015-04-10]. http://www.hbnp.gov.cn/wzlm/zwdt/gsgg/1522.htm.

[6] 中国新闻出版总署印刷发行管理司.《文化改革发展十年巡礼——农家书屋工程探索与跨越》[EB/OL].[2015-04-10]. http://www.gapp.gov.cn/news/1351/87559.shtml.

[7] 青岛日报.青岛文化工作十大亮点.青岛日报,2011-02-14④.

[8] 于险峰,张仁军.辽宁提出三年内实现村村有农家书屋.青岛日报,2008-11-18①.

[10] 柳斌杰.开创农家书屋工程建设新局面——在全国农家书屋工程建设总结大会上的讲话[EB/OL].[2015-04-15]. http://www.gapp.gov.cn/contents/1656/93741.html.

[11] 王佳欣.农家书屋2012盘点[EB/OL].[2015-04-15]. http://www.chinaxwcb.com/2012-12/31/content_260998.htm.

[12][13] 中国新闻出版报.农家书屋改变乡村面貌.中国新闻出版报,2008-04-23⑪.

[14] 李万春.浅谈"农家书屋"文献资源建设的问题与对策——以扬州市邗江区为例.科技情报开发与经济,2010年第28期.

[15] 张蕊.基于受众调查的"农家书屋"可持续发展对策研究.硕士学位论文.陕西师范大学,2013年,第14页.

[16] 薛调,雒秀华,秦丽洁.农家书屋管理员研究——以天津市为例.图书馆学研究,2011年,第9期.

[18] 王金霞,康庄.刍议乡村传播视野下的农家书屋发展.青年记者,2009年第7期.

[19] 张利洁,樊兴博,李艳.受众视角下的农家书屋的调查与思考.图书与情报,2010年,第6期.

[20] 中国互联网络信息中心.第35次中国互联网络发展状况统计报告.中国互联网络信息中心.2015年,第32页.

[21] 王仕勇.推进农家书屋数字化建设的思考.出版发行研究,2012年,第8期.

[22] 李红琴.地方高校图书馆与"农家书屋"协作发展思考.兰台世界,2013 年,第 3 期.
[23] 王敬敏.农家书屋图书结构研究.硕士学位论文.华中师范大学,2011 年,第 26 页.
[24] 朱立芸,王旭东.农家书屋管理员队伍建设与高校志愿者行动援助机制.宁夏社会科学,2009 年,第 6 期.

第七章 提升城市文明度的城市社区图书馆

社区是都市文明的物化形态，是现代人类聚居的主要形式。社区文化是都市文化的基石，是社区建设的灵魂，社区文化建设可以推动人的素质的提升，推动认同感和归属感的建立[1]。伴随着全民阅读活动的兴起和人民生活水平的提高，人们对精神生活的需求呈现出上升的趋势，其中就包括对城市社区图书馆及街道图书馆的强烈需求，由于群众的需求强烈，中国城市的很多社区也都加大了对城市社区图书馆的投入力度。近年来，中国城市社区图书馆和街道图书馆的建设得到了逐步发展，尤其是在北京、上海、深圳等地，城市社区图书馆事业更是取得了显著的成效。作为一定区域内所有居民服务的文化机构，城市社区图书馆和街道图书馆具有公益性、教育性、休闲型等特征，并且成为了联系邻里的桥梁与纽带，是中国精神文明建设的重要保障，是全民阅读工程需要积极推广的部分。

一、城市社区图书馆的定位与作用

（一）城市社区图书馆职能定位

城市社区图书馆是全民阅读工程的重要组成部分，肩负着加快城市社区文化和精神文明建设的巨大使命，因此将它定位于是社区的文化教育中心、信息中心、活动中心。

1. 城市社区图书馆是社区的文化中心

当前，中国为建设学习型社会，正在推广全民阅读。学习型社区、学习型家庭已成为社会结构的重要特色，越来越多城市市民认识到知识、信息的重要价值，自觉为提高自己综合竞争力而不断学习成为越来越多人的选择。城市社区图书馆是社区居民自己的图书馆，是社区居民业余自学进修的学习场所。同时，城市社区图书馆可以通过多样的文化活动，为社区营造了一片文化空间，这些活动包括为社区居民组织文化教育活动，举办知识及实用技术讲座或生活常识咨询，进行党的方针政策辅导，组织志愿者为老人、儿童和残疾人服务。这些活动可以提高居民的思想道德水准，使之树立正确的世界观、人生观、价值观，调整和处理好个人与社会、个人与集体、个人与邻里的关系。

2. 城市社区图书馆是社区的信息中心

城市社区图书馆是社区信息的集散地。它根据社区居民的需要，采集各种文献资料并提供居民使用，有针对性地搜集、加工，提供与社区居民生活息息相关的各种信息，如技术信息、商品信息、消费信息、证券信息、社区活动信息等。随着计算机技术在图书馆的推广应用，图书馆加工、开发、利用信息资源的能力将大大增强，各类大型数据库和现代化文献信息网络将为社区居民提供更多更好的信息资源。城市社区图书馆不仅是文献交流中心，还成为社区信息交流中心，信息服务的职能越来越强。

3. 城市社区图书馆是社区活动中心

现代社会中，人与人之间面对面的交流越来越少。正因为此，社区中的居民共同活动场所就弥足珍贵。城市社区图书馆作为社区文化休闲娱乐场所，为社区居民提供文化休闲服务，是图书馆功能的延伸。城市社区图书馆不仅为社区居民提供舒适的阅读环境，提供各种文化休闲的文献资料，而且为人们提供文化娱乐设施。城市社区图书馆以丰富的典藏、舒适的氛围、安静的环境吸引广大居民读书看报、查阅资料、休闲娱乐、欣赏艺术、约会朋友；还可通过开设读者沙龙，举办影视、戏剧、音乐、书画欣赏及居民自娱自乐的文化活动，协助社区组织各种健康有益的休闲活动，让社区居民在享受休闲的同时，放松心情、开阔视野、陶冶情操、提升生活品位，增进居民的沟通和了解，促使邻里和睦，改善人际关系，营造祥和、安乐和稳定的社会氛围，在构建和谐社会、和谐社区中发挥独特的作用[2]。

(二) 城市社区图书馆的重要意义

城市社区图书馆的建设对于社区居民拥有诸多积极的正面意义，包括丰富人民群众的文化生活，提升社区居民的就业能力，发挥图书馆的教育职能以及推进全民阅读等。

1. 丰富人民群众的文化生活

随着中国经济的发展，人民群众生活水平不断提高，对于生活质量的追求也逐步提高，他们对社区的服务和管理、环境卫生、文化娱乐、医疗服务等方面提出了多层次多样化的要求。但是，由于中国社区建设尚待加强，社区服务网点配套尚不完善，社区居民开展健康有益的文娱活动的场所也相对较少，精神文化生活比较贫乏，以至于他们将大量的空闲时间消磨于打麻将、泡电子游戏厅、网吧等无益的事情上，既浪费时间又影响身心健康。而城市社区图书馆则为社区居民的生活提供了新的消遣和娱乐的场所，其特有的文化氛围和丰富的馆藏资源可以帮助社区居民享受中国精神文明建设的成果，多样的文化活动也能够为居民营造一片文化休闲天地。

2. 提升社区居民的就业能力

中国处于经济转型的关键时期，这一时期在产生大规模下岗职工、待业人员的同时，也催生了诸多新兴产业和全新的就业机会，然而，如果缺乏就业信息的分享，这部分下岗职工和待业人员很难拥有发现经济增长点的能力与积极的创业精神；没有系统的岗前培训，这部分人又很难拥有完备的职业技能。因此，城市社区图书馆可以从两个方面来提升社区居民的就业率。一方面，城市社区图书馆通过自编的社区目录提供相关岗位信息，帮助社区待业人员拓展获取就业信息的途径。另一方面，城市社区图书馆可以独立或者联合社会各方面对社区待业人员进行比较系统的实用技术培训，为其举办各类知识讲座和报告会，提高他们的个人技能，提升就业能力。

3. 发挥社区图书馆的教育职能

各个国家的政府以及公民都越来越重视终身教育，很多国家的政府也都把公民的终身教育放在重要的议事日程上。日本政府十六个省厅联合组成终身学习审议会，共同推进终身教育战略。新加坡通过积极发挥国民学习的潜在能力，以增强国家的竞争力。欧盟也出台了多项相关政策，加强教育、职业培训以及青年培训计划，旨在促进欧盟成员国公民，尤其是青年的终身教育和培训。在未来社会，随着知识更新速度的加快，人们必须随时随地学习新的东西以适应社会的变化。在人们走出学校的课堂之后，城市社区图书馆应该成为人们学习的第二课堂、接受终身教育的重要场所。因此城市社区图书馆的任务就是向社区内每一个居民提供所需的所有信息知识，使居民及时接收到新知识、新观念[3]。

4. 推进全民阅读的重要阵地

自从党的十六大提出建设学习型社会的要求以来，全民阅读活动在全国各地蓬勃发展，取得了诸多显著的成效，其活动规模不断扩大，内容不断充实，方式不断创新，影响也日益扩大。公共图书馆作为中国公共文化设施的重要组成部分，在全民阅读活动中一直起着非常重要的作用，然而，对于广大居民、尤其是大中城市的居民来讲，由于城市面积过大，所以导致居民无法参与市级、甚至是区级公共图书馆开展的阅读活动。而此时，城市社区图书馆的优势和作用就逐步显现出来，由于距离因素，城市社区图书馆是距离居民最近的图书馆，因此它必将成为全民阅读活动的主战场。一方面，城市社区图书馆降低了居民参与全民阅读的时间成本和交通成本，为全民阅读的开展扫清了障碍；另一方面，市、区级公共图书馆可以将其馆藏资源临时划拨给社区图书馆，并以社区图书馆为基地开展多种阅读推广活动，从而提升资源的利用率和阅读推广活动效果。总之，城市社区图书馆能够以其独特的优势推进全民阅读的进程，使公共图书馆和社区居民都成为全民阅读的受益者。

二、城市社区图书馆建设现状

（一）城市社区图书馆建设模式

建设城市社区图书馆，首先应根据社区发展的总体需要进行规划与调节，由于各个地区具体情况不同，所以城市社区图书馆的建设应当结合本地具体情况，走多元化的发展道路。

1. 公共图书馆指导模式

城市社区图书馆是中国公共图书馆体系中的重要组成部分，因此公共图书馆指导模式应当是中国城市社区图书馆建设的主要方式。在资源建设与管理、阅读推广活动等方面，公共图书馆都拥有丰富的工作经验和优势，而这些方面，也正是城市社区图书馆急需的。首先，在资源建设与管理方面，多数公共图书馆都拥有多年的经验积累，因此在需求调研、资源采购、加工、保存与流通等方面经验丰富，公共图书馆的指导，可以在很大程度上避免城市社区图书馆由于经验不足而造成的资源浪费，对于经费本就紧张的城市社区图书馆大有益处。另外，城市社区图书馆以满足社区居民科普性、娱乐性的文献需求为主，因此阅读推广工作将是其工作重心，而在这方面，公共图书馆的经验同样丰富，因此公共图书馆在阅读推广方面的指导，对于提升城市社区图书馆的影响力及服务效果帮助极大。同时，还要注重制度建设，将公共图书馆对于城市社区图书馆的指导工作纳入公共图书馆的常规工作，以保证公共图书馆指导模式的可持续发展。

2. 高校联合承办模式

高校联合承办模式要求高校图书馆参与到城市社区图书馆的建设中来，这也是《普通高等学校图书馆规程》的要求，《规程》提出，有条件的高等学校图书馆应尽可能向社会读者和社区读者开放。另外，高校图书馆向社会开放服务这一命题也越来越多的得到业界的关注，并且有些地区的高校图书馆已经开始了行动。2013年3月，首都图书馆联盟正式成立，包括北京大学图书馆在内的30余所高校图书馆承诺将向社会免费开放，消息一出，立刻引起市民们的热议。但是高校联合承办模式不应当止步于高校图书馆向社区居民开放，而应更深入的参与到城市社区图书馆的建设中来。在社区图书馆的建设过程中，高校图书馆可以提供专业的业务指导、适当开放其丰富且专业的电子资源、以其开展读者活动的经验帮助社区图书馆开展服务工作、划拨图书在社区图书馆建立图书专架等等。高校的诸多优势，使其完全有能力推进城市社区图书馆的建设和管理工作，但是，如何激发高校图书馆的参与热情，如何解决高校图书馆的资源分配问题都是有关部门需要着重考虑的问题，否则高校图书馆参与社区图书馆建设，只能沦为空谈。

3. 社区物业承办模式

社区物业承办模式是一种由开发商投资建设、社区物业负责管理运营的城市社区图书馆的建设模式。目前，将小区临近著名学府和图书馆等文化教育设施作为卖点的现象，成为开发商营销的主要手段之一，可见包括图书馆在内的文化教育设施对于业主的购买欲望影响很大。因此主管部门可以通过提供优惠政策等方式，鼓励开发商在新建小区中兴建社区图书馆，以达到推进城市社区图书馆建设的目的。另外，兴建在园区内的社区图书馆可交由小区物业进行管理和运营。广州番禺沙湾镇的金业别墅花园图书馆则是物业公司创办图书馆的例子。该图书馆是由管理该园区的物业公司与广州图书馆联合开办的广州第一家社区图书馆，由物业公司提供场地、基本设施等，由图书馆免费提供基础藏书并对图书管理员进行专门培训[4]。这个图书馆在该社区备受好评。不过，由于相关法规的不完善，此类型的城市社区图书馆的大量建设并不现实。

4. 民间组织创办模式

民办模式主要是指由社区内或者社区外自然人，法人或者其他组织等通过自办，或者投资、捐助等方式兴建的社区图书馆。民办模式相对于政府模式，主要体现为民间组织或准民间组织办馆模式。科教图书馆是中国成立较早的一家民办社区图书馆，创办人潘跃勇认为，中国的图书馆基本都是公办图书馆，但政府投资的图书馆，营业时间短、服务意识跟不上，而高等院校、企事业单位的图书馆又不对外开放，因此，兴办离居民、学生近的社区图书馆，就显得十分有意义[5]。另外，图书银行和志愿者图书银行等新型模式也属于民办模式的范畴，在该模式下，社区居民和志愿者自发捐赠图书和资金组建图书银行，这也是社区图书馆建设的一种新思路。

（二）城市全国社区图书馆现状

经济基础决定上层建筑，基层文化建设同样以经济实力为基础，城市社区图书馆建设尤为如此。经济基础良好的大中城市社区图书馆也随之建设的比较好，而在不发达的中西部地区，社区图书馆发展缓慢而落后。由于政府重视程度、区域经济发展水平等的差异，导致社区图书馆规模大小不一，参差不齐。即使是走在前列的上海市，街道图书馆的建成比例也只达到55%。社区图书馆的建设尚未令人满意，实际上，城市文化建设滞后于城市的发展，商业性文化如娱乐设施迅猛发展，高档住宅区配套娱乐设施增加过快，而面向广大群众的公益性文化设施建设较为短缺，即城市公益性文化设施数量不足，设施水平较差，布局不合理，呈现不同程度的建设失衡。

在"十一五"建设期间，随着广大市民对基层公共文化服务需求的不断增长，北京市各级区县、街道政府也顺应以人为本的发展理念，不断对公共图书馆在基层的发展建设增大财政投入和管理力度，使得全市社区图书馆的数量不断增加，基础硬件设施得到明显改善，基本建立了以街道为单位的社区图书馆服务网络体系，使越来越多的居民能够在日常生活半径内方便地享受到公共文化服务。据统计，北京市拥有社区图书馆969个，街道图书馆129个，城市社区图书馆在街道一级的服务体系已基本建立完成，其中西城区、海淀区的个别街道还同时拥有多个图书馆。平均馆舍面积达到100平方米左右，其中最大的街道图书馆可达1 100平方米。图书馆平均每年购书经费在1万~6万不等，社区图书馆基本都能拥有固定的政府拨款用于购书。同时，这些城市社区图书馆和街道图书馆还配备了完善的图书防盗系统、一卡通管理系统、24小时自助图书馆系统等设施,大大提高了管理效率和社区居民的体验[6]。

自从上海市提出"向学习型城市迈进"的发展目标以来,上海各级政府的确已经开始积极采取行动,借力街道、乡镇等行政部门整合开发社区文化资源,加强社区文化建设,带动了上海社区图书馆建设的进步和发展,一批批具有公益性和渗透性、方便社区居民学习的社区图书馆相继出现,并且在硬件设施改善、公共图书馆服务网络建设、服务品牌建立等方面获得了明显的提高。据统计,2007年全市207个街道、乡镇图书馆馆舍总面积为8.36万平方米,与2002年相比,增长幅度达到57.4%;藏书总量为507.52万册,比2002年增长了70%;购书经费总额为720万元,比2002年增长116%;平均每个街道、乡镇图书馆馆舍面积为403平方米,藏书2.45万册,每年购书经费近3.5万元。其中,闵行区江川街道图书馆的馆舍面积更是达到了5 000平方米、藏书总量约7万余册。此外,2010年,浦东陆家嘴图书馆在陆家嘴金融城推出首个"24小时自助图书馆"[7]。

自1997年开始,深圳市先后出台了《深圳经济特区公共图书馆条例(试行)》、《深圳市社区(村)图书馆业务规范》、《深圳市社区(村)图书馆达标评估标准》、《深圳市社会文化工作考评标准》以及《深圳市建设"图书馆之城"(2003-2005)三年实施方案》等文件。在这些条例法规的支持下,深圳市的社区图书馆作为公共图书馆体系的重要一环,得到了飞速的发展。据不完全统计,截至2011年,深圳市城市社区图书馆和街道图书馆的数量达到近634家,其中社区图书馆558家,街道图书馆76家[8]。此外,深圳市从1999年开始实施社区图书馆达标评估。评估标准包括馆舍面积、藏书、报刊、工作人员、开放时间、业务规范和读书活动等7个方面硬性和软性的指标。目前,深圳市初步建成了一个市、区、街道、社区四级的图书馆网络,提前实现了每1.5万人拥有一个社区图书馆的"图书馆之城"的建设目标。

此外,其他省市在城市社区图书馆的建设方面也取得了不同的成绩,并出台了诸多相关政策以促进城市社区图书馆的发展。南京市的社区图书馆普及率在2000年底就已达到80%。其中,鼓楼10个街道全部建成"万册"社区图书馆[9]。无锡市和苏州市出现了一批上档次、上规模、管理与服务一流的社区图书馆。截止2011年,厦门社区图书馆总量达到了371个,社区图书馆覆盖率达到73.61%,达到了每万人拥有一个社区图书馆的高度[10]。杭州市有关部门制定了促进社区图书馆建设的有关考核标准,建设普通型和精品型两类社区图书馆[5]。此外,辽宁、山东、浙江、福建、广西等省、市、自治区的社区图书馆事业也在迅速发展。

三、城市社区图书馆服务模式

(一) 社区图书馆的服务对象

城市社区图书馆是中国公共图书馆体系中的重要组成部分,因此其服务对象应当同公共图书馆一样,是中国的所有公民,而不应当对服务对象设定范围,并阻碍范围之外的读者利用城市社区图书馆。但是,就馆舍面积、资源数量与服务能力而言,城市社区图书馆并不可能像以省、市、区级图书馆为代表的公共图书馆那样,可以接待人数众多的读者,并提供深层次的服务。另外,从读者的角度讲,居民造访较远距离的城市社区图书馆的可能性也并不大。因此,城市社区图书馆在不拒绝任何公民的前提下,其主要服务对象应当是一定范围内的本地居民,尤其是社区内的老人、青少年、儿童以及残疾人。

1. 老年人是城市社区图书馆的主要读者

民政部副部长窦玉沛于2014年2月19日在国新办举行的新闻发布会上透露,截至2014年初,中国60岁以上老年人数量已超过2个亿,占总人口的14.9%,老龄化现象日益呈现[11]。除少数人选择继续发挥余热之外,多数老年人则选择闲腻在家,他们的日常休闲活动则主要集中于跳广场舞和打麻将,而这些给社会带来的困扰和给老年人身体带来的损害是显而易见的。为这部分老年人提供新的、更健康的精神文化生活则是城市社区图书馆的主要职责之一。社区图书馆可以通过其馆藏资源和阅读活动,为社区老年人提供丰富的、高质量的精神食粮,并且为其提供更多的邻里交流的机会,促进社区和谐。

2. 青少年是城市社区图书馆的"阶段性读者"

青少年由于学业的压力,并不能像老年人一样拥有大量的业余时间,但是随着中国教育体制的改革,假期补课的现象逐年减少,虽说补课还没有完全消失,但是青少年的课余时间逐渐增多也是不争的事实,因此对于青少年读者的服务,也是社区图书馆的重要工作之一。青少年读者利用社区图书馆的时间主要集中于寒暑假期间,这段时间家长无暇照顾孩子,所以社区图书馆可以充分发挥社区教育中心的职能,将社区内的青少年组织起来,并按照年级分组,组成学习小组,共同完成假期作业,同时还可以邀请社区内的大学生或老师为学生提供学习指导等服务。

3. 儿童是城市社区图书馆着重开发的读者

教育应当从孩子抓起,儿童的阅读能力、阅读方向等都关系着孩子以后人生观的培养和兴趣的形成,城市社区图书馆在这其中理应起到一定的积极作用,据调查,在国外发达国家,儿童4岁左右便进入了独立的大量阅读阶段,而这远远领先于中国,在年阅读量方面,国外发达国家大约是中国儿童的6倍,这些都是中国与发达国家的差距。这些差距,在一定程度上与中国和发达国家的社区图书馆建设差距有关。首先,在国外,社区图书馆的儿童阅读资源极为丰富,如瑞典首都斯德哥尔摩近郊的力丁屿社区图书馆的儿童读物占到馆藏资源的40%[12]。其次,发达国家的社区图书馆儿童服务环境的设计也十分符合儿童的心理需求,这也在一定程度上吸引儿童到馆阅读。最后,国外的社区图书馆还提供丰富的服务方式,如儿童托管服务等。目前与发达国家相比,中国的城市社区图书馆在儿童服务方面还有很大的提升空间。

4. 为残疾人服务是社区图书馆人性化的主要体现

由于自身身体状况的原因,残疾人读者前往大中型公共图书馆学习和阅读的难度较大,此时,作为距离社区居民最近、分布最广的城市社区图书馆应当充分发挥其自身优势,为残疾人读者提供阅读学习与休闲娱乐的机会。残疾人一般生活水平差,导致很多残疾人在文化方面的支出较低,而较低的文化支出又使得残疾人很难拥有一定的就业技能,无法提升生活水平,造成恶性循环。城市社区图书馆应当拥有主动为社区残疾人提供服务的意识。在硬件方面,应当设置残疾人坡道、残疾人卫生间等方便残疾人的设备;在软件方面,主动了解残疾人的需求方向和需求特点,为其购置针对性较强的文献资源;在服务方面,应当结合社会力量,为残疾人提供就业与适应社会方面的指导,帮助残疾人重新融入社会。

(二)社区图书馆的服务措施

1. 书刊借阅服务

书刊借阅服务是图书馆的传统服务内容,也是基本服务内容。城市社区图书馆可以为社区读者办理借书证，允许读者在馆内阅读或进行图书外借。由于社区图书馆规模小，馆藏资源的数量也相对较小，因此，可以由当地文化部门牵头，由市一级公共图书馆协助，建立全市范围内的公共图书馆一卡通系统，允许某一社区图书馆的注册读者跨馆借阅。有条件的社区图书馆还可开展馆际互借服务，以保证读者需求的满足。

2. 参考咨询服务

由于城市社区图书馆的读者需求层次较低，因此参考咨询服务也相对容易开展。社区居民更多的关注的是一些与自身相关的政策信息，以及一些生活常识方面的信息。如老年读者倾向于对养老政策信息、医疗保健信息、生活资讯服务方面信息的获取。待业人员更关心就业政策、就业岗位信息与就业能力提升方面的信息。对于这些信息的收集与提供，也是城市社区图书馆的重要服务内容。

3. 视听播放服务

电视以及计算机的普及，使得八十年代那种邻居之间一起看电视节目的现象一去不复返了，但是很多视听资源只有在一起观看时才会起到更好的效果。城市社区图书馆可以利用自身的视听设备，向社区居民免费直播国家重大会议、重大历史时刻的盛况。也可以选择内容积极向上的影视作品，定期播放给社区读者，以满足网络检索能力较差的居民的需求。社区居民在观看视听资源的同时，还可以增进交流，从而促进城市社区图书馆居民活动中心功能的实现。

4. 图书流动车

一些大中型公共图书馆已经开展了图书流动车的服务。在这种服务中，图书馆将部分馆藏资源放置于经过特定改造的大型或中型客车中，作为图书馆的一种延伸，为读者提供服务。由于成本过高，这种服务模式对于广大城市社区图书馆来讲并不适合，但是它可以由大中型公共图书馆来完成，作为一种临时性的补充方式，为那些尚未建图书馆的社区提供服务。

5. 图书漂流岛

图书漂流有别于传统的图书借阅服务，是一种读者自由捐赠、自由取阅图书的形式，在高校图书馆界拥有诸多成功的案例。社区读者可以将自家闲置图书放置在图书漂流专架上，供有需要的读者借阅，这期间城市社区图书馆除了宣传和提供专用书架之外，可以不参与任何流程，完全是社区居民的一种自发行为。这种服务方式即降低了社区图书馆的资源投入成本，又提升了闲置图书的利用率，是一种值得推崇的服务方式。

6 街区自助图书馆

自助图书馆目前较为流行，很多城市都设置了数量可观的自助图书馆。自助图书馆可以帮助读者在不受时间限制的情况下借阅图书。同时，这种服务方式降低了城市社区图书馆工作人员的工作量，可以使工作人员将更多的精力投入到参考咨询、活动推广等服务工作中去。总之，这是一种对城市社区图书馆和读者都十分有益的服务方式。

7. 社区移动数字图书馆

城市社区图书馆的主要服务对象是全体社区居民，但是很多成年居民很可能由于工作时间与社区图书馆的开放时间冲突，进而无法利用城市社区图书馆的资源与服务。这部分成年读者往往文化程度较高，对于移动设备比较熟悉，又具有一定的移动阅读习惯，因此建立社区移动数字图书馆、推广移动阅读资源，就成为了一项不可或缺的服务内容。

四、城市社区移动数字图书馆概况

移动数字图书馆是近些年来中国图书馆界的一个发展趋势，在大中型公共图书馆和高校图书馆中的较为流行，也涌现了诸多优秀的案例。处于蓬勃发展时期的城市社区图书馆应当在移动数字图书馆方面多加思考，为社区居民提供更多、更优秀的移动阅读资源和更为便捷的移动阅读体验。

（一）移动数字图书馆的概念与内涵

移动数字图书馆是指以移动无线网络为依托，以手机、电子书等便携式移动设备为数字图书馆管理系统用户终端，以短信或网页方式输送信息的图书馆服务平台。与传统图书馆的不同之处在于它的"可移动性"，用户和读者对图书馆信息的使用不再局限于物理图书馆馆舍内与有线局域网终端 PC 机，通过手中的便携数字阅读设备，如手机、电子书、MP3、MP4、平板电脑等便可自由访问数字图书馆系统，可进行图书借阅、信息访问与获取。移动数字图书馆的信息内容来源不仅是传统意义上的图书、杂志，报纸、音频和视频资料也成为管理内容。可以说，移动数字图书馆是数字图书馆在移动设备上地完美呈现。

移动数字图书馆通过无线网络将便携终端用户和数字图书馆连接起来，其目的在于延伸和拓展现有数字图书馆服务模式与服务空间，图书馆就像云一样可以飘到任何地方，用户可随时随地走进图书馆查找所需信息，弥补固定PC终端不能随用户移动或移动不便的缺陷，可真正实现信息无障碍获取。在个性化信息服务模式下，用户可按需点播、定制信息，不仅节省时间，更重要的是轻松愉悦的信息获取体验[13]。

移动数字图书馆包括两个重要的组成部分：一部分是软件，就是生产、发布和服务系统，这一部分已经有比较成熟的技术和模式，只需对现有的技术做适当的修改就可以满足移动数字图书馆的要求。另一部分是终端硬件，即移动数字阅读器，目前，市面上比较流行的移动数字阅读器主要有智能手机、平板电脑、MP4、电子书等[14]，其中智能手机与平板电脑以其强大的功能和极高的普及率占据着移动数字阅读器的大部分市场份额。

（二）移动数字图书馆的发展现状

2005年，全国首家移动数字图书馆在上海图书馆开通，提供手机图书馆的开馆信息、书目检索、参考咨询、用户信箱等一系列的短信服务；同年，北京工业大学图书馆也开通了"短信提醒服务"，面向读者发送还书提醒、预约书到馆提醒等单向的短信；随后，深圳图书馆、浙江大学图书馆、清华大学图书馆、重庆大学图书馆等也相继开通了不同类型、不同规模的移动数字图书馆服务。除图书馆外，国内一些数据库生产商和移动运营通讯商也开始涉足移动数字图书馆领域。然而，就目前而言，图书馆仍旧是中国移动数字图书馆建设的主流。

有学者对全国31家省级公共图书馆和"211工程"高校图书馆的移动数字图书馆建设情况进行了调查。调查显示，140所图书馆中，有76所图书馆进行了移动数字图书馆建设的尝试，其中高校图书馆59所，公共图书馆17所，分别占到该类型图书馆总数的50.9%和54.1%[15]。另外，从各省情况来看，上海、浙江、江西、安徽、山东、广东、新疆、河南、海南等省的移动数字图书馆建设情况相对较好。从时间上看，2011年以后是中国移动数字图书馆建设的高峰期，共有59个移动数字图书馆项目是在2011年以后开始建设并投入使用的。从建设形式上看，各馆建设的移动数字图书馆多有不同，概括起来主要有"短信（提醒）服务"、"手机wap版"、"移动阅读平台"

"手机图书馆"、"掌上图书馆"、"移动（数字）图书馆"等形式。以"移动（数字）图书馆"为建设形式的高校和省级图书馆数量最多，其次是"手机图书馆"，最少的则是移动阅读平台。

令人可喜的是，各图书馆对于移动数字图书馆的建设并没有停留在口头上，而是不断地在资源与服务方面对其进行充实。很多移动数字图书馆能够向读者提供本馆的各类数字资源；同时，对于网络中的免费数字资源，各移动数字图书馆也都着力进行整合。另外，高校范围内，还出现了卓越联盟移动图书馆，为移动数字图书馆间的资源整合提供了很好的平台。但是在公共图书馆界，还没有实现可共享的移动数字资源。

（三）掌上国图——中国移动数字图书馆的经典案例

国家图书馆在适应读者阅读习惯变化和满足读者信息需求上有着高度的自觉性。国家图书馆依托专业的人才队伍、先进的移动通信技术和数字图书馆建设的良好基础，在移动数字图书馆相关建设方面进行了多种尝试。

自从2007年推出短信服务以来，国家图书馆不断通过各种方式完善自身的移动数字图书馆建设，2009年，国家图书馆在短信服务和WAP网站建设的基础上，面向读者推出了基于手机等移动终端的图书馆——掌上国图（http://wap.nlc.gov.cn）。目前，掌上国图是国家图书馆向读者提供移动服务的统一"窗口"和"门户"。用户登录后，系统会根据用户的手机自动匹配适合的界面版本。就网站上首页设置栏目来看，国家图书馆WAP网站共设置了7个一级栏目，分别是读者服务、在线服务、读者指南、留言板、工具书、文津图书奖和移动咨询，这些栏目为用户带来了较为全面的功能模块。

掌上国图的资源分为自建数字资源和外购数字资源两个方面，其中自建资源囊括了电子图书、二次文献、图片和音频、视频等形式，国家图书馆将馆藏的优秀中外文公版图书、博硕士论文摘要、革命历史文献联合目录、馆藏珍贵图片、讲座、视频短片等资源数字化，这些资源构成了自建数字资源的主要内容。外购资源方面，国家图书馆则引入了手机知网、龙源期刊等内容，但只面向国家图书馆的持证读者提供部分阅读和下载。

国家图书馆掌上国图包含移动数图、短信服务、WAP网站、国图漫游和手机阅读5个子模块，其中每个子模块都包括很多服务项目，形成了SMS短信服务、WAP门户网站和客户端三者相结合的服务模式，是中国移动数字图书馆所提供服务中做得比较成功的案例。除了提供传统图书馆基础性服务外，国家图书馆还积极探索移动新媒体的服务模式，2014年9月建成的移动阅读平台就是其中的代表，读者可以采用输入平台网址（http://m.ndlib.cn）和二维码两种方式进行链接访问。阅读平台提供的数字资源大部分为正式出版物，目前阅读图书是免费的，每个用户每月有3本阅读权限。此外，国家图书馆已经开发了7个应用程序，其中包括5个资源类程序，分别是"国图选萃"、"年画撷英"、"艰难与辉煌"、"三言两拍"、"四大谴责小说"，2个服务类程序："国家数字图书馆"和"文津经典诵读"，为读者提供了一种利用国图服务、欣赏国图资源的便捷方式[15]。

（四）社区移动数字图书馆的发展趋势

1. 移动数字图书馆在社区图书馆中逐渐普及

目前，移动数字图书馆在城市社区图书馆中的普及率并不高，这一现象的主要原因在于资金问题。城市社区图书馆的人力、物力、财力等方面的能力与大中型公共图书馆和高校图书馆是无法相比的，能做好基础服务工作已经是捉襟见肘，所以根本没有多余的资源用于移动数字图书馆的建设。但是，从另一个方面来讲，移动数字图书馆的建设对于城市社区图书馆来讲，其益处是相当大的。首先，它可以弥补城市社区图书馆馆藏资源不足的问题，为社区居民提供更多的文献资源；其次，移动数字图书馆的服务可以不受时空限制，从而为社区居民提供更为便捷的服务。因此，在社区移动数字图书馆的建设值得尝试，并将成为城市社区图书馆的发展趋势之一。

2. 传统资源与服务的全面移植

社区移动数字图书馆发展之初，定位于服务社区中的中青年居民。这部分居民文化素质相对较高，对于移动数字图书馆的接受能力较强，另外，他们多数具有稳定工作，工作时间与社区图书馆的开放时间会存在冲突，这些都导致了这部分居民更倾向于接受社区移动数字图书馆的资源与服务。随着服务的深入，以及中青年居民的影响，社区中的老年人、青少年和孩子，也会对移动数字图书馆产生不同程度的性质，这时，社区移动数字图书馆就可以尝试将传统服务与资源移植到移动平台中，在进一步完善移动数字图书馆的同时，也为社区居民提供更好的使用体验与便捷的服务，并最终将社区图书馆的传统资源与服务全面移植到社区移动数字图书馆当中。

3. 地区统一建设发展的方式得到提倡

资源短缺、经费不足的现象一直困扰着整个图书馆界，城市社区图书馆自然不能例外,这也导致了单个城市社区图书馆无法对移动数字图书馆进行建设、管理和维护,地区统一建设就成了社区移动数字图书馆唯一的发展出路。首先,由主管部门统一部署,统一建设,可以减轻城市社区图书馆的负担。其次,地区统一建设也可以最大限度地避免由于各自为政而产生的资源浪费。第三,地区统一建设,可以消除不同经济状况导致的移动数字图书馆建设与发展不平衡的问题。第四,地区统一建设,可以为城市社区图书馆实现资源共享搭建良好的平台。

4. 资源与平台服务的共享化发展

资源与服务的共建共享是图书馆发展永恒的主题,伴随着图书馆界走过了传统服务、数字化服务阶段,也必将会伴随着图书馆界走进移动服务。前面提到,社区移动数字图书馆的建设最终应该、也必将有地方主管部门牵头,进行统一的建设,那么,平台、资源与服务的共享,在技术上不会存在任何壁垒。在管理方面,由于城市社区图书馆的建设可能会存在多种模式,这也可能会导致管理的困难,而这种困难也将会延伸到社区移动数字图书馆的管理中来,因此必须建立相应的机制,保证不同建设模式的城市社区图书馆在移动数字图书馆建设中的协调和统一。

五、城市社区图书馆建设存在的问题

（一）指导思想不明确

城市社区图书馆属于公共基础设施,具有公益性的属性,本身不具备任何盈利的性质,即便一些城市社区图书馆通过图书租赁、场地租赁或者图书代购等手段获得了一些计划外收入,但数量依旧有限,并不足以视其为"盈利"。所以,对于这样的公益性事业,政府牵头或投资建设是十分必要的,这也是政府职责的一种体现。但是现阶段政府重视不够,指导思想不明确,导致城市社区图书馆的建设现状并不乐观。有的领导把社区看成政府的一条腿,把社区看作自己的下级,整天思考如何把工作安排到社区,到社区建机构、挂牌子、占房子,如何使社区更好完成上级交办的各项任务,至于社区图书馆建设、社区文化构建没有系统思考。还有的领导认为建设社区图书馆是一件投资大,短期看不到收益的工作,与上级领导的考核要求和自己的价值取向有很大差别。如此种种,制约了城市社区图书馆的发展[16]。

2011年《中华人民共和国公共图书馆法（征求意见稿）》出台,引起了社会各界的广泛关注。但是该征求意见稿并没有对城市社区图书馆等基层图书馆有任何提及，不得不说是一个遗憾。从另一个方面看，图书馆法在城市社区图书馆领域的空白，也会导致地方政府领导有意或无意的忽视城市社区图书馆建设的重要性，在具体工作中打擦边球，从而阻碍了城市社区图书馆事业的发展。

（二）政府主管体制混乱

中国的城市社区图书馆有多种不同的建设模式，由于建设模式的不同，所以其主管部门也不尽相同，由于各个主管部门之间的条块分割，导致了城市社区图书馆各自为政的管理体制。而且许多城市社区图书馆存在管理部门归属不明、管理责任模糊不清的状况，有的城市社区图书馆既归市文化主管部门管同时又由市文明办管理，但结果却没有一个部门能对社区图书馆进行长期不懈的管理。回想20世纪上半叶基层厂矿社区图书馆的建设，曾经如火如荼，但因后来的管辖权不明，没有科学的管理体制而走向衰落。所以突破城市社区图书馆现存的体制限制，打破条块分割的局面，进行科学深入的体制改革，对城市社区图书馆至关重要，也只有做到了体制上的突破，才能做到建设主体的清晰，管理主体的到位。

城市社区图书馆的体制改革缺少不了政府的积极参与，尤其是以政府投入模式建设的城市社区图书馆，更少不了政府的主导作用和管理。2002年10月份，北京市出台了一项关于基层文化建设的意见，其中明确指出区县政府是该区县基层文化建设的主要责任者，这就进一步推动了政府对社区图书馆等基层文化的重视和建设。在北京已有部分的区县积极贯彻并认真实施了该意见，由区县政府主导进行区街社区图书馆的共建以及资源的共享。这种以政府为投资与建设主体的社区图书馆体制，保障了社区图书馆的持续发展，避免了以前社区图书馆年年建馆却不见馆的窘况，取得了非常良好的社会效果。但是，政府主导并不等于政府垄断，城市社区图书馆的建设与发展不能缺少社会的力量，因此，在这一过程中，政府不能对城市社区图书馆的建设进行完全垄断，应当给社会力量介入的权利，并通过有效的措施激发社会力量的积极性与创造力，并引导社会力量在资源共建共享等宏观层面与政府协调一致，只有这样，才能保证城市社区图书馆又快又好的发展。

（三）图书馆物质条件匮乏

书目管理系统、防盗系统、多媒体设备以及馆舍家具等，是城市社区图书馆向社区居民提供资源与服务的必备物质资源，物质资源的匮乏将导致城市社区图书馆的服务品质，降低社区居民对于城市社区图书馆的黏性，致使城市社区图书馆沦为社区的摆设。

出于节省资金的考虑，很多社区图书馆选址较为偏僻，没有明显的门牌，加上较差的宣传措施，致使很多居民不知道城市社区图书馆的存在。而社区图书馆的选址将直接影响其服务效果，有学者对深圳福田区各社区图书馆进行过调查，结果显示，业务排名靠前的社区图书馆中80%位于建筑的一楼，而业务靠后的社区图书馆中70%位于高楼层中。此外，还有一些社区图书馆没有单独的空间，成都市奥林社区的社区图书馆，即是图书馆，又是党员活动室、计划生育办公室、会议室。即使已经建成的独立的城市社区图书馆，其面积也很小。很多城市社区图书馆的馆舍面积只有几十平方米和十几个阅览座位[17]。这样的办馆条件很难使社区居民对社区图书馆产生兴趣、建立信心，久而久之，城市社区图书馆的工作将很难开展，甚至出现生存危机。

文献资源及其相关管理系统的匮乏和缺失，则是城市社区图书馆物质条件匮乏的另一表现。据2010年度全国文化统计数据汇总信息显示，2010年全国人均购书经费为0.829元。经费短缺使中国城市社区图书馆的藏书非常有限，每年的藏书增量很少，甚至有些城市社区图书馆几年都没有增加过一本新书，只是通过社会援助的办法增加馆藏量。有调查显示，中国藏书量达到一万册以上的城市社区图书馆多集中于北京、上海、广州和深圳等发达城市，但是其他城市则没有这么乐观，即便像厦门这样的城市，其社区图书馆的平均藏书量也不过2 700余册[10]。另一方面，很多图书馆缺乏应有的软件系统，包括书目管理系统和防盗系统等。现阶段，中国的城市社区图书馆的馆藏规模确实不大，但是这并不是城市社区图书馆不配备书目检索系统和防盗系统的理由。书目检索是图书馆的基本功能，而防盗系统则关系着馆藏资源的安全保障。这二者的缺失，只会降低服务效果，也是城市社区图书馆需要解决的问题。

(四) 专业化管理欠缺

图书馆学作为一门学科，其专业设备配置、文献资源采编与流通都有其内在的规律性。在已建成的城市社区图书馆中，仍然存在信息资源配置不合理，更新速度慢，文献管理欠专业指导等问题，导致部分文献可读性差，以致文献利用率低下，而读者需要的文献又不能及时获得等问题。城市社区图书馆的建设,应根据社区经济和文化差异区别对待,并由大中型公共图书馆进行统一指导。在资源建设方面,城市社区图书馆要切实把握本社区居民的具体需求,对文献资源进行合理配置,定期调查和调换。在资源组织方面,应按照公共图书馆统一文献资源管理标准,对社区图书馆文献进行标准著录,规范管理。准化的文献著录和规范化的管理,能够使不具备建设规模图书馆的社区小型图书室,同样可以满足社区民众一般阅读和个性化的信息需求[18]。

人员流动与专业人才匮乏也是导致城市社区图书馆专业化管理欠缺的原因之一。在已建成的城市社区图书馆中,专职管理人员数量严重不足,并且多数不具备图书馆专业知识,文献选择与采访,文献阅览与流通,管理手段五花八门,造成阅读率低下,成了社区的摆设。城市社区图书馆作为公共图书馆的延伸,其业务流程和公共图书馆是一致的,城市社区图书馆的阅读指导、信息教育、文献流通、联机检索都应在公共图书馆的指导下进行。因此,应提升城市社区图书馆工作人员的从业能力,或为城市社区图书馆应配备具有专业技能的人才,以保证城市社区图书馆各项功能的实现。另一方面,城市社区图书馆工作人员待遇普遍偏低,致使人员流动频繁,人才流失。以北京地区为例,有调查显示,2012年,北京地区社区图书馆专职工作人员的工资大致在 2 000 - 2 600 元左右[19],显然,这样的待遇是无法留住人才的,北京地区如此,其他地区更难以想象。因此,增加社区图书馆工作人员的待遇、为其提供有效的晋升机制,才能降低社区图书馆的人员流动频率。

六、结语

作为中国城市社区中距离居民最近的基层图书馆,其重要性不言而喻。然而,中国的城市社区图书馆的建设与发展还存在诸多的问题,这些问题在不同的方面影响了城市社区图书馆功能的发挥,降低了服务效果,这与城市社区图书馆建设的初衷是相违背的。城市社区图书馆的建设与发展离不开政府的重视和社会的支持,离不开学术界和业界的双重保障。各级政府不应忽略对城市社区图书馆的投入,积极倡导社会各界对社区图书馆伸出援手。学术界应当在充分调研、认真分析的基础之上,借鉴以美国为代表的发达国家的城市社区图书馆的建设经验,结合中国的基本国情,为城市社区图书馆的实践工作提出更多具有建设性意义的建议和意见。而负责城市社区图书馆建设与管理的地方政府和文化主管部门,应当以学术界的研究成果为指导或参考,结合本地区以及每一个社区的基本情况,走出一条适合自己的城市社区图书馆的发展之路。此外,还应当建立其学术界与业界之间、不同的城市之间、地处同一城市的社区图书馆之间的交流机制和平台,为分享经验、共享资源、协同发展铺平道路。

参考文献:

[1] 彭一中,陈希.发展社区文化的基础是发展社区图书馆.图书馆,2009年第2期,95-96,102.

[2] 李效筠.关于加快社区图书馆发展的几点思考.兰台世界,2012年第23期,43-44页.

[3] 王姣.社区图书馆服务模式研究.硕士学位论文,吉林大学,2008年.

[4] 高熔.发展中国社区(乡镇)图书馆的几点思考——积极诱导房地产商举办社区图书馆.图书馆建设,2003年第3期,9-21页.

[5] 张兴.中国社区图书馆的建设模式研究.硕士学位论文.河北大学,2011年.

[6] 王瑜.北京城市社区图书馆服务的问题与对策研究.硕士学位论文.中央民族大学,2013年.

[7] 曲蕴.面向学习型城市的上海社区图书馆建设研究.硕士学位论文.上海交通大学,2011年.

[8] 苏海明.广州与深圳社区图书馆发展比较研究.图书馆.2008年第2期,115-119页.

[9] 崔晓玲.中国城市社区图书馆建设问题研究.硕士学位论文.东北大学,2005年.

[10] 林丽萍.厦门市社区图书馆建设现状及思考.图书与情报.2011年第6期,98-101页.

[11] 新华网.中国60岁以上老年人数量突破2亿.[EB/OL][2015-01-20],新华网 http://news.xinhuanet.com/politics/2014-02/19/c_119412552.htm.

[12] 王利伟.发达国家社区图书馆儿童服务及其启示.图书馆工作与研究.2014年第1期,94-97页.

[13] 刘杨.移动数字图书馆现状及发展研究.现代情报,2011年第6期,175-177页.

[14] 肖学斌.移动数字图书馆的发展与展望.图书馆杂志,2009年第4期,7-9,16页.

[15] 李彬彬.中国移动数字图书馆建设研究.硕士学位论文.湘潭大学,2014年.

[16] 毕娟.城市社区图书馆建设的困境与创新对策.现代情报,2010年第5期,108-110页.

[17] 汪其英.中美社区图书馆服务比较研究.硕士学位论文.湘潭大学,2013年.

[18] 刘文勇.再论社区图书馆建设的问题与对策.图书馆工作与研究,2009年第6期,105-107页.

[19] 周园.北京地区社区乡镇图书馆调研.公共图书馆,2012年第1期,15-18页.

第八章　数字化阅读新形态助推全民阅读

阅读是人类获得信息、知识的重要方式，阅读推动着人类文明的传承，推动着社会不断进步和发展。随着互联网的普及和信息技术的飞速发展，数字化阅读借助各种传播媒介和移动终端悄然产生并逐渐发展壮大。数字化阅读作为阅读的新形态，掀起了一场阅读领域前所未有的革命。数字化阅读有着传统阅读无法比拟的优势，具有深受读者喜爱的阅读内容和极具个性化的阅读特点，激发了人们的阅读兴趣、带给人们无限的阅读快乐，培养了读者良好的阅读习惯，助推全民阅读不断前行，成为阅读史上最华丽的乐章。

一、数字化阅读资源及其优势

（一）什么是数字化阅读

信息和数字技术的发展，依托互联网的普及导致了电子出版物出现，人们获取信息的方式发生了巨大的变化，信息的传递方式也多种多样。阅读的内涵和外延已经突破了原有的范畴，它不仅指文字阅读，也包括音频视频信息的理解，还包括文本在线和下载阅读等等。网络阅读、电子阅读、手机阅读，这些数字化的阅读方式正在改变人们的阅读习惯，并开始逐渐成为人们日常学习生活中不可或缺的部分。

所谓数字阅读，广义上讲，是指阅读对象的数字化，并以数字化形式获取或传递的过程。阅读的内容数字化主要以电子书、网络小说、电子地图、数码照片、博客、网页等形式呈现，借助阅读载体、终端不是平面的纸张，而是带屏幕显示的电子仪器，称作数字化终端，如电脑网络浏览器、电子阅读器 PDA、音频视频设备 MP3、MP4、移动通信设备手机、特定的阅读器等数字阅读设备，支持文本、图像、音视频等任何格式，可以通过脱机或联网形式，实现交互式、跨越式、不受时间和空间限制的阅读。

狭义上讲，数字阅读相对于纸本阅读，只是载体的不同，从内容上看，阅读者获取的信息和完成的认知是基于"书"的内容。电子书一般有两种含义：一是指专门阅读电子书的阅读器，主要格式有 PDF、EXE、CHM、UMD、PDG、JAR、PDB、TXT、BRM 等；二是指将纸质图书的内容制作成电子版。一些厂商把使用电子显示屏的电子书阅读器称为电纸书。触摸式电子报栏，用户只需通过触摸屏幕，就能方便浏览原版的报纸，同时还可以在触摸屏上对报刊页面随意移动、缩小、放大[1]。

相对于传统阅读媒介技术基础是纸与印刷术，数字化阅读媒介技术基础是网络与数字科技。所以我们把不用纸本书的阅读称之为"数字化阅读"。网络阅读、电子阅读、手机阅读，这些基于数字基础的阅读方式都属于数字化阅读，从读书到读屏，数字化阅读体现着视、听、读、感多个层面的深刻含义，具有便于查询检索、易于存贮、开放共享、节省空间、经济环保等特性，使人们的阅读方式呈现出多元多样化。数字化阅读正在改变着我们的阅读习惯，丰富着我们的阅读生活，成为我们日常生活的重要组成部分。

（二）数字化阅读优势

1. 低成本消耗

相比传统阅读，数字化阅读资源的载体主要是电子媒介，而传统阅读的载体主要以纸质图书为主。看似纸张比电子产品要便宜很多，但是对于信息的瞬息万变，作为载体需要不断更改，但每一次更改纸质图书都出版新书、重新造纸、排版、印刷，耗费大量资源，虽然数字化阅读一次性消耗成本比纸质图书要高了些，信息载体因其容量大、体积小、存取自如，易于修改。另外一方面，从保存成本来看，绝版的纸质图书保存所付出的工作量大，成本高，保存效果差，达到一定年限只能藏而不能流通。数字化阅读资源既利于推广阅读，又能实现永久保存，且占用空间小、在保护珍本、善本古籍方面优势显著。综合来看，数字化阅读成本远低于纸质图书，能更有效地改善和保护环境[2]。

2. 引领时尚

数字化阅读内容丰富，传递不受时空限制，又具备强大的交互式功能，大大提高信息获取的效率。传统阅读信息存储量小，获取信息的效率偏低，既给阅读带来诸多不便，一定程度上也导致了阅读面的狭窄。数字化阅读借助于网络实现跨越时空限制互通信息，网络内容更新快，能够及时把握时代精神，能及时反映社会发展、变革的最新动向，使人们感受到时代的气息。电子图书易于将当代生活和现代人时尚追求的文本，与人们生活现实和情感心理趋于一致，迎合人们追求时尚的心理需求和阅读兴趣。

3. 支撑科研

科学研究需要大量的材料支撑。数字化阅读相比传统阅读拥有大量信息源，数字化的存储技术，随机检索、随时存储、实时共享，形成一个巨大的资源库。为科学研究提供了强有力的基础保障。网络激发了科研人员创新的潜能，推进科研飞速发展。数字化阅读基于最先进的数字化技术、网络技术、信息技术的新传播媒体，它能够同时传播大量文字、图像、声音、动画等各种形式的信息，利于阅读品质的培养提高。网络信息通过链接将知识进行聚合，彰显阅读内容直观性和形象性，提高阅读效果，培养阅读兴趣。数字化阅读提供了学术交流的平台。先进的阅读技术突破了时空限制，实现了知识与精神的交流互通，学习世界上最先进的学术成果，聆听到最好的学术讲座，浏览到最新的前沿动态，丰富的网络资源拓展了个人视野，可以围绕自己的专业阅读研究。从而大大节省了时间，促进科学研究的飞速发展。

4. 促进交流

数字阅读可以实现互动式的交流，这种方式打破了传统阅读的孤独。借助各种阅读终端手机、网络等通信方式找到虚拟世界人与人之间的精神上沟通，减少了面对面的尴尬。手机、互联网等技术是个人成为一个个节点，我们与外界的传播从点到面形成辐射，营造一种随时随地地转换空间的体验。例如，微信能把不同的人、不同地点和不同时间依托网络空间将三者融合起来，建立交流朋友圈。在不断地跟进和跟踪过程中，我们不仅定位了他们，也锁定了自己。同时，在自我不断涌现的只言片语中，与他者分享自己的生活和感受，使自我在这种与他人的不断沟通中进行重构，这就是数字阅读所带来的人际快感。信息资源在全世界范围内交流和共享，人们随意阅读、按需取材，便于掌握多元化的文化视角和阅读思维。同时，数字化阅读从单纯的文字和图像阅读扩展到音频、视频、插图等多媒体集成资源的呈现，给读者一种全新的阅读感官体验，使读者获得更多的阅读愉悦。

5. 提高能力

信息飞速发展，对人们获取信息，捕捉信息的综合能力都要有了更高的要求。数字化阅读创造了大量提高能力的机会，丰富多彩的信息，瞬息万变的更新，如何在浩瀚的信息海洋中获取对自己有利的信息，数字化阅读本身造就了阅读技巧和信息辨别能力的提升。只有提高阅读速度才能适用急剧增长的信息量，才可以抓住真实有价值信息创造财富。数字化阅读同时拓宽阅读视野和空间，启发人们的现代意识和当代智慧，把握社会发展的最新动向，帮助人们掌握多元化的文化视角和阅读思维。数字阅读无论是阅读终端还是阅读形式迫使人们不断的接触信息技术的产物，提高检索技能，数字阅读依托全媒体，超链接，网络平台，检索技能是获取有价值阅读内容的关键。在寻找阅读内容的同时，学会检索方法与技巧。

6. 缓解压力

紧张的工作压力，繁重的生活负担，没有时间去消遣娱乐，数字化阅读的随时随地性，内容的丰富性，给人们阅读创造良好的机会，成为人们缓解、释放压力的有力武器。个人在社会中生存发展不乏压力和困扰，如果不能及时释放和缓压就会对社会造成危害。数字化阅读是人们释放压力、获得心理满足的重要方式。数字化阅读丰富的内容，及时的信息，容易产生共鸣，获得愉悦，加上方便快捷的阅读方式，是人们释放压力、调剂生活的需要。还可以在数字化阅读中获得多方面的满足，以网络小说为例，网络小说的消费群体主要是青少年学生群体。与传统教科书相比，网络小说更富有现代气息、未来色彩、魔幻情节，成为学生们的精神快餐。同时，网络小说内容很贴近青年学生的生活，语言比较通俗而有个性。比起传统文学，网络小说更随意、更新颖、更大胆，课余看这种轻松网络小说，有助于缓解学习带来的紧张感和压力。

7. 携带方便

随着网络、信息和存储技术的发展，多种移动终端的使用以及电子商务的完善，相对于传统阅读，人们可以方便快捷、随心所欲地获取阅读内容，并可永久保存在自己的移动终端中，可以实现即时获取、即时阅读。只要你想阅读某本书、某篇文章，获得某种信息，利用网络和各种终端等传输存储设备，只要通过方便地在线购买或者免费获取，就可以即时传输到你的终端，然后显示在屏幕上。但对于纸质图书期刊来说，无论物流系统多么迅捷，也无法做到即时到货。而且，数字化内容只要下载到自己的终端中，就可以即时打开，或者在需要的任何时间、任何地点进行阅读。

而纸质图书和期刊杂志因为是一种有形的读物,在阅读的时候必须随身携带,否则就无法进行阅读。因为数字存储介质的大容量,移动终端中可以保存成千上万本图书、期刊、杂志以及视频等内容,你可以随时阅读自己想读的,查找也非常方便[3]。同时,你可以把相近内容的图书、文章等进行关联、对比和分析,迅速寻找所需材料,这些都可以通过终端系统的功能很方便地完成。

二、全国数字化阅读概况及其特点

(一) 全国数字化阅读概况

1. 数字化阅读已融入全民阅读

中国互联网迅速发展。中国网民在 2013 年底远远超过了 5 亿,互联网普及率超过了世界平均水平。网络在线阅读人群的迅速壮大并成为主流。此外手机的普及、电子阅读器的推出,电信运营商、数字传媒机构等方面在数字内容制作方面的开发,使各种数字阅读快速融入全民阅读生命。数字化阅读方式在人们的日常生活中随处可见,并且成为人们工作、学习和研究不可或缺的选择。

数字化阅读成为各地各行业推广全民阅读的主流,全国全省上下总动员,在重视传统阅读的同时,大力倡导数字阅读,纷纷借助网络、手机等各种数字阅读终端开展数字阅读活动。山东省数字资源遍及全省各个市县,纷纷建立电子阅览室。海南全省 2010 年底 18 个市县均建成了一所数字图书馆,西藏自治区也举办了两批"县级数字图书馆推广计划"培训班。广东省揭开全民阅读大幕,官方倡导数字阅读。广东居民数字化阅读的接触率高于传统纸质书报刊的阅读率,而数字化阅读方式中手机阅读的接触率最高[4]。电子阅读渐成广东民众阅读的新趋势。

同时多家企业参与全民阅读之数字阅读系列活动新闻出版总署组织电信运营企业、大型门户网站、官方主流网站、原创文学网站、专业学术网站以及人民出版社等传统出版单位联合策划、几经推敲,制定了 2011 年全民数字阅读活动方案,以人民出版社网站为传播平台。中国电信天翼数字阅读基地将联合人民网、新浪网组织"七个一"活动,包括"读一本红色书籍"、"唱一首红色歌曲"、"看一部红色影视"等;清华大学、同方知网技术有限公司、中国学术期刊电子杂志社将开展多种主题阅读活动。中文在线与中国移动手机阅读策划了《建党伟业》新书发布,参与用户数共达29万余人、总点击量超过130万次,实现了用户参与的一个全新高度[5]。此外,中国移动、中国电信、中国联通等电信运营企业,新浪、搜狐、网易、腾讯等大型门户网站,盛大文学等网络文学网站也纷纷利用各自优势和特点,让全民数字阅读辐射更多的区域、更广的读者。

数字化阅读已经成为高校读者科研的重要方式。研究数据显示,中国有34.32%的80后大学生主要利用网络、数码设备阅读。如武汉大学在2007年的一次调查中,就有57%的读者主要利用数字资源从事学习与研究,有67%的读者认为,采用购买数字资源代替纸本文献资料的做法"非常好"2010年,华中师范大学使用数字资源读者超过了85%[6]。

《2010-2011中国电子图书发展年度趋势报告》数据显示,2010年电子图书市场的总收入比2009年增长了203%,其中个人消费占据了70.6%的市场份额。该数据还显示,2010年电子图书的读者数量达到12119万人,在家中阅读电子书的比例达到73.1%。报告还显示,36.7%的民众表示能接受电子书付费下载阅读,能接受一本电子书的平均价格为2.76元人民币。这些都充分说明,数字化阅读已经融入全民阅读的整个过程[7]。

2. 数字化阅读纳入全民阅读计划

随着网络信息技术的飞速发展,数字化阅读已经成为助推全民阅读的主要形式。据第十一次全国国民阅读调查显示,受数字媒体及网络发展的影响,2013年中国全年国民数字化阅读方式接触率持续增长,首次超过半数,达到50.1%,较2012年上升了9.8个百分点[8]。其中,网络在线阅读、手机阅读和电子阅读器阅读均有所上升,可见数字阅读已成为中国国民阅读的重要方式,为了进一步推动全民阅读,全国各地各个领域将数字阅读纳入阅读计划。中央宣传部、新闻出版总署联合发出《关于进一步推动全民阅读活动的通知》要求,各省(区、市)党委宣传部、新闻出版局要按照全民阅读活动组织协调办公室制定的《行动计划》制定和实施推动本地区全民阅读活动的具体计划,努力探索、不断创新全民阅读活动的方式,充分利用广播、电视、网络、手机等多种载体和途径,加大宣传力度,进一步扩大全民阅读活动的社会影响,吸引更多群众参与全民阅读。

在2012年的北京国际图书节上,图书节组委会特开辟了数字阅读体验区,置身于网站、电子书、网络报刊、智能化数据库、移动数字出版等形式的电子读物，让人有种仿佛在数码产品大卖场的错觉。被出色的产品展示所吸引的众多读者和观众在此通过互动和参与，从中感受数字阅读的便捷与全新体验。"书香中国·第四届北京阅读季"之数字阅读系列活动，组织全市有影响力的数字出版机构开展丰富多彩的"数字阅读免费体验"活动，由大众阅读体验推选出优秀阅读平台。通过此活动鼓励数字阅读平台推广健康向上的阅读产品[9]。

3. 数字化阅读构建多种阅读网站

基于网络平台，充分利用先进的技术，不断提高数字化阅读的影响力，普及人们的科学文化知识，国家图书馆构建全国数字化阅读服务网站，满足人们日益增长的文化需求，推进全民阅读共享，创建学习型社会。截至2010年6月底，国家数字图书馆资源总量达414TB，推出了基于互联网、手机、数字电视等多种媒体的服务方式。并且充分利用全国文化信息资源共性平台来传输数字资源到各个县级数字图书馆达3 000多个。在国家图书馆数字化阅读网站上，根据不同的群体需求设有不同的服务平台。国家图书馆利用数字图书馆建设成果，建立中南海网站和国家图书馆立法决策服务平台，服务国家立法决策。2008年10月，国家图书馆、中国残疾人联合会、中国盲文出版社三家建设的中国盲人数字图书馆网站开通，盲人朋友可以足不出户，通过读屏软件免费收听国家图书馆准备的丰富的数字资源，普及全民阅读群体；2010年5月，国家图书馆开通"国家少儿数字图书馆"，通过信息网络技术，打造网上绿色阅读平台，把国家图书馆的少儿数字阅读服务推广到全国乃至全世界。目前为少儿读者提供的数字资源总量已达10TB，读者遍布国内各省区市以及美、日、韩、法、加拿大等15个国家。国家图书馆通过加快数字图书馆在全国的推广，将从整体上提高全国图书馆的数字图书馆服务能力，使全国公共图书馆实现跨越性发展，并逐步构建起覆盖全国、资源丰富、服务快捷、技术先进、稳定可靠的分级分布式国家数字图书馆服务网络，为服务全民阅读、建设学习型社会做出更大的贡献[10]。

开通在线"全民阅读网"（www.chineseall.org），正式对外提供数字阅读服务；举办手机网络作品创作大赛，已有参与作品5 000多部，创以往网络大赛记录新高；开展网络文学十年盘点活动，据统计数据显示，访问网络文学十年盘点的国外IP约50 000个，其中32 271个来自北美服务器，其余1万多个分布在欧洲发达国家、南部非洲及澳大利亚等，数字阅读带动全世界阅读；

创办书香中国平台，依托"书香中国"这一平台，快速建立全面的网络全民阅读体系，创办自己的读书网站，建立个性化的网络书房，随时能开展网络读书活动。此外，中文在线为全国近 6 000 多所中小学校提供数字图书馆服务，覆盖师生人数超过 1 000 万。中文在线的 17K 互联网小说读书平台，日访问量超过了 2 000 万人次。特别是在手机用户当中，中文在线提供的内容资源已占 69.5%以上的市场份额，处于整个市场领先地位[9]。

（二）数字化阅读的特点

1. 阅读载体多样化

随着网络和信息技术不断发展进步，电视机、电脑、pad、智能手机等其他移动终端的出现，使现代的阅读载体早已不限于纸本。中国互联网络信息中心（CNNIC）发布《第 33 次中国互联网络发展状况统计报告》显示，截至 2013 年底，中国网民规模达到 6.18 亿，互联网普及率为 45.8%。其中，手机网民规模达 5 亿，手机网民规模的持续增长促进了数字化阅读的发展[11]。阅读载体的变化给人们提供了多方式的阅读，正改变人类的阅读习惯。如今我们在公园、地铁、机场和餐厅看随处可见利用手持终端设备阅读和浏览信息。如今比较著名的阅读器亚马逊二代 Kindle，依托亚马逊网上书店强大的内容资源，可以在没有外界网点的支持下无线登录网络，下载 30 万种图书、29 种杂志 38 种报纸，阅读感如同纸本图书一样。

2. 阅读形态多元化

纸张作为阅读和传递的媒介，无法传输人即时知识和智慧，阅读范畴和阅读形态都是受到限制和控制。然而数字化时代的到来，给阅读形态带来了巨大的改变。数字广播、数字电视、电子期刊、数字图书馆的出现，使整个城市数字化，生活数字化，让人们真正感受到，媒介技术的成熟和革新，信息传递的灵活与自由，内容丰富与多姿。而媒介形态的一路更迭跃迁也正在不可避免地影响着大众的阅读习惯和阅读形态，正在摆脱传统的阅读形态，而经历一场新的革命。

"快餐式"阅读的产生。数字化时代，信息急剧增加人们处于迷茫的阅读状态，不乏产生"信息焦虑症"，加之人类生存节奏的加快，新旧知识的淘汰频率日趋提速，阅读形态也开始由传统的线性阅读转向快速浏览式的"快餐式"。与阅读、报纸、广播和电视三大传统媒介相比，数字化时代更善于运用超链接整合知识点，表现为信息的错综交叉，在这种知识链的引导下，大众的阅读表现为交互而非直线、非单向的动态阅读，阅读变得更具随意性、跳跃性和动态性，阅读内容时习惯于从一个标题迅速跳到另一个标题，从一个页面马上跳到另一个网页，甚至通过超链接从一本电子书的某一章节立刻跳到另一本电子书的某一段，从精读转向泛读，从静态转向动态，从一元转向多元。快速、快感是其特征的形象概括。

"感知化"阅读：新媒体的出现，让阅读从印刷时代实现了声像时代的跨越。大众阅读逐渐转向声像阅读，用视觉和听觉来感知阅读的快乐。由此引发出阅读对象、阅读性质以及阅读心理、功能价值等多方面的重大变化，让阅读变得如此直接、轻松和趣味十足。

"碎片化"阅读：数字化阅读的兴起宣告着碎片化阅读时代到来。"碎片化"，英文为Fragmentation，数字化时代由于获取信息的渠道多样化，仅仅依靠一种媒介传播知识的时代已经消逝。大众的阅读形态也随之转向个性化、多样化阅读。数字化时代，融汇多种媒体的图文影音的碎片化阅读，拓宽了大众的视野和辨识能力。

"浅与深"阅读：数字化时代，人们的思维被多种知识所充盈，直接导致了浅阅读的诞生。以轻松愉悦消遣为目的阅读形式，浅阅读成为大众的欢喜。在追求速度、广度、利益度的浅阅读价值观的引导下，大众媒体文本本身的句子越来越短，内容越来越浅显，读者的抽象思维使用程度大大降低。

3. 阅读环境随意化

阅读环境的随意性主要体现在，读者与阅读内容的平等性，读者选择阅读时间的随意性，读者选择阅读地点的方便性。由于网络的开放性，信息资源的开放获取性，使读者能方便容易地看到，以前花钱都很难买到的文献。而且读者的阅读环境可以由面对纸质图书，改变成直接与读者对话、直接与作者对话，通过现代的博客、网页、论坛、微信等交流方式直接读人；读者不再需要一个安静的地方，手捧一本书，而是无论在地铁上，还是候车室等等，借助现代的移动终端设备随意阅读；可以借助交流平台，读书网站，共同读书，品书。从时空上打破了传统阅读造成读者与作者之间，读者与读者之间的沟通障碍。打开了了传授双方互动的阀门，博客是数字化阅读互动的典范。

三、数字化阅读内容及其受众群体

（一）数字化阅读内容

1. 个性化内容占主导

目前数字化阅读内容主要分两类，一类是消遣阅读，目前有数十亿元的规模；另一类是学术阅读也就是知识类阅读，有几亿元的规模。消遣阅读没有固定的人群和也没有明确的需求，这些用户在初期一般以娱乐内容为主，比如都市生活类、花边新闻类等，但是这类用户不会持久。学术阅读主要以纸书和期刊的电子化为主，内容没有转变。阅读群体固定，阅读目的明确。

在消遣阅读内容上，有网络上有专为小白用户推出了小米小说。由中文在线发起成立的首家培养网络文学原创作者的公益性大学——网络文学大学宣告成立，由诺贝尔文学奖得主莫言担任名誉校长。网络文学大学将为全国网络文学作者提供免费培训，其性质类似于"淘宝大学"。

在知识类阅读方面，推出了科技、IT、社科、历史等内容，不同的用户可以根据爱好定制不同的内容。例如多看阅读根据用户个性化的需求，多看阅读和国内一流出版社推出原生电子书，并获得了不错的成绩。中文在线2000年开始专注教育行业，与清华大学推出全球首个中文在线课堂，供全球网民免费阅读；与中小学、大学合作开发教学辅导材料，包括电子教材[12]。中文在线也将个性化定制作为未来发展的重心。让更多用户参与数字化阅读内容的创建过程，让语言更加口语化、个性化，让更多用户体验到阅读的满足，将是数字化阅读的主导和发展的趋势。

2. 袖珍型内容成趋势

随着社会的不断发展，人们的生活节奏也逐渐加快，快节奏的现代社会必须用"快看"来适应加速的移动生活，这也是数字化阅读在当前环境中快速迅速发展的原因，最重要的因素就源于满足"袖珍"的阅读需求。以手机小说为例，它们在篇幅、语言等方面也具备袖珍特性。

手机小说"外形"变成袖珍结构，2万~3万字小说最为常见。内容基本完整，包括人物、故事、时间、地点都比较齐全。大部分语言简洁凝练、直观、感性、新奇风趣，能够在最短的时间内给读者最大程度的感性刺激。法国作家菲尔·马尔索曾用手机新语言写成手机小说《PassageaTabac》，语句缩至最简，直接引用网络流行用语，如 OMG、BF。为方便年纪较长读者阅读，该书还特别准备用词对照表[13]。手机小说主旨比较小，题材以平民化、写实性、贴近性取胜。将信息传递变得更加简洁、自由。

数字化阅读内容发展袖珍化源于袖珍化的产生机制。数字化阅读实现了对人身体、生活、工作、休闲的全面占领，由此带来的关于生产内容机制的袖珍变化，使得数字化阅读的传播能力、渗透能力变得更加强大。数字化阅读使作者和读者界限变得模糊。尤其手机阅读具备经济获益，这与版税，生产者和消费市场直接相连。数字化阅读的内容特征促使作为内容支撑的新闻采编制度及像于丹、郭敬明等著名的作者相应地向袖珍化方向发展，如组织的袖珍化、传播袖珍化。数字阅读渠道的优势可以替代传统的发行渠道，甚至有望用规范化的体制构建数字阅读新闻生产标准。

3. 多样化内容显丰富

数字化阅读内容，主要靠计算机等相关设备以二进制的形式作为文本存储、阅览的工具和载体。数字化阅读的内容不仅包括纸质书刊中的基本元素——文字、图形、色彩和版式，还融合了声音、视频、超链接等元素，实现了文本、声音、数据、图像等在数字化技术作用下整合一体化传播。阅读内容的变化引起了阅读方式的变化，视觉、听觉等多种感知融合一体。由于数字化阅读中融合了多种符号载体，内容表现上更加形象、逼真，激发了阅读的兴趣。数字化阅读的内容占用存储空间非常有限，因此每一个内容都可以形成关联，利用网络的超链接功能，是阅读的内容变得包罗万象丰富多彩。网络为数字化阅读提供了海量的阅读资源，读者既可以在线阅读各大门户网站、专业网站提供的电子图书及新书信息，又可以进入博客、个人空间等区域了解作家、读者群的近况。读者可以在多个网页之间挑选自己喜欢的阅读内容，形成大脑中的知识关联。

（二）受众阅读倾向

1. 受众习惯网络阅读

网络阅读是指基于网络环境下的阅读行为，这种行为的主体是受众上网，以计算机及其其他移动终端设备所负载的数字化信息为阅读对象，以获取信息和人机互动、人与人互动为目的一种新的阅读方式、交流方式、学习方式和生活方式。随着网络的普及，人们大众习惯依附网络阅读，由于网络打破了时空的限制，新媒体的产生，网络阅读图文并茂，这些大大激发了受众进行网络阅读的兴趣。虚拟世界里人人平等，受众以进行互动交流，实现阅读的高度自由化和个性化，给人一种满足感，达到心理的诉求。网络阅读操作方便简单，按一下鼠标，打打字，就可以查阅到相关的内容。目前流行的网络阅读主要有电子书、博客和微博等等。电子书是电子读物与电子阅读器的有机结合体。它获取信息和携带方便；博客可以简易迅速便捷地发布自己的心得体会，及时有效轻松地与他人进行交流。微博相对于博客来讲不需要大片的语言，对编排和文采要求不高，只需要只言片语记录自己正在发生的事情和心情，通过手机或者电脑及时更新互动。

网络阅读正在成为全社会的一种新的阅读方式。利用网络进行阅读的习惯已经被绝大多数受众接受，人们可以选择电脑、手机等新载体通过网络进行阅读，而且可以随时随地，方便快捷的接收信息，交流信息。

2. 受众接受快餐阅读

信息量急剧增长，信息如风驰电掣般传递，人们大众的生活节奏不断加快。大部分的时间用于生存、学习和工作，受众有限的时间迫使他们不自觉地选择了快餐式的阅读方式。快餐式阅读传递的信息简明扼要、图文并茂，内容丰富符合了人们的不同需求。可以节省时间，获得想要的信息，有的甚至可以娱乐自己，放松神经，缓解自身的紧张情绪，所以这种阅读往往带有强烈的娱乐性。相对于传统阅读，受众的阅读习惯可能更倾向于图片和影像皆有的快餐阅读。受众可以根据自己需求，进行选择式、跳跃式和浏览式阅读。受众接收快餐式阅读，更喜欢从网络上的图文、图书获取信息，对于阅读书籍等系统的深度的阅读方式，人们大都表现出没有耐心的情绪。

3. 受众依赖碎片阅读

碎片化阅读相比快餐式阅读的不同在于它将信息化整为零，打破原有的结构变成一个个知识点或者信息点来方便受众阅读接受。数字化时代，新媒体迅速发展，信息量爆炸增长，人们没有耐心和时间看完整篇报纸或电视节目，而是更愿意通过搜索引擎输入关键词直接获取准确信息。碎片化阅读通过手机、微博等新型媒介，会拥有一个虚拟社会空间，获得心理上的一种支撑感和满足感，自己也能参与到信息传播的过程中。信息技术和电子设备的发展，人们更愿意利用空余时间、移动终端，随时随地进行娱乐、学习和工作而获取信息等，从而使生活变得更加丰富和充实。碎片化阅读在碎片化信息的同时，把时间也碎片化。人们不需要花大量时间，专门找一个安静的地方阅读，不管你走在大街上还是坐在公交上，地铁站，商场里都可以随时随地的进行阅读。电子图书，微博加剧了碎片化的趋势，受众的阅读也同时被碎片化。

4. 受众兼顾多元阅读

多元化阅读包括媒介多元化、内容多元化和载体多元化三个方面。在阅读的世界里，虽然受现代技术的发展，传统阅读方式受到冲击，但是数字化阅读并不能完全取代传统阅读。也就是多元化的载体少不了纸张，多元化的内容少不了文字，更少不了纸本这种传递媒介。相对传统阅读，数字化阅读有着无比的优势。随意的互动性，自由开放性和自我的选择性，不受时空的限制，全世界进行信息的交流和共享，培养了相应的阅读习惯，这是传统阅读要靠搭建图书馆这样一个平台无法超越的。但数字化阅读也有其局限性，内容多而乱，信息真假难辨，数字化阅读的复杂性、跳跃性不利于问题深入思考，从而致使阅读流于肤浅。受众进行电子阅读时必须基于一定的硬件和软件设施，而传统阅读方式则不需要这方面的限制。所以还是有相当一部分人愿意进行传统的阅读，花大量时间进行具有极高深度性和思想性的阅读。从相关数据显示，纸质阅读率有下降的趋势，但是数字化阅读方式不会彻底取代传统阅读方式。全媒体时代，哪种阅读方式能够满足不同年龄、学历和职业的受众需求，就可以选择哪种阅读。传统阅读与数字阅读相辅相成，互相补充，这样多元的阅读方式可以形成良好的互动和渗透，达到取长补短，交互使用的共存模式，这样既可以完善阅读方式，也可以拓展信息的范畴，不断创新，为不同的受众提供更为方便详细的资源信息。

四、全民阅读的数字化阅读新形态

（一）数字化阅读的渐变

1995 年，联合国教科文卫组织将每年的 4 月 23 日定为世界读书日。世界范围内掀起了读书的热潮，中国社会各界也不断的举办多种形式的读书活动，人类文明因阅读而传承并发扬光大。在多元化发展的今天，阅读的方式、内容及意义也在发生的渐变。

从人类的结绳记事，到在陶器上镌刻符号开始，阅读逐渐成为一种行为。公元前 16 世纪的甲骨文，表明阅读由符号转化为文字。随后商代的青铜器铭文、春秋的简策、锦帛，阅读成为古代文明源远流长的传播主要方式。公元105年，东汉蔡伦发明了植物纤维纸，促进了阅读的发展，以纸质为载体的传统阅读应运而生。世界上第一台电子计算机的诞生，阅读的载体发生了革命性的变化。1974年世界第一台微型计算机的诞生标志着屏幕阅读方式的萌芽，1995年因特网的确立则标志着人类获取信息的方式发生了根本性的变化。轻点鼠标、触及键盘全世界的信息尽收眼底，所需瞬间展现，打破阅读时空的限制，借助移动终端、电子设备及互联网络的数字化阅读逐渐走向成熟。传统阅读遭到挑战，数字阅读迅速发展，成为既时尚又便捷的阅读方式。环球时报与环球网曾在2008年世界读书日期间就国民阅读问题进行网上调查。有55.16%的网友认为，中国国民图书阅读率近10年来持续走低，以纸质图书为媒介的传统阅读行为每况愈下[14]。而造成这一状况的原因之一就是网络等数字阅读方式更方便。并且这种现象在以后陆续的调查中鲜为人见。网络、PSP、大屏MP4、电子书、彩色电纸书、手机等各种便利的电子媒介大量出现，阅读不再受到时空限制，人们的阅读习惯正在发生渐变。

1. 数字化阅读终端不断增多

与传统阅读相比，数字化阅读从打破纸质的局限到电脑屏幕阅读。发展到今天可以充分利用各种新兴媒介作为知识信息的传播渠道。阅读的形式也丰富多样，既包括网络在线阅读，也包括通过智能手机、平板电脑、手持电子书阅读器等移动终端阅读。事实上，同一读者，在不同时间、不同地点有不同的阅读需求，阅读方式自然也有所不同，同一读者，可拥有多个终端设备、通过多个阅读产品进行数字阅读。

2. 数字化阅读人群不断壮大

涵盖不同年龄阶段和不同阶层的读者群，不同的数字阅读产品形态，可满足不同读者的阅读需求。如年轻人偏爱用各种移动客户端浏览新闻、阅读网络文学，还有针对儿童的阅读应用和MPR（多媒体印刷读物）出版物等，包括在开车行进中，或老年人等有视力障碍的读者可选择听书，这同样是数字阅读方式之一。此外，近两年微博、微信等具有社交特性的媒介形式兴起，也为数字内容的传播提供了新的渠道和方式。读者不再拘泥于一种阅读方式而有了更为自主的选择。而无论采取哪一种方式，哪一类产品形式，都是数字阅读的一种普及与发展，未来更多的数字阅读方式和产品形式仍将不断涌现。

3. 数字化阅读内容不断完善

由于信息的急剧增长，网络虚拟传递真假难辨，数字阅读的内容质量的确存在良莠不齐的现象。但随着数字化阅读的普及，人们对数字内容也提出了更高的要求，促进数字化阅读内容质量不断提升。数字化阅读已不再是传统纸质内容的电子化原版呈现，或者是一些粗浅内容的传递，而是通过正规的传播渠道，将经过加工处理内容传递给不同需求的读者。数字化阅读内容已经由浅读快餐化转向了深层次发展。

（二）创新与助推全民阅读

数字化阅读的方便和快捷，成本低廉，有一部分人已将数字阅读逐渐取代纸质阅读，将其作为主要的，乃至唯一的阅读方式。然而，阅读习惯的改变，并不意味着全民阅读进程的退化，而是阅读人群随着阅读方式的变化发生转移。很多人在利用数字化阅读随时抓取信息的同时，也会对图书期刊等产生兴趣，购买阅读或收藏。因此，数字阅读的发展，在很大程度上也可带动传统阅读的发展。数字化阅读是知识信息传递更快更广的一种形式，为全民阅读的开展创造了有利的条件。

近年来数字阅读已经发展为中国全民阅读的重要组成部分。数字阅读率不断提升，根据2010年4月份发布的第7次全国国民阅读调查，2009年，中国18-70周岁国民中接触过数字化阅读方式的国民比例达24.6%，比2008年的24.5%增长了0.1个百分点。这其中的阅读方式包括：网络阅读，手机阅读，PDA/MP4/电子词典，光盘读取，以及其他手持电子阅读器阅读。值得注意的是，2009年，有1.3%的国民使用其他手持电子阅读器进行数字化阅读，比2008年的1.0%增加了0.3个百分点，增幅为30%。2013年中国成年国民数字化阅读方式接触率为50.1%，这也是数字化阅读方式接触率首次超过半数，较2012年上升了9.8个百分点[8]。这些数据表明，人们的阅读方式已经开始转变，数字化设备与内容更容易被大众接受，而数字阅读的趋势正在逐渐扩大。

"读吧网"和"国图书商民社"在2009年4月联合发布的《2008年度中国电子图书发展趋势报告》中指出，2008年，电子图书读者总数为7900万人，比2007年增长33.9%，数量惊人；而在2010年4月发布的《2009—2010年度中国电子图书发展趋势报告》，2009年电子图书读者总数为10100万人，比2008年增长了27.8%，但是增长速度比2008年有所减缓，不过仍处于快速增长期。2008年的报告指出，电子图书市场实现销售收入22 630万元，增长33.6%，个人电子图书市场，主要是收费阅读市场和手机阅读市场分别增长86.5%和366.2%，标志着电子图书个人市场的增长开始进入快速发展时期；进入2009年，电子图书市场的销售总额达到28 710万元，比2008年的个人市场增长了54.9%，表明中国电子图书个人市场已经进入快速发展时期，中国电子图书市场将从机构市场向个人市场过渡。另外，移动阅读的市场规模也开始扩大。2009年电子书的阅读终端使用调查中，使用手机阅读的比例比2008年增长了69.8%，而专用手持阅读终端的使用比例比2008年增长了一倍。不仅如此，移动阅读也给电子书市场带来了不小的收益。2009年手机阅读市场实现销售额同比增长90.1%，手持阅读终端实现销售额同比增长66.7%，可见，移动阅读逐渐成为越来越多人所选择的阅读方式。而在美国，"图书行业研究小组"在2010年1月发布了一份"用户对电子书阅读态度"的报告，报告中五分之一的被调查者表示，他们已经停止购买纸质书，开始把目标转换到电子书上了[15]。

从以上数据可以看到，目前数字化阅读带动了全国阅读行业的发展，从不同的角度推动了全民阅读的开展。同时数字化阅读已逐步成为全国各地推广全民阅读的新形式，各地在重视传统阅读的同时，加大力度宣传数字阅读，纷纷借助网络、手机等各种数字阅读终端向读者推荐图书，建设阅读网站和创建数字化阅读社区、园地等等。例如数字农家书屋，以及电子阅报栏进驻街道、数字图书馆进入社区等公共文化服务设施建设，都对全民阅读的开展起到了有力的推动作用，使信息知识传递的范围打破了地域的限制，很大程度地缩小了城市和农村等不同人群阅读差距，加速了信息获取速度，在真正意义上实现了推动全民素质的普遍提升。

（三）数字化阅读未来发展趋势

1. 数字阅读与传统阅读融合发展

社会的发展带来了人们需求的多元化。从纸质阅读到屏幕阅读，多元化的媒介推动了阅读方式的不断进步，但旧的媒介并不会因为新的媒介出现而消失。阅读方式也是如此，传统阅读与数字化阅读融合发展才是未来阅读发展的趋势。人们的生存、发展离不开阅读，休闲娱乐离不开阅读，阅读成为我们生活的全部。数字媒体出现赋予了阅读更高的社会意义。数字化阅读是随着网络的普及和移动终端不断涌现，正在为拯救其自身的发展的同时而不断推动的全民阅读开展。

2. 重点开发手机阅读

手机阅读将是未来数字化阅读的代表。整合开发适合手机阅读的移动数字资源，如升级现有的数字阅读平台，使其支持移动阅读；与移动运营商合作，直接引进移动业务平台；完善手机图书馆网站建设，把图书馆应用延伸到手机终端，如延伸现有电子资源（进行文本格式转换，方便移动阅读）；创建用户友好阅读界面，数字化阅读以方便快捷著称，友好的阅读界面必将符合阅读心理需求，如提供免费手机图书馆客户端等等。

3. 加强数字内容监管

数字阅读确实引发了"轻阅读"、"浅阅读"、"快阅读"等忧虑，但毕竟数字化阅读是技术进步的必然产物。如何让数字阅读带给人们快捷丰富的知识快餐？如何引导数字阅读中人的阅读动机的合理化与素质的提高？是数字化阅读需要解决的问题。因此在肯定数字阅读的互动功能和文化普及功能的同时，对数字阅读的内容和方式进行适度的"人文监督"是数字化发展的有效手段。

数字化阅读的内容主要来自互联网，必须进行"人文监督"，在信息的海洋中摒弃糟粕，留用精华。人们呼吁完善网络内容监督机制，也是数字化阅读的基本质量保障，因此要完善网络内容监管立法体系，规范和管理保护网络内容的健康安全。例电子商务、网络游戏等网络界定交易规则，保护隐私，明确责任；明确规定网络舆论监督的形式与内容、方法和途径、权利与义务以及网络侵权的法律责任；明确纪检监察机关对网络监督的受理程序、查证措施、反馈时限、奖惩办法等。建立统一行政管理机制，针对管理部门多，管理对象模糊的现状，建立统一的网络信息内容安全治理机制显得尤为重要；开展道德良性引导模式，培养各类网络红人，作为网络达人，把握舆论方向，引导网络内容向积极健康的正能量引导。可以通过网站模式、论坛模式，采用启发式回帖、点评、互动等形式从而将网民遵守网络道德规范。培养网民的道德情感；建立网络技术提升方案，借鉴国外的技术标准，结合实际，提升网络技术监管能力。加快推进与网络信息安全相关技术研发，提高运营终端的软硬件设置，提升安全防护系统的整体水平，以应对复杂多变的网络攻击。

五、结语

数字化时代,依托网络借助各种终端,数字化阅读应运而生。相对传统阅读而言,数字化阅读具有很多优势,颇受人们的青睐并迅速普及,逐渐成为人们阅读的主要方式。基于网络的阅读平台迅速猛增,内容丰富,形式多样,为推动全民阅读提供了强有力资源保障。随着移动终端不断涌现,阅读载体呈现多种多样,存储量大、易于检索与保存、成本低廉成为人们阅读的首选。受众群体在网络资源盛行,阅读载体丰富的时代,需求与习惯也随着发生翻天覆地的变化。无论是数字阅读还是传统阅读,除了方式不同,阅读的本质是没有改变的。数字化阅读带来的新的感知,与传统阅读相辅相成,共同构成全民阅读的两股能量。传统阅读的优势与历史,是数字化阅读不可替代的,然而毋庸置疑的是,数字化阅读的特点是传统阅读无法比拟的,并将成为全民阅读的主流,共同传播知识,传承文明,服务社会,推动全民阅读不断前行。

参考文献:

[1] 沈蔚.数字阅读研究:从文化消费到意义生产[D].硕士学位论文.武汉大学,2013年第20页.

[2] 贝叶思.电子阅读器终将取代传统纸质阅读.[EB/OL][2010-06-22].http://miit.ccidnet.com/art/32559/20100622/2093957_1.html.

[3] 章海涛,董亚峰.以数字化阅读的三大优势推动全民阅读[N].科技创新导报,2013年第14期.

[4] 索有为,奚婉婷.广东揭全民阅读大幕 官方倡导数字阅读.[EB/OL].[2012-04-23].http://www.chinanews.com/cul/2012/04-23/3839490.shtml.

[5] 程晓龙.总署公布全民数字阅读活动方案 掀红色数字阅读新热潮.[EB/OL][2011-06-16].http://news.163.com/11/11/17/76MIH08A00014JB5.html.

[6] 涂文波.大学图书馆数字资源需求与服务的读者调查及分析[J].大学图书馆学报,2008年第5期.

[7] 网易新闻.2010—2011中国电子图书发展年度趋势报告发布表明电子图书迈入高速成长期.[EB/OL].[2011-04-29].http://news.163.com/11Ш05/72PJB85J00014AED.html.

[8] 新华网.第十一次全国国民阅读调查:国民人均年阅读纸质图书4.77本数字化阅读首次超半数.[EB/OL].[2014-04-22].http://news.xinhuanet.combook2014-04/22/c

_126417791. htm.

[9] 新闻出版总署农家书屋办公室. 推动全民阅读活动开展 倡导"多读书、读好书"[N]. 中国新闻出版报,2009 – 11 – 10(1).

[10] 詹福瑞. 中国国家图书馆的数字资源共享战略与实践[D]. 第五届中美图书馆合作会议,2010 年.

[11] 中国新闻网. CNNIC 发布第 33 次中国互联网络发展状况统计报告. [EB/OL][2014 – 01 – 16]. http://finance. chinanews. comitzCNNIC33/index. shtml? qq – pf – to = pcqq. c2c.

[12] 李争粉. 电子阅读:个性化定制内容将成趋势. [EB/OL]. [2013 – 12 – 16]. http://www. chinahightech. comhtml684 – 1216/335373233353. html.

[13] 杨陶玉. 手机阅读内容盈利模式的研究[D]. 硕士论文. 浙江大学,2010 年第 45 页.

[14] 戚家斌. 高校图书馆之变化——浅谈纸质图书与电子图书比例变化[J]. 科教导刊,2014 年第 6 期.

[15] 韩菲. 中美电纸书市场的比较研究——以亚马逊和汉王为例[D]. 硕士论文. 中央财经大学,2012 年.

第九章 全民阅读工程特点与发展机制

阅读可以使人增长知识，拓展思路，修身养性，提高个人文化素养。一个人阅读能力的高低，直接影响到他个人的自身修养和境界。一个国家国民阅读能力及全民阅读率的高低则直接影响到国家文化软实力和综合国力的强弱，国民的阅读水平标志着一个国家的总体文明程度和创造能力。因此，中国党和政府十分重视推广全民阅读活动，倡导和鼓励结合本国实际开展的具有中国特色的全民阅读活动，促进全民读书活动融入全社会。

一、全民阅读活动的特点

（一）全民阅读的国家战略性

当前，从政府层面、从国家战略高度推动全民阅读，已成为世界潮流。很多西方发达国家都已立法把全民阅读作为国家文化战略，纷纷采取多种手段和措施，从不同层面促进全民阅读。在英国，从1998年开始在小学设置一小时阅读时间培养阅读习惯，实施"阅读起跑线"计划，还在成人中开展"快阅读"活动。在日本，1999年通过了《有关儿童读书年的决议》，2001年制定了《关于推进中小学生读书活动的法律》。在俄罗斯，为了培养民众读书兴趣，鼓励本国人民特别是年轻人多阅读，以国家法律作保障制定了《民族阅读大纲》，把全民阅读作为一项战略任务，并将2007年确立为国家"读书年"。在法国，每年都举行"欢乐中的阅读"活动，这种活动相当于一种读书节，法国政府还会为这种活动划拨相当数量的经费作为保障。在美国，不仅通过立法保障全民阅读，1991年签署了《1991：国家读写能力法案》、2002年发布了《不让一个孩子掉队法案》，而且制定了翔实的阅读计划，采取切实可行的多种措施，划拨专项资金来保障全民阅读活动的推行，通过各种优先政策来提高国民特别是儿童的阅读能力。以上各国在促进全民阅读方面的举措均有国家战略层面意义。

同世界各国一样，中国政府也大力支持全民阅读活动。自1982年至2014

年的30余年间，读书活动由知识工程到全民阅读，由一项活动到系统工程，由民间倡导到国家战略，由无法可依到立法保障，全民阅读活动不断得到转型与升级。党的十六大把"建设全民学习、终身学习的学习型社会，促进人的全面发展"作为全面建设小康社会的目标，从而使文化软实力成为经济社会发展的新方向，于是全民阅读自然成为打造学习型社会的载体与基础。2006年，《国家"十一五"时期文化发展规划纲要》将"积极推进阅读社会的形成"当成文化发展的主要任务之一。党的十七届六中全会通过了《中共中央关于深化文化体制改革、推动社会主义文化大发展大繁荣若干重大问题的决定》，提出"要深入开展全民阅读"。"十二五"期间，中国将从以经济建设为中心，转变为包括文化建设在内的社会主义全面建设时期。党的十八大报告中，首次将"全民阅读"作为行动指南写入党的报告，之后的政府工作报告中也再三提出全民阅读，表明全民阅读在中国已经成为一项国家战略。

（二）全民阅读的社会协作性

中国全民阅读的推广得益于社会协作。作为一项综合、全面的系统工程，全民阅读活动要想充分发挥作用，就要加强对全民阅读的组织协调，进一步建立健全的全民阅读活动组织领导机构，推动设立全民阅读指导委员会。各地要协调宣传、文化、财政、教育等部门以及工会、共青团等人民团体，建立和完善全民阅读公共服务体系，建设组织领导和协调机制，统筹服务网络建设，指导开展本地区的全民阅读工作。在全民阅读活动的整个环节中，各个系统之间即相互影响又相互合作，从而形成了全民阅读活动的联动作用。

1. 中央和政府部门合作

国家政府机构是全民阅读活动的倡导者和组织者。全民阅读活动是全民共同参与的长期持久的活动，其组织只能依靠庞大的国家机器来完成。1997年，中宣部、文化部等九部委共同发出《关于在全国组织实施"知识工程"的通知》，启动以倡导读书、传播知识、创建学习型社会为目标的"知识工程"；2006年，中央文明办、新闻出版总署等11个部委联袂发文《关于开展全民阅读活动的倡议书》，倡导全民为构建社会主义和谐社会和全面建设小康社会，为中华民族的伟大复兴而努力读书；2007年年底，中宣部、中央文明办和新闻出版总署会同十几个有关部门组成了"全民阅读活动组织协调办公室"，负责全民阅读活动的组织和协调；2012年2月发布的《国家"十二五"时期文化改革发展规划纲要》，将全民阅读列入重要文化建设工程；"农家书屋工程"于 2012 年 8 月提前三年完成建设任务,建成达到统一规定标准的农家书屋 600 449 家,全面覆盖了全国具备条件的行政村。2013 年全国两会期间,115 位政协委员联名签署了《关于制定实施国家全民阅读战略的提案》,建议政府立法保障阅读、设立专门机构推动阅读,引起了媒体和社会各界的广泛关注。总体来说,政府通过政策进行指导,通过行政力量予以保障,通过国家财政予以支持,通过政府权威予以组织,着力推进全民阅读活动,是全民阅读活动最主要的推动力量。

2. 图书馆行业合作

各级各类的图书馆都是全民阅读活动的主战场,开展推广全民阅读活动责无旁贷。全国的图书馆在中国图书馆学会的领导下通力合作,互相支持,互相配合,积极做好全民阅读推广工作。2004 年 4 月 23 日,中国图书馆学会与国家图书馆合作,首次举办"倡导全民读书,建设阅读社会"世界读书日宣传活动;2006 年 4 月 23 日,国家图书馆和中国图书馆学会在文津广场举办了"图书馆:公众的权益与选择"公益活动;2007 年 4 月,中国图书馆学会与广东图书馆学会联合举办"第一届全民阅读论坛";2009 年,国家图书馆与中国图书馆学会在北京举办主题为"让我们在阅读中一起成长"大型公益活动,迎接第 14 个"世界读书日";2014 年,国家图书馆和中国图书馆学会联合全国各地公共图书馆、少年儿童图书馆和中小学图书馆组织开展"2014 全国少年儿童阅读年"系列活动、2014 全国图书馆未成年人服务提升计划等全国图书馆未成年人服务相关工作,进一步推动少年儿童阅读活动的开展。图书馆行业的全民阅读活动,呈现公共图书馆、高校图书馆、中小学图书馆、街道图书馆以及农村图书馆之间的宣传合作,努力发挥图书馆在全民阅读活动中的重要作用。

3. 社会跨界合作

全民阅读活动是全社会的共同事业,需要全社会各行各业的积极支持和通力合作。中国全民阅读活动的跨界合作单位主要包括出版业、发行业、新闻媒体单位、行业协会、企事业单位等。出版业掌握着出版资源,是全民阅读所需资源的提供者,发行业承担着出版业与读者相互联系的任务,新闻媒体单位通过网络、电视、传单等手段,对全民阅读活动进行广泛的宣传,不同行业部门跨界联合,构成了全民阅读推广的骨干力量。如 2005 年中国图书馆学会联合中国作家协会、中国出版工作者协会、中国版权协会和湖南卫视等共同举办了以"阅读丰富人生,共建和谐社会"为主题的世界读书日宣传活动;2006年8月23日,天津市文明办、市妇联和今晚传媒集团、天津图书馆、天津文博学会民间收藏专业委员会、市住宅集团联合举办了"天津市读书节",读书节以天津市十大藏书家、津门十佳书香家庭和十佳特色藏书人系列评选活动为重要活动内容;2007年5月10日,由上海图书馆发起,解放日报、上海摄影家协会等联合举办的全国唯一以"读书乐"为题材的"第三届读书乐全国摄影比赛优秀作品展"在贵州省图书馆举办,让贵阳的读者及摄影爱好者欣赏到了优秀的摄影作品,并从"读书乐"中感悟读书的丰富内涵;2010年,新闻出版总署与中央电视台科教频道共同策划并制作了"2010书香中国"全民阅读晚会,中央电视台第十频道播出了以"我们的阅读"为主题,以"推进全民阅读,共建学习型社会"为宗旨的"2010书香中国"全民阅读晚会;2011年10月19日,由中国出版集团公司、全国大学生读书节组委会主办,中国人民大学等单位协办的"2011全国大学生读书节系列活动之中国出版集团公司'双推计划'书香校园活动"在人民大学隆重举行;2014年7月15日,辽宁省新闻出版广电局联合辽宁广播电视台在沈阳举行"悦读悦美——辽宁省第三届全民读书节精品名篇朗诵会"等。这些出版与传媒等文化部门在全民阅读推广中发挥的作用不可比拟。

4. 开展国际合作

近年来,随着时代的发展,国际间的交流与合作蓬勃开展。2009年8月,中国图书馆学会与德国歌德学院联合在慕尼黑主办的"图书馆与阅读论坛"介绍了中国与德国图书馆在阅读推广领域的先进范例,为图书馆阅读推广工作提供借鉴;2010年5月,中国图书馆学会与新加坡国家图书馆联合举办了"中新儿童阅读推广研讨会";2012年,在广西南宁成功地举办了中国—东盟文化论坛,首次聚焦图书馆领域,就亚洲地区图书馆的交流合作进行深入研讨,取得了积极成效,并通过了《东亚图书馆南宁倡议》;2013年11月,"2013亚洲图书馆馆长论坛"在云南昆明成功举办,论坛以"知识全球化与亚洲图书馆发展"为主题,邀请了来自国际图联、亚洲国家图书馆、中国内地和港澳台地区图书馆及美国、新西兰等其他国家图书馆的80余位代表参加,共同探讨了全球化时代亚洲地区图书馆的交流与合作,论坛通过了《亚洲图书馆昆明宣言》,对图书馆界的国际交流与合作起到了示范性作用,论坛的举办有利于促进各国图书馆事业的进步,充分发挥图书馆在区域文化交流以及经济社会发展中的作用，推动亚洲地区文化的交流与传播[1]。中国与亚洲许多国家图书馆间也已经开展了多种形式的交流与合作，通过文献互赠与交换、开展定期高层互访、合作举办展览、互派交换馆员等方式建立了稳定联系，例如，中国国家图书馆与新加坡国家图书馆自上世纪 90 年代后期就签订了合作协议，建立了高层互访机制；与泰国、越南、日本等国家图书馆也有互访，并定期选派人员到新加坡、韩国等国家开展业务交流。

中国国家图书馆作为世界上规模较大的图书馆，积极参与国际图书馆事务。2009 年，国家图书馆参与发起了世界数字图书馆项目；同年，国际图书馆协会联合会（IFLA）中文语言中心在国家图书馆成立；从 2010 年起，国家图书馆的书目数据就已经通过 OCLC 向全世界共享；国家图书馆还与哈佛燕京图书馆联合开展了哈佛燕京图书馆馆藏中文古籍的数字化工作；与世界上许多历史悠久的图书馆一样，中国也正在着手建设中国国家典籍博物馆，国家图书馆所藏的珍贵典籍将通过典籍博物馆向公众进行展览和展示。开展世界各国间的图书文化合作，可以推动各国文化交流与传播，促进图书馆文化事业创新发展；可以相互启迪、相互借鉴，取长补短，更好地开展全民读书活动。

（三）全民阅读活动形式多样性

中国全民阅读活动的开展载体丰富、渠道众多、形式多样。全国各地积极响应中央号召，利用重大事件纪念日、重要人物诞辰、节日等面向儿童、青年不同人群精心策划主题鲜明、内容丰富、形式多样的阅读推广活动。

1. 电视阅读服务

2010 年 4 月中央电视台科教频道推出"2010 书香中国"特别节目；2011 年 4 月新闻出版总署与中央电视台共同打造以"分享阅读，分享幸福"为主题的全民阅读电视晚会；2012 年 4 月 23 日，新闻出版总署和中央电视台倾力打造特别节目——2012 书香中国；2013 年 4 月 23 日新闻出版总署和中央电视台与湖南卫视联合举办了第二届 2013 书香中国。

2. 书展活动

全国各地书市、书展如雨后春笋，2011 年为期 7 天的南国书香节，广州主会场总入场的人数突破 80 万，全省十多个地市分会场吸引了 110 万读者，这些不断刷新场地规模、参与人数纪录的书展、读书节，展示了市民对读书的巨大热情和需求;经过10年洗礼的2014上海书展,不仅从图书大卖场成功转型为文化嘉年华,更成为"书香中国"全民阅读活动的上海实践样本,是上海市动员各方力量和资源为市民搭建的阅读示范平台,以"文化盛会、百姓节日、理想书房"的面貌越来越深地融入广大读者的城市生活,成为书香上海阅读文化共同体的重要载体,让崇尚阅读的精神越来越多地融入这座城市的发展脉搏[2]。

3. 阅读宣传周(月)活动

始于2005年的一年一度的全国范围的"图书馆阅读服务宣传周"活动。广场活动:2010年4月国家图书馆举办的"源远流长的中华典籍"大型广场活动。图书漂流:中国图书馆学会的"春天漂流书"活动;昆明市的"书香昆明、图书漂流"活动等。图书银行:中国科技大学芳草社的"图书银行";山东淄博市博山区城东街道的"图书银行"等。送书活动:虎门图书馆常年坚持的"心系社区,传递文明,牵手公益"送书活动;重庆沙坪坝区政府的"送书计划"等。全民阅读推广的形式还有读书知识竞赛、读书演讲会、"微书评"、"读图"、"真人图书馆"等。

4. 阅读推广拓展活动

值得关注的是,各级党委和政府在举办书展、读书演讲比赛等嘉年华式的阅读活动的同时,也聚集了更多力量开展本地阅读调查、援建社区图书馆、营建农家书屋、创建青工书屋、图书"三下乡"、建设学习型家庭等实质性的阅读推广工程拓展,并充分利用了报刊、广播、电视等传统媒体以及手机报、网站、QQ、微博等新媒体,对阅读活动进行宣传,并为群众提供了新的阅读资源和交流平台,为读书之风深入民间开辟了丰富多元的渠道。在各地政府的组织倡导下,这些阅读推广活动吸引了社会各界力量广泛参与进来,出版、电视、报刊、电信运营商、学校、公益组织乃至地铁公司等,成为活动承办者或战略合作伙伴。

(四)全民阅读活动的公益性

全民阅读工程是党和政府开展的重要文化惠民工程之一,是典型的公益性事业。倡导全民阅读,为了不流于形式,必须倡导公益精神,必须强调社会责任。除了政府机构的政策、资金保障外,也需要出版发行、媒体、公共文化服务体系、行业协会、民间组织等社会各界的共同参与。

2007年,农家书屋工程被国家确定为重大公共文化服务工程,列入《国家十一五时期文化发展规划纲要》。在中央财政和各级政府的大力支持下,截至2012年8月底,农家书屋已覆盖全国具备条件的行政村,提前三年完成了"农家书屋村村有"的任务。全国共建成达到统一规定标准的农家书屋600 449家,投入资金180多亿元,共计配送图书9.4亿册、报刊5.4亿份、音像制品1.2亿张、影视放映设备和阅读设施60多万套,丰富了农村的文化生活[3]。农家书屋工程建设还带动了社区书屋、职工书屋、农民工书屋、连队书屋的建设。到目前为止,基层书屋也达到9万多家,缓解了基层群众读书难、看报难的问题,开创了农村文化建设的新局面。

2006年4月,国家图书馆和中国图书馆学会在文津广场举办了"图书馆:公众的权益与选择"公益活动;2008年1月,由中宣部、中央文明办和新闻出版总署联合在北京奥运主场馆——国家体育场举办的"带一本好书回家、过文明祥和佳节"爱心捐赠活动;2011年7月,由新闻出版总署与中国残疾人联合会联合启动百家出版社共同主办的"知识改变命运爱心托起梦想'百家出版社文化助残公益行动'"捐赠仪式在北京举行,近200家新闻出版单位积极参与,并捐赠图书价值1 300万元人民币;2013年4月,中国全民阅读媒体联盟在武汉正式宣告成立,该联盟系公益性组织,由《中国新闻出版报》联合《人民日报》《光明日报》等78家媒体共同发起、200家媒体共同参与,媒体还公布了"武汉宣言",承诺将共同致力于推介优质阅读内容以引导阅读风向[4]。

同时,各级政府也全力推动全民阅读公益活动。辽宁省财政部门对全民读书节活动一直给予大力支持,设立全民阅读专项资金100万元,主要用于满足偏远山村群众及弱势群体家庭阅读需求,推动儿童与青少年阅读,补贴公益图书出版,开展阅读研究和指导等,同时也积极吸纳社会资金参与,为全民读书节活动助力。2014年,深圳市法制办率先在其官网公布了《深圳经济特区全民阅读促进条例》,鼓励企业组织、社会组织参与全民阅读,其中鼓励企业投资或捐资建设面向市民开放的公益阅读设施,从事公益阅读资源的生产与供给,独立举办、捐助或赞助公益阅读活动;2014年11月,湖北省人民政府常务会议审议通过《湖北省全民阅读促进办法》,该《办法》共32条,包括"县级以上人民政府应当将全民阅读工作所需经费列入本级财政预算,加大对全民阅读的经费投入"等有益条款,将自2015年3月1日起正式施行。2014年，成都市政府官方网站公布了《成都市实体书店扶持奖励办法（试行）》，提出自2015年1月起，将对成都市实体书店进行扶持奖励，成都市实体书店开展全民阅读公益活动，最高可获得20万元补助[5]。此外，各地公共图书馆作为倡导、组织和推广全民阅读的中坚力量，也充分利用其资源优势，积极举办公益性知识讲座、文化展览、公益性培训、读书活动等形式多样、内容丰富的公益文化活动。如国家图书馆的"文津讲坛"、浙江图书馆的"文澜讲坛"、上海图书馆的"上图讲座"、辽宁图书馆的"辽图讲座"等在当地已成为知名的文化品牌，成为公民终身学习、获取文化信息的重要途径。全民阅读活动实现社会各界共同参与、共同投入和共同奉献，彰显了全民阅读的公益性，只要社会群众提升读书的热情，培养读书的习惯，享用政府的文化普惠政策即可。

（五）全民阅读的特殊关怀性

加强对青少年、残疾人、农民工等重点人群的阅读服务，是全民阅读活动的重点工作。国家新闻出版广电总局力推全民阅读走进家庭、社区、学校、军营、机关、企业、农村（"七进"活动），尤其注重服务农民、外来务工人员、残疾人、留守儿童等重点人群阅读，各类全民活动时间延续覆盖全年，每年吸引8亿多读者参与。

1. 儿童是阅读推广的主要关照对象

中国图书馆学会把2009年定为"全国少年儿童阅读年"；国家图书馆设立了少年儿童图书馆，开展了"阅读推广进校园"活动；中国少年儿童新闻出版总社与中国关心下一代工作委员会儿童发展研究中心主办了"点亮童年，温暖童心——为盲童读出一个美丽世界"的公益读书活动。河北省委宣传部、省新闻出版局、省残联、河北人民广播电台共同举办了"我为盲童读经典"全民阅读大型公益活动，招募志愿者五千余人，每年开展帮扶活动近百场，着力满足贫困地区儿童、农村留守儿童、进城务工人员子弟、残障人士等特殊群体的基本阅读需求；2014年开展的"百社千校书香童年"阅读活动，共举办各类读书活动3 000多场次，捐赠图书200万册，覆盖全国31个省（市、区）3 800多所学校的360多万名学生[6]。

2. 残疾人的阅读同样受到重视

中国有8 300万残疾人，涉及2.6亿家庭人口。在"十二五"期间，新闻出版总署、中国残联印发了《关于开展"百家出版社文化助残公益行动"的通知》，近200家新闻出版企业签订捐赠协议，图书价值累计达1 304.8万元，新闻出版企业自愿向残疾人捐赠大批图书，所捐图书品种多、重实用，包括大众阅读书籍和残疾人特需书籍，受捐图书依托残联组织的工作网络，在城乡社区基层残疾人活动场所建立了便于管理、借阅、交流的"残疾人读书角"、"残疾人书柜"等，充分发挥了受捐图书的作用[7]；宁夏图书馆与宁夏回族自治区残疾人联合会合作，共同开设了残障人士阅览室；江苏省无锡市图书馆开展了面向聋哑读者的"每周读报"活动。

3. 重点解决农民看书难问题

中国是农业大国，没有农民阅读能力的提高，就没有整个国家阅读能力的提高。在全民阅读推广工作中，政府、社会和民间组织通过实施"农村书屋"、"电大农村图书室"、"农村中小学图书室工程"等项目，以及在贫困地区建立县级图书馆分馆、设置流动图书馆等多种方式解决农民看书难问题。近几年，在中宣部和新闻出版总署联合倡议下，每年春节前夕，各地都会组织开展文化惠民活动，在火车站、工地等地向农民工赠送图书等"文化年货"。如何让农民逐步养成读书学习的习惯，提高农村人口的文化素质，是全民阅读工程中一项长期、艰苦的工作。

4. 免费服务直接体现公益

长期以来，免费服务、关注特殊群体是公共图书馆贯彻"全民权利本位"理念的重要表现。如深圳市沙头角街道图书馆以其创新的服务手段和贴心的人文关怀，在全民阅读推广中取得了不俗的成绩。在推广全民阅读时，从小处着手，如为老年读者准备花镜，免费为读者提供饮用水、纸、笔，为读者开展送书上门服务等，极为注重服务细节。此外，该馆还注重优秀读书氛围的营造，在辖区组建不同读者群体读书会，成功打造了少年儿童"小橘灯"阅读计划和老年人"夕阳红"读书会等品牌活动[8]。同时，该馆还着力让辖区内劳务工平等享受公共文化资源，开展"流动图书馆"便民活动，服务深入辖区的每一个工厂，使工人们可以轻松享受阅读。

高校图书馆在实现社会化服务的同时充分发挥自身特色，如湖北大学制定了送文化"进机关、进企业、进街道、进社区、进家庭"的总体规划，各项活动首先在武昌区展开，并逐步扩展到武汉市及周边县城，活动深入到政府、企业、社区、学校，服务对象涉及各行各业、各个社会阶层、各个年龄段的人群，特别是弱势群体，从2012年4月至9月，湖北大学先后为社区居民、工地农民工、贫困地区学生和留守儿童援建了8所"爱心书屋"，为武汉市民免费办理读者借阅证2 000余张，通过建设书屋、对社会适度有序开放等方式，深入基层，城乡联动，逐步扩大全民阅读活动辐射范围[9]。

二、全民阅读活动的组织推广形式

（一）学校、社会、家庭合作模式

1. "图书馆+家庭"模式

除相关组织部门策划组织的读书项目活动外，各地区还开展了图书馆、学校、社会与家庭合作的读书活动。如适合全国各地区的"图书馆+家庭"模式。该阅读服务模式，是借鉴俄罗斯"图书馆+家庭"服务模式，是以图书馆和家庭为主体，以家庭作为图书馆的服务对象，按照家庭成员不同年龄与心理需求，以亲子阅读为纽带，将图书馆推进全民阅读的服务延伸至家庭中，促进儿童早期阅读，使读者将图书馆作为其终身的学习场所。图书馆还与学校教育、社区教育相结合，根据各地情况制定完整的家庭阅读大纲以指导家庭阅读，大纲内容不仅涉及孩子，家长，也可以包括对教师的培训。图书馆在周末等时间可以开设专门的课程对家长进行阅读理念与技能的培训，对困难家庭可以无偿捐献一部分书籍，以促进中国家庭藏书量的增长及家庭阅读氛围的营造。

2. 民间"读书会"模式

当全民阅读的观念越来越被官方和主流媒体所倡导、践行之时，在民间，一种自发的、以个体本位和兴趣为基础、除了阅读与求知还广泛具有社群交往功能的读书会，渐渐浮出水面。这些公益性民间读书会，从发起形式和活动内容角度来看，主要集中在大城市，有街道、社区的阅读活动和民间人士自由发起成立的读书沙龙和读书会。读书会的活动形式与内容丰富多彩：有读书自学、经典阅读、讲座、论坛、交流、沙龙、书友会、荐书、讲书、女性阅读、亲子阅读、育儿方法研讨、户外拓展、行酒令等等。这些多元的活动内容具有民间性、群体性、开放性、自主性、学术性和持续性等明显特点。值得注意的是，这些民间读书会虽然规模不一、形式多样，其办会宗旨和原则都是建立在非营利性、民间公益性起点上，不收费没门槛，只要喜欢阅读都可以参与。特别是北京、深圳、上海、广州、杭州等大城市兴起了各种民间读书会。北京地区目前共有145家民间读书会，其中活跃度较高的有60家，每月都会举办一次以上的共同阅读活动；深圳市的民间读书组织已发展到100余个；上海市目前已有100余家青年读书会，其中活跃度高的有30余家。受大城市民间读书会的辐射和影响，全国各地都出现了民间读书会。如河南省郑州市的民间读书会已近100家；江苏省无锡市各类民间读书组织有100余家；辽宁省沈阳市有父母道读书会、启蒙之光读书会等20多家。河北省、四川省等均有位数不少的民间读书会[10]。

2014年，50余家读书会代表在北京齐聚一堂，自发组织了"首届民间读书会发展交流大会"。在分享理念、经验及理想的同时也谈及问题和困难，并发布了《北京民间读书会发展研究报告》。在近几年的发展中，读书会对自身发展的认识也在不断深化，如需要朝专业化方向发展，"阅读邻居读书会"就已经在读书会活动以外开发了DIAO计划（打包限量卖书，书籍为读书会组织者推荐）、人文班、图书馆咨询等衍生品；"浩途读书会"创始人海文颖原为某大型外企工作者，利用自身的管理经验和专业知识为读书会设计了操作手册和商业模式；"同道读书会"则在长期的读书会活动实践中发展出一套深度阅读理论；"一起悦读俱乐部"发展出一套儿童阅读和亲子阅读理论等。民间读书会通过各种活动，发挥了播撒童年智慧的种子，领导新的青年文化风尚，沟通学术与社会的桥梁，引领行业自治先声，培养全民阅读习惯，提升城市文化软实力等能量价值。

（二）图书馆与社会阅读机构联合模式

全民阅读不仅是推动每个社会成员自觉学习、全面发展的动力，同时更是促进教育的社会化、社会的教育化，构建阅读型、学习型社会的助推器。推动全民阅读不能仅凭图书馆一己之力，需要社会机构的协同合作，通过社会机构的参与促进全民阅读的深入发展。

1. 在图书馆学会组织下联合开展阅读活动

2005年，中国图书馆学会成立阅读推广专门工作委员会，所属15个专业委员会的200余位专家、学者遍布全国各级学会组织和图书馆，形成一支具备理论与实践能力的骨干队伍，从事阅读活动的策划、组织、实施和研究工作，为全民阅读的推广提供了重要的、强有力的组织保障和队伍保障。各级高校图书馆充分利用这些专业资源，与这些委员会建立长期、稳定的联系，利用并依托中国图书馆学会策划的诸多活动项目，如"4·23"广场活动、全国少年儿童阅读年、湿地中国行、绿色阅读、建筑图书奖、阅读与健康科普博览会等项目，使其各项活动深入有序地开展，形成了品牌效应，进而实现其阅读推广目标。

2. 利用各地政府全民阅读行动计划开展活动

自2000年全国"知识工程"领导小组宣布决定每年12月在全国举办"全民读书月"活动以来，各地积极响应，相继举办了各种"读书节"、"读书周"、"读书月"等活动。2010年4月，中共中央宣传部、中央文明办、新闻出版总署联合印发了《2010年全民阅读活动行动计划》的通知。《2010年全民阅读活动行动计划》要求组织发动社区、村镇、企业、机关、学校等基层单位的干部、群众，广泛开展阅读活动，以农村青少年为主要对象开展"手牵手农村青少年阅读行动"，以广大妇女为主要对象开展"家庭阅读日活动"，使阅读活动广泛覆盖各类群体。各地高校图书馆也可以充分利用政府开展的各项阅读推广活动，努力成为全民阅读推广活动的有机组成部分，与当地农家书屋、图书馆、文化馆等基层文化阵地联手，开展读书沙龙、经典诵读、读书讲坛等多种形式的读书交流活动，动员更多的家庭参与其活动，使其各项活动得到持续开展，获得广泛的社会影响，进而获得更多的社会支持。

3. 图书馆与社会促读机构联合推进全民阅读

由于借鉴了发达国家采取的由政府机构、出版商和书店、图书馆、协会和传媒机构等联合开展活动的模式，中国社会上近年也出现了一些社会促读机构。这些机构包括：全民阅读促进会、全民阅读推广研究会、全民阅读基金会、全民阅读联合会等。这些联合会的组织机构与国家政府行政机构相类似，通常下设总会、各区分会、团体会员单位等，是促进全民阅读的组织机构。这些机构多为行业联盟，大多为非营利性组织，可吸引一些活动资金，较比民间组织的凝聚力要大。

图书馆在开展全民阅读推广活动时与这些社会促读机构建立广泛的联系，借助和利用各机构的信息共建共享成果，从而形成立体网络，共同推进全民阅读活动的开展。

4. 图书馆与民间促读组织协同推广全民阅读

近年，中国也出现一些民间促读组织，如遍及全国的公益性民间读书会、城市阅读活动联盟、阅读联合会等，这些民间自发的阅读组织，完全为非营利性组织，面临资金有限、信息资源相对匮乏等问题。他们需要与图书馆联合开展推广活动，以得到图书馆的支持与帮助，如活动场地的支持，文献资源借阅、阅读指导、信息推送、宣传与组织与专业志愿者的支持等。图书馆管理者转变观念，与民间读书组织合作并助力读书组织的发展作为一种义不容辞的责任来担当，这对于图书馆而言：是创新发挥图书馆职能，延伸社会化服务，推广全民阅读，服务他人，提高自己的新理念和新渠道。对于民间助读组织而言：是解决生存困境、发展壮大读书组织，引领读者诵读经典，培育英才，建设"书香社会"的最佳路径。对于读者大众而言：通过读书会的阅读和深度对话等团体学习方式，增强了群众读者的学习自主性、自愿性与平等性，是求学新知的最好平台。它是一项双赢战略。

（三）行业部门合作模式

由中共中央宣传部、中央文明办、新闻出版总署、文化部、教育部、解放军总政治部宣传部、中华全国总工会、共青团中央、中华全国妇女联合会、中国科学技术协会、中国作家协会等11家部委共同向全社会提出，在2006年4月23日世界读书日前后，开展"爱读书、读好书"全面阅读活动的倡议，这原本就是国家11个部委的联合倡议，意味着11个部委都要为全民阅读付诸行动和贡献力量，充分发挥工会、共青团、妇联、科协、文联和作协以及其他社会组织的作用。《全民阅读促进条例（草案）》第三章第十八条指出："各级文联、作协、工会、共青团、少工委、妇联、残联等社会组织应当结合自身特点，培养和建立阅读推广人队伍，面向本领域成员开展阅读指导和阅读服务，组织成员定期举办阅读竞赛、读书征文等全民阅读活动"。这种多部门联合开展活动发挥的是协同与加强作用，其活动效应要远远高于独立部门的效应。

2014年4月11日，由国家新闻出版广电总局指导的"书香中国万里行"活动启动，在总局大力支持下，由中国新闻出版传媒集团、光明日报社、经济日报社、工人日报社、农民日报社等78家媒体共同发起成立的"中国全民阅读媒体联盟"开启了以全民阅读为主题的"走基层、转作风、改文风"活动，把关注的视角、报道的重点聚焦到全国各地的基层，对准普通百姓，围绕书香中国、书香城市、书香品牌建设，深入采访、报道典型，推动全民阅读活动更广泛地落地生根，开花结果。这种行业部门合作开展活动的模式，其覆盖率和影响力都是巨大的。

(四) 高校图书馆联盟模式

高校图书馆是建设学习型社会、开展全民阅读最佳学习场所与重要学习机构之一,充分挖掘高校图书馆的资源优势,加强公民的图书馆权利是十分必要和势在必行。高校图书馆不仅是院校的信息资源保障机构,也是一种社会机构。高校图书馆资源(包括馆藏资源、设施及其他物品)是一种公共物品,是社会公共信息资源的重要组成部分。目前美国、日本、德国、英国等西方发达国家的高校图书馆除了为本校师生服务外,一般都对校外开放,为社会服务。借鉴国外经验,中国高校图书馆也应服务于社会。教育部《普通高等学校图书馆规程》中明确指出,高校图书馆向社会开放服务。为此,中国高校图书馆已经组建了地域图书馆联盟,全力倡导高校图书馆社会化,也逐步向社会全面开放,大力助推全民阅读。

2005年7月8日,在武汉大学举办的中国大学图书馆馆长论坛上64位图书馆馆长签署了《图书馆合作与信息资源共享武汉宣言》。《宣言》中提出:"图书馆是国家和政府为保障公民自由、平等地获取信息和知识而进行的制度安排。最大限度地满足每一位公民(读者)对信息和知识的需求,是图书馆义不容辞的责任"。这个宣言充分体现了图书馆公平公正的服务原则,在图书馆的服务对象中没有弱势群体,人人享有使用图书馆的权利。在为读者服务的过程中,图书馆已逐步消除信息鸿沟,促进社会和谐[11]。

在《武汉宣言》之后,北京地区陆续有12所知名高校对社会公众开放,只是开放方式各不相同。2013年3月12日,首都图书馆联盟正式成立。北京大学图书馆馆长、联盟副主席朱强在成立大会上宣布,北大、清华等34所高校的图书馆将向社会免费开放。在30多所高校中,北京工业大学服务社会最为"慷慨",社会公众既可以办理月卡查阅图书馆所有开放的书籍,也可以办理年卡将图书借走。北京航空航天大学、北大、清华等10多所学校均允许校外人员前来查阅资料。目前,全国高校图书馆正陆续走向社会,服务于全民阅读。

(五) "互联网+"和"图书馆+"模式

在这个以数据化为特征和标志的深度信息化时代,图书馆不仅要继续与互联网做加法,加快向大数据时代的全媒体复合型图书馆转型,还要发扬互联网精神,借鉴互联网思维,同时实施"互联网+"和"图书馆+"战略,积极围绕全民阅读推广开展工作。所谓"互联网+"战略，就是以互联网为标志的信息通讯技术可以无所不在，不仅可以改造所有的产业和行业，颠覆创新的模式，而且可以改变人们的生活方式和社会管理模式。所以"互联网+"这个词，已经从信息产业界的行话变成了中央政府的工作报告用语，成了经济社会创新转型发展的战略思维。

  这些年来，随着物联网、云计算、大数据和4G、5G等信息通讯技术的日新月异，互联网的无孔不入、无所不在的信息社会已经到来。"互联网+"本质内涵给人们很大启示，全民阅读推广工作同样需要互联网战略和思维。图书馆行业早就在和包括互联网在内的各种信息通讯技术做加法，使图书馆行业的信息化水平并不低。当前，"互联网+图书馆"的第一目标就是实现从传统图书馆向全媒体复合型图书馆转型，互联网可以让传统阅读服务更便捷、数字阅读体验更美好，互联网还可以让图书馆的读者自由地选择最适合自己的阅读资源和方式。同时，"互联网+"也可以促进和提升图书馆的管理和服务、改善纸质阅读服务体验，这种改变对于促进全民阅读的作用和价值是不言而喻的。10多年来，上海地区公共图书馆的纸质书籍的外借流通量始终保持高速增长，2014年达到创纪录的近6 000万册次，其背后最重要的推动力就是利用网络技术构建的"一卡通"系统。自2000年以来上海市、区、街镇三级公共图书馆和部分高校专业馆已经逐步实现了通借通还的大流通，正是"一城一网一卡一系统"的图书馆集成管理信息系统和物流系统的建设运营，为上海的国民阅读率在国内保持领先提供了重要保障。

  阅读无所不在，图书馆服务的核心永远是"阅读"，充分运用"图书馆+"战略来实现"让阅读无所不在"的愿景。伴随着信息技术的发展，从传统纸质阅读到现代数字阅读，从PC阅读到手机阅读，从电纸书到平板电脑，从微博到微信，从精读到泛读，从深阅读、浅阅读到微阅读、移动阅读，阅读方式越来越多样化，更让阅读在几乎所有场景和场所中发生。无论技术如何发展，图书馆要运用"图书馆+"战略去主动服务所有的人群、去实现全天候服务，积极主动地把阅读文化服务和元素送入一切可以进入的领域和行业、机构和场所。所有的组织机构和各行各业也要有"阅读+"的意识，主动思考如何把阅读推广与行业工作有机结合、如何把阅读元素与行业发展紧密结合起来。放眼国内外，汽车图书馆、地铁图书馆、机场图书馆、购物中心内的图书馆、阅读主题餐饮和酒店等早已不是新鲜事。如果所有的图书馆都有"图书馆+"思维、所有的行业和机构都有"阅读+"意识,那么全民阅读就不需要"推广"了[12]。

三、支撑全民阅读活动可持续发展

(一)加强支撑,推动全民阅读持续发展

近年来,在中央和各地政府的推动下,全民阅读活动在中国各地区蓬勃发展,越来越受欢迎,同时阅读体制也越来越完善,成效也越来越显著。推进全民阅读活动,建设全民阅读和谐社会已经成为全国各地甚至是全世界各地的共识。从1982年上海启动"振兴中华读书"活动以来,至今已有31个省、自治区、直辖市都组织开展了属于本地区的读书活动,有400多个城市自发开展了读书节、读书月、读书周等活动。把全民阅读作为一个有目的的推广活动来开展,则始于2000年全国知识工程小组决定每年12月举办"全民读书月"。截至2009年,有9个城市有了自己独具特色的城市读书节,形成了一定的规模。

虽然目前的全民阅读活动发展很快,但还存在许多问题:新闻报道多,专业文献较少且资源分散,不同地域或行业的阅读推广特色不明显;阅读推广活动缺乏长期性、延续性及整体性规划;全民阅读推广实践中缺少可借鉴的经验,一些活动内容与形式大同小异、不够新颖;社会参与不够充分,缺乏科学的调研与评估手段,阅读推广效果不够显著。针对这些问题,全民阅读活动推广工作正在寻找有力度的支撑,将全民阅读提升为国家发展战略,为全民阅读立法,主管部门每年发布活动通知,各省成立专门领导机构并订立活动方案,组织文化机构和媒体联盟,号召组建志愿者队伍推广阅读,聘请不同层面的阅读形象大使,确立各地区活动品牌,实施激励措施等,千方百计地加强管理机制,强化支撑手段,推动全民阅读持续发展。

(二)健全法制,为全民阅读保驾护航

全民阅读活动是个长期工程,必须将全民阅读上升为国家战略,并以法律的形式来促进和保障国家读书节的开展与实施,使全社会更深刻地认识到阅读的重要性和紧迫性,推动全社会阅读活动的开展。全国性的立法是全民阅读战略实施的保障,是促进全民阅读的重要手段。通过国家立法,可以规范政府和相关组织在全民阅读中的责任和义务,为阅读提供环境和条件保障。这在国外已有很多先例,如韩国在1994年颁布了《图书馆及读书振兴法》;

日本在2001年颁布了《关于推进儿童读书活动的法律》，2005年又颁布了《文字印刷文化振兴法》，这些都值得借鉴。

全国人大代表、国家图书馆常务副馆长詹福瑞建议，应尽快出台《全民阅读促进法》，通过国家立法来提升全民阅读的重要性，把全民阅读上升为国家文化战略，为建设学习型社会、提高全民科学文化素养提供法律保障。2013年8月，国家新闻出版广电总局表示，全民阅读立法已列入2013年国家立法工作计划，总局将争取在年底形成较成熟方案并提交国务院法制办。与此同时，全民阅读立法起草工作小组已草拟了《全民阅读促进条例》初稿。在《关于开展2014年全民阅读活动的通知》中，国家新闻出版广电总局表示今年要继续推动《全民阅读促进条例》、《国家全民阅读中长期规划》的起草、制订工作。鼓励各地积极推动全民阅读立法工作，以地方法规的形式将全民阅读纳入法制化轨道，推动全民阅读工作常态化、制度化。

全民阅读法律法规的出台，可以推动解决全民阅读工作中的一些问题，包括中国国民的平均阅读水平低于世界文化强国，需要采取有力的推进保障措施；未成年人阅读状况不容乐观，亟待改善；国民阅读公共资源和设施不足、不均衡；阅读内容良莠不齐，需要积极引导和扶持；全民阅读工作的统一规划、组织保障和经费支持等问题，使全民阅读推广活动得到保障。

（三）渐次渗透，培养国民良好阅读习惯

全民阅读活动是一项系统性工程，应当遵循循序渐进的原则，渐次发展的规律，把全民阅读活动逐步渗透到全国的每一个地方。要建立渗透机制，把全民阅读对社会主义公共文化建设的作用、意义、价值等功能融入全民阅读实践过程中，在循序渐进和潜移默化中达到理想的效果，促使国民形成并保持阅读习惯。

无论城市还是乡村，不分发达地区还是欠发达地区，每个人都成为全民阅读工程的参与者。首先，各级政府和文化事业单位明确全民阅读活动的主题、目标以及责任分工，把全民阅读活动渗透到全国的每一个角落。通过宣传活动、阅读比赛、图书展览等丰富多彩的活动，让民众潜移默化地接受阅读，喜爱阅读，自觉阅读，逐渐形成全民阅读的局面。其次，建立渗透机制注意把握适度性原则，根据不同文化程度民众的阅读需要，循序渐进、有的放矢。各级政府不是只进行简单的宣传活动，而是真抓实干，和民众一起阅读，购买图书，交流阅读心得和阅读经验。在全民阅读活动中，各级领导、尤其是文化事业领导责任重大，绝不玩忽职守，流于形式，只做表面文章，重虚不重实，重表不重里，而是躬身力行，以身作则，走进图书馆，用实际行动影响群众、感染群众。党和政府相关部门都下意识、有目的地把全民阅读活动对文化建设的作用、意义、价值渗透到全民阅读实践过程中，促进全民阅读习惯的形成。

（四）加强引导，促进全民阅读健康发展

1. 引导社会民众关注阅读热爱阅读

为了确保全民阅读活动能健康良性发展，需要对中国国民的阅读进行正确的引导与教育。这种引导机制是通过建立卓有成效的阅读宣传、动员、教育、引领的监督机制，引导社会民众关注阅读、热爱阅读和养成阅读习惯。目前，中国民众普遍存在着：阅读目的性不明确、鉴别力不强、功利性阅读、对快餐文化趋之若鹜等严重现象；老少边穷地区文化资源匮乏，阅读条件差；民众很少主动走进图书馆，对阅读存有轻视心理；图书市场不稳定，书价较贵，这些不良因素造成了全民阅读率的持续走低。着手解决这些问题，需要向民众宣传公民的阅读权利，阅读对个人进步、个人知识素养和文化素养的提高，个人阅读在全民公共文化建设中的意义等一系列问题，通过开展有效的阅读宣传活动，建立组织、动员、引领、监督等机制，把全民引导到良性阅读的轨道上来。

2. 引导社会民众认识图书馆走进图书馆

引导机制的重要内容之一就是让国民认识公共图书馆、走进图书馆，充分利用和分享图书馆的公共文化资源。要通过正确的引导，向民众输送明确的信息，即公共图书馆是知识储存的宝库，拥有覆盖面广泛、系统性强、形式多样、载体丰富的文献信息资源。公共图书馆具有公益性、平等性和开放性，这是它区别于其他信息机构的最大特征。它的开放性为各阶层读者提供了平等的阅读权利，它的公益性保障了各阶层读者都能共同享受最廉价的阅读服务，使得人们可以不受书价昂贵的影响，从而满足读者对知识信息的需求。

3. 为社会民众推荐优秀图书和优惠信息

当前，中央和地方政府部门每年都会有针对性的向不同人群推荐图书。民间的阅读推广比较活跃，形成了一批阅读推广人和阅读推广组织，有公益性的，也有商业性的，但是并没有形成一个为大众所广泛认同和信赖的、稳定的推广渠道。做好优秀图书的推介工作是一项极其重要的知识工程，国家做好优秀图书的推介工作，让民众尽快了解优秀图书的出版信息，注重推介工作的多样性（运用多种媒体）、层次性（不同读者群）、艺术性（吸引读者眼球），从而激发读者阅读的愿望与激情。通过设立专项基金，扶持一些独立的、在全国具有良好公信力的阅读推广机构，委托它们定期向社会推荐优秀图书，同时对内容粗制滥造、错误频出、质量不合格的图书进行曝光。加强与出版商和书商的合作，将新书、好书、获奖书、名家作品等通过展览的形式固定或巡回地公开展出，向民众提供优惠政策和信息，鼓励民众购书，养成阅读习惯，普及阅读文化。

4. 各级领导人作表率引导社会民众读书

政府政要和各界名人通过指导、关心、组织、参与国家读书节或其他相关读书活动，利用自身的影响力倡导阅读，带动全社会形成崇尚阅读的良好氛围。政府官员参与倡导阅读，在国外比比皆是。如在4月23日世界读书日这一天，美国总统布什、英国女王伊丽莎白二世、俄罗斯总统普京等许多国家首脑都曾亲自参与读书活动。美国阅读推广活动在政府、图书馆和各种教育民政、商业等公私营机构的合作下进行，宣传大使涵盖了从第一夫人、演艺明星到专家学者的广泛层面，阅读活动的效果可见一斑。在中国，最近几年政府领导人也越来越重视读书和推广阅读，习近平主席、李克强总理等国家领导人都做出了很好的表率。利用电视、电台以及网络媒体加强阅读推广活动的宣传，开发全国性的主题阅读活动，并组织各地各级图书馆参与，邀请政要和影视、体育明星参与宣传或担任阅读形象大使。利用名人效应积极响应了大众在阅读方面的效仿追星的心理，让其对阅读心动不止，行动不息。

（五）激励国民，调动群众阅读积极性

为推动全民阅读活动的长久开展，就要建立阅读激励机制，通过理性化、科学化、长远化、政策化的制度来激励国民，从而达到调动其阅读的积极性。全民阅读工程是一项艰巨的任务，需要重视阅读的内容、形式、手段，也需要一支能够胜任推进全民阅读的政府队伍、文化队伍和一套有效的促进全民阅读的激励制度。

由于全民阅读直接关系到国民总体素质的优劣，各国纷纷开展了阅读推广活动。美国政府不仅制定了各种法律法规，而且于1996年，由美国总统克林顿签署阅读挑战计划，以27.5亿元的资金动员全国民众帮助儿童提高阅读能力，2001年，布什总统又提出，不让一个孩子落伍的中小学教育法案，在法案中，提高儿童阅读能力的优先政策是主要内容之一，阅读优先计划以经费补助与师资培训的方式来帮助提高学龄前儿童及中小学生的阅读能力。英国、德国、俄罗斯、日本、墨西哥、葡萄牙、匈牙利等诸多发达国家为了推进全民阅读，不仅以购书经费、阅读基金等实施激励机制的方式来促进全民阅读，还制定出各种各样的激励措施[13]。中国属于发展中国家，近年来虽然展开了一系列全民阅读活动，拉开了全民阅读活动的序幕，但仍需要借鉴发达国家开展全民阅读的经验、尤其是激励措施，制定出符合中国国情的、实际的、具体的、便于落实的、长远的激励措施，以达到推进全民阅读，提高全民阅读能力，培植全民阅读习惯的目的。

全国范围内的全民阅读活动已形成一定规模并取得一些可喜的成效。若想进一步扩展全民阅读的范围和影响力，促进全民阅读长效可持续发展，引入恰当的激励办法，调动全民阅读热情，逐渐形成稳定的激励机制，其作用肯定是长效性的。引入激励机制，旨在激发读者的阅读兴趣，引导读者的阅读行为，逐渐养成热爱读书、自觉读书的良好习惯，并保持阅读活动的顺利开展与持久性。

1. 实行激励方法

卓有成效的全民阅读激励机制能够调动广大人民群众的阅读积极性，能够满足人民的阅读需求，推进全民阅读活动顺利开展。全民阅读工程是一项艰巨的任务，既需要重视全民阅读的内容、形式、手段，也需要一支能够胜任推进全民阅读的队伍和一套关于全民阅读活动的有效的激励机制。世界各国开展的全民阅读活动，都制定了不同的国家政策和激励机制。中国的全民阅读活动，需要借鉴发达国家全民阅读经验，尤其是激励措施，制定出符合中国国情的激励措施，以达到推进全民阅读的目的。

激励机制是促进全民阅读长效发展的有效的途径之一。如何最大程度使激励机制与全民阅读有机结合，是我们需要认真思考并努力解决的问题。全民阅读激励机制的建立主要从三个方面去考虑：①明确建立全民阅读激励机制的原则，要重点坚持以人为本与目的性、系统性、针对性、适度性原则。以人为本就是要满足不同读者的需要，最大限度地激励每一位读者的阅读积极性；目的性就是引导读者阅读与全民阅读目标相一致；系统性就是要确保各个层次的读者绩效与全民阅读总体目标趋于一致;针对性主要根据读者不同年龄、知识、背景、需求等层次选择不同的激励方式;适度性即根据读者的个性需求选择相应的激励方式。②科学选择激励手段,激励手段多种多样,要根据读者对象的不同,选择最有效的激励手段。以精神激励、舆论激励为主导,进一步激励"全民阅读"。如第14届北京国际图书博览会的"中华图书特殊贡献奖";宁波梅山保税区的"全民读书征文奖";2012年北京市评选出50个最具影响力和感染力的"书香家庭"等,旨在鼓励多出书、出好书、多读书、好读书、读好书,激励全民阅读。③注重激励的层次性,既有物质激励,又有精神激励,这种复合激励模式最能发挥效能。物质激励与精神激励是相辅相成的,如果只强调物质激励而忽视精神激励,或只强调精神激励而忽视物质激励都是片面的,这对调动读者的阅读积极性会大打折扣,只有互相补充,相辅相成,才能进一步激发读者的积极性。

2. 丰富激励手段

激励的手段有很多种:①物质激励。物质激励是运用物质奖励的手段,使受激励者得到物质上的满足而激发人们向上的动机。物质激励又有奖金激励和实物激励两种形式。对于读者的激励可选择实物奖励,对于管理者的激励可选择奖金或实物的奖励,同时应设置奖励等级和评定奖励等级的标准。实物奖励不宜过多且应富有变化,对于在全民阅读活动中优秀工作者及做出特别贡献的推广者,可以给予一定奖金奖励,以示激励。②精神激励。精神激励就是从满足人的精神需要出发,对人的心理施加必要的影响,从而产生激发力,影响人的行为。精神激励多以荣誉激励、榜样激励的方式出现。借助于荣誉感的刺激,使读者产生阅读兴趣,形成一种阅读动力和成就感。此外,通过典型能产生强大号召力和说服力,指引大家学习奋斗的方向和目标。因此,要善用榜样激励的方式调动读者的阅读积极性。③舆论激励。舆论激励是运用社会公德、职业道德的一般规范,造成某种舆论氛围,使激励对象产生一种荣誉感的激励方法。运用公众舆论的影响力,营造爱读书的社会氛围,引发全民阅读的社会效应,可通过报纸、广播、网络、微媒体等宣传媒介,对阅读事迹进行表扬,发挥舆论引导的作用,倡导全民阅读。④政策激励。政策激励主要是借助政府行为促进全民阅读的开展,发挥政府对全民阅读活动的导向和激励作用。目前中国政府对全民阅读的政策激励机制还不健全,需要加快脚步建立健全全民阅读的政策激励机制,通过政策激励促进全民阅读的开展[14]。

四、全民阅读工程目前的发展状况

从 2006 年开始，中国积极响应 1995 年联合国教科文组织确定的每年 4 月 23 日为"世界读书日"的号召，为了实现中华民族的伟大复兴，积极推广全民阅读活动，努力争取实现"让中国每一个角落的每一个人都能读到书"，让所有中国人的素质得到提高。经过连续 9 年的大力推动，目前全民阅读已成燎原之势，发展局面令人欣喜。

（一）中共中央国务院高度重视

2011 年，党的十七届六中全会首次在全会决议中写入"开展全民阅读"活动。2012 年 11 月，党的十八大报告历史性地写入"开展全民阅读活动"。2014—2016 年，"全民阅读"连续三次写入政府工作报告。此外，中央还多次下发文件，从文化改革、公共文化服务等多角度对全民阅读提出明确要求。由于全民阅读得到党中央国务院的高度重视，将全民阅读纳入国家发展战略，国家投入大量文化惠民工程建设资金，国家领导人带头读书学习，全媒体为全民阅读鼓与呼，极大地推动全民阅读环境与氛围的形成，社会民众的阅读意识不断加强，读书理念逐步扎根。

（二）全民阅读立法工作全面展开

国家新闻出版广电总局于 2013 年 3 月开始组织起草《全民阅读促进条例》，先后列入国务院 2013 年、2014 年立法计划和中宣部文化立法相关规划，目前正处在征求意见阶段。目前，先于国家全民阅读立法，全国已有江苏省、湖北省、辽宁省、深圳市为本省的全民阅读活动宣布立法。2014 年 11 月 27 日，江苏省十二届人民代表大会常务委员会第十三次会议通过了《江苏省人民代表大会常务委员会关于促进全民阅读的决定》，于 2015 年 1 月 1 日起施行。2014 年 11 月 24 日，《湖北省全民阅读促进办法》经省人民政府常务会议审议通过，12 月 6 日省人民政府第 376 号令公布，自 2015 年 3 月 1 日起施行。2015 年 3 月 31 日《辽宁人民代表大会常务委员会关于促进全民阅读的决定》也正式实施。2014 年 6 月 24 日，《深圳经济特区全民阅读促进条例（征求意见稿）》开始在深圳市法制办官网上公布征求市民的意见，不久将公布实施。此外，上海、福建等省市的全民阅读立法也初步形成。随着全民阅读立法工作的全面展开，将会促进和保障全民阅读活动的推广发展。

（三）全民阅读活动品牌不断推新

多年来，国家新闻出版广电总局致力于打造国家全民阅读品牌，创办了"书香中国"全民阅读电视晚会、开展全国"书香之家"推荐活动、向全国青少年推荐百种优秀图书活动和"大众喜爱的 50 种图书"评选等优秀品牌，组织实施覆盖全国 60 多万个行政村的农家书屋工程和城乡阅报栏（屏）工程等。全民阅读活动得到广泛推广，已在全国范围遍地生花，多个省市已拥有大型品牌读书活动，如"北京阅读季""书香安徽阅读季""深圳读书月""三湘读书月""天山读书节""书香江苏""书香上海""书香荆楚"等。其中如"深圳读书月"已不间断地开展了 15 年。这些品牌活动延续时间长，覆盖人群广，子项目种类繁多，推动了阅读服务各环节发展，提升了公共文化服务能力和质量，极大地提升了当地阅读文化生态环境。值得一提的是深圳市，2013 年被联合国教科文组织授予"全球全民阅读示范城市"称号，他们通过持之以恒地推动全民阅读，整个城市正在由"文化沙漠"变成"文化绿洲"。

（四）社会民众支持参与度逐步提高

国家新闻出版广电总局每年 4 月左右都要下发全民阅读活动通知，并千方百计谋划活动创新，力推全民阅读"七进"，即进家庭、进社区、进学校、进军营、进机关、进企业、进农村活动，尤其注重服务农民、外来务工人员、残疾人、留守儿童等重点弱势人群阅读，各类全民活动时间延续覆盖全年，每年吸引 8 亿多读者参与。例如，2014 年开展的"百社千校书香童年"阅读活动，共举办各类读书活动 3 000 多场次，捐赠图书 200 万册，覆盖全国 31 个省（市、区）3 800 多所学校的 360 多万名学生。此外，大力开发志愿者资源，组建全民阅读志愿者队伍，在全民阅读工程中担当劝读者、帮扶者、宣传者、沟通者、创造者、支撑者等桥梁和纽带作用，承担宣传和推广的责任义务，活跃在全民阅读系列活动中。同时，"全民阅读联合会""公益性民间读书会"等民间学习组织发展日益兴盛，成为推进全民阅读工程的重要支撑载体，以积极有效的方式推动全民阅读。

（五）国民阅读率和阅读量有效提升

经过各级政府和相关组织的不懈努力，经过全社会的大力支持、参与合作，全民阅读的氛围已经形成。我们可以欣喜地看到，报刊媒体上倡导全民阅读的声音响了，各种优秀图书推荐目录看不过来了，微信平台中的读书人多了，众多民间图书馆、绘本馆、阅读推广公益组织成长起来了，流动借书车、流动图书角、自动借书机和24小时书店在各地出现了。据2013年4月18日中国新闻出版研究院发布的第十次全国国民阅读调查数据显示，国民图书阅读率、传统纸质阅读量、国民图书读买量都呈现积极上升态势。阅读形式的调查表明，有超过七成国人更倾向于"拿一本纸质图书阅读"。[6]2 同时，阅读形式的增加也为阅读量的增长贡献了力量，网络在线阅读、手机阅读等形式让阅读变得更加便捷。2012年电子书阅读量增幅非常明显，人均阅读电子书2.35本，比2011年增长了0.93本，增幅达65.5%，这个数字在未来仍有很大的增长空间[15]。

五、结语

全民阅读工程正在深入发展，在近10年的社会实践中，通过社会相关机构千方百计的组织策划，阅读活动呈现五彩缤纷的内容与形式，所开展的各项全民阅读活动凸显和实证了全民阅读的国家战略性、社会协作性、形式多样性、活动公益性、特殊关怀性等特色与优势。同时，全民阅读活动的推广走向了有法律护航、循序渐进、示范引导、激励手段等模式，有利支撑了全民阅读活动的可持续发展。全民阅读活动规模不断扩大，内容不断充实，方式不断创新，影响力和辐射力日益显著，取得了令人欣喜的突破与成绩。

参考文献：

[1] 新华网. 2013亚洲图书馆馆长论坛在云南昆明举行[EB/OL]. [2015 – 05 – 21]. http://news.xinhuanet.com/local/2013 – 11/20/c_118218674.htm.

[2] 东方文创. 2014上海书展圆满落幕[EB/OL]. [2015 – 05 – 21]. http://shcci.eastday.com/c/20140827/u1a8306097.html.

[3] 天津广播网. 全国农家书屋工程建设总结大会在天津举行[EB/OL]. [2015 – 05 – 21]. http://www.radiotj.com/gnwyw/system⑰09/28/000426041.shtml.

[4] 蒋琦,刘芳. 全国全民阅读媒体联盟在武汉成立[EB/OL]. [2015 – 05 – 21]. http://native.cnr.cn/city/201304/t20130411_512341591.shtml.

[5] 百度百科. 成都市实体书店扶持奖励办法（试行）[EB/OL]. [2015 – 05 – 21]. http://baike.baidu.com/link?url = Gr3 – Pro3esAQp_Q_AHcp46xRDk6NGBK6gLlq6lIj6J7zPnggg3a83PywzzcDyQpL13MACJVf5.

[6] 光明网.全民阅读在中国[EB/OL].[2015-05-21].http://news.gmw.cn/2015-01/06/content_14406271.htm.

[7] 王锐.中国残疾人8300万占全国人口6.34%涉及2.6亿家庭[EB/OL].[2015-05-21].http://www.china.com.cnnews2008-08/24/content_16317968.htm.

[8] 图书馆界.社区图书馆:全民阅读时代的"便利店[EB/OL].[2015-05-21].http://www.nlc.gov.cn/newtsgj/yjdt/2010n/3y_2174/201003/t20100322_34021.htm.

[9] 中国新闻网.湖北大学为留守儿童建立爱心书屋[EB/OL].[2015-05-21].http://www.chinanews.com/edu/2012/09-29/4223688.shtml.

[10] 王宇.公益性民间读书会及其与图书馆的合作机制.图书情报工作,2014(5):25-28.

[11] 燕今伟.信息时代的呼唤——感悟《图书馆合作与信息资源共享武汉宣言》大学图书馆学报,2006(2):16-17.

[12] 陈超.用"互联网+"和"图书馆+"成就全民阅读.文汇报,2015-04-24③.

[13] 博客大巴.怎样让孩子捧起书本[EB/OL].[2015-05-21].http://www.blogbus.com/taitouwangxingxing-logs/10225485.html.

[14] 王磊.全民阅读活动中激励策略之运用.图书情报工作,2014(5):11-15.

[15] 新闻出版广电总局.2013年全民阅读活动安排[EB/OL].[2015-05-21].http://news.xinhuanet.combook2013-04/18/c_124596169.htm.

第十章 全民阅读工程的法律政策环境

全民阅读不仅是一项文化教育工程，也是关乎国家文明富强的一项重要基础性工作，更是提升国家软实力和竞争力建设的重要措施。因此，建设学习型社会、推广全民阅读，需要国家政府主导；提高国民的阅读能力，需要政府的高度重视和全社会的积极参与。自2006年以来，全民阅读活动逐渐受到中央重视，战略意义日益凸显。经过各省各部门多年来的共同努力，全民阅读活动的规模逐年扩大，模式不断创新，影响日益深入，取得了令人欣喜的成绩。各地提出阅读规划，长效机制建设取得进展；"书香中国"成为全民阅读活动的品牌；农家书屋工程覆盖了全国的行政村，改善了基层群众的阅读条件；国民阅读率得到显著提高。但是，国内全民阅读活动的开展已有多年，人们仍在摸着石头过河，诸多问题亟待解决。国家层面的专门阅读组织领导机构不健全、全民阅读缺乏国家法律法规保障、国民阅读能力总体不高、国民阅读权利达不到普遍均等、助推阅读的有效力量调动不够等，尤其是法律政策环境的相关问题，对全民阅读活动的推广有着巨大的影响，这些问题都需要通过立法来监督解决。

一、全民阅读受到党和政府的重视

（一）党和国家政府的相关政策

党和政府需要通过国家法律政策来保障全民阅读工程的推动，相关的法律政策能够帮助取得事半功倍的效率，中国政府对此的认识是循序渐进的。

20世纪60年代，学习型社会作为一种全新的理念受到世界各国的广泛重视。美国、德国、加拿大、意大利、瑞士等国都积极致力于构建学习型社会。1972年，联合国教科文组织向全世界发出了"走向阅读社会"的号召，要求社会成员人人读书，让读书成为人们日常生活中不可或缺的部分。1995年正式确定每年4月23日为"世界读书日"。虽然这个节日的历史还不长，但它已受到全世界的欢迎和响应。每年的这一天（一周或一个月），世界100多个国家和地区在政府的支持下，各界人士都要开展丰富多彩的读书日庆典和图书宣传活动，目的是推动更多的人阅读和学习，希望和鼓励散居在世界各地的人，无论你是年老或年轻、贫穷或富裕、患病或健康，都能享受阅读的乐趣，并以热爱读书的名义对那些为人类文化进步做出贡献的人表示尊重和感谢[1]。

然而在中国，1995年国民还不知晓"学习型社会"和这个世界性的读书节日，只是提到"知识工程"。直到2002年的十六大才提出"形成全民学习、终身学习的学习型社会"的要求。2006年4月，中央宣传部、中央文明办、新闻出版总署、文化部等11个部门团体联合发出《关于开展全民阅读活动的倡议书》[2]，倡导开展"爱读书、读好书"的全民阅读活动，但没有得到党和国家的高度重视。在2006年《国家"十一五"时期文化发展规划纲要》中只提到实施"送书下乡工程"，解决农民群众看书难问题。

在2011年《新闻出版业"十二五"时期发展规划》中正式提到"全民阅读工程"，并将其列入新闻出版公共服务建设之中。2011年10月，党的十七届六中全会审议通过《中共中央关于深化文化体制改革、推动社会主义文化大发展大繁荣若干重大问题的决定》，明确提出要满足全体人民读书看报等基本文化权益，加快城乡文化一体化发展，加强县级文化馆和图书馆、乡镇综合文化站、村文化室的建设，深入实施农家书屋等文化惠民工程，深入开展全民阅读。2012年2月《国家"十二五"时期文化改革发展规划纲要》将"深入开展全民阅读"列入重要文化建设工程[3]，8月国务院把"公共阅读服务"纳入《国家基本公共服务体系"十二五"规划》之中，11月"开展全民阅读活动"被列入《中共十八大工作报告》，这是"全民阅读"第一次被列入党的工作报告中，显示出党中央对开展全民阅读活动给予了重视。2014年3月，中华人民共和国第十二届全国人民代表大会，李克强总理在政府工作报告中首次提到"倡导全民阅读"，成为政府工作报告的亮点[4]，凸显中国政府对全民阅读问题已有高度重视。相较于14年的初试啼音，2015年全民阅读在政府报告中迈出了一大步，建设书香社会的概念被提出。2016年，全民阅读第三次进入政府工作报告，促进传统媒体与新兴媒体融合发展，构建现代公共文化服务体系的概念代表了全民阅读三年间工作成果的实质性发展。这一时期党和国家政府关于全民阅读活动的相关政策如表1所示。

表1 党和国家政府关于全民阅读相关政策（2006－2016）

发布时间	文件名称	关于全民阅读
2006年9月13日	《国家"十一五"时期文化发展规划纲要》	实施"送书下乡工程"，解决农民群众看书难问题。
2011年10月3日	《新闻出版业"十二五"时期发展规划》	将"全民阅读工程"列入新闻出版公共服务建设工程。
2012年2月15日	《国家"十二五"时期文化改革发展规划纲要》	将"深入开展全民阅读"列入重要文化建设工程。
2012年8月16日	《国家基本公共服务体系"十二五"规划》	国务院把"公共阅读服务"纳入"十二五"规划中。
2012年11月18日	《中共十八大报告》	首次将"开展全民阅读活动"列入党的"十八大"工作报告中。
2010年3月5日	《中华人民共和国第十一届全国人民代表大会政府工作报告》	推进重点文化惠民工程，完善公共文化服务体系。
2014年3月5日	《中华人民共和国第十二届全国人民代表大会政府工作报告》	首次将"倡导全民阅读"写入政府工作报告。
2015年	《关于加快构建现代公共文化服务体系的意见》	对"全民阅读"工作提出了更高的要求。
2016年	《国务院政府工作报告》	要深化群众性精神文明创建活动，倡导全民阅读、普及科学知识，提高国民素质和社会文明程度。

（二）全民阅读立法步入实质性立法阶段

对于全民阅读立法的呼吁，不是一家之言，也不是一次之声，是许多专家学者、人大代表、政协委员多年以来反复提出的建议而未果。目前，全民阅读立法的直接动力源自2013年全国两会期间115位政协委员联名签署并提交的《关于制定实施国家全民阅读战略的提案》。提案建议制定实施国家全民阅读战略，并提出五项具体建议：①成立国家全民阅读指导委员会，以加强领导、统筹协调各地各部门资源，形成合力，建立长效机制，形成国家长远战略，解决全民阅读工作中的重点难点问题。②进行全民阅读立法，由全国人大制定《全民阅读法》、国务院制定《全民阅读条例》，以法律法规的形式推动全民阅读工作迈入法制化轨道,确定政府为促进全民阅读的责任主体。③制定全民阅读规划,作为开展全民阅读的指导性文件。④建立国家阅读基金,建设全民阅读重点工程。⑤设立国家全民阅读节,可把孔子诞辰日9月28日定为"全国阅读节"[5]。

为了规范和保障各类阅读活动,在国家新闻出版广电总局的积极推动下,全民阅读立法已被提上日程。2013年8月4日,国家新闻出版广电总局传出消息,全民阅读立法已列入2013年国家立法工作计划,与此同时,全民阅读立法起草工作小组已草拟了《全民阅读促进条例》初稿,通过网上公开征求意见、地方调研等多种方式,广泛听取各界意见,继续修改完善并报国务院批准。国家新闻出版广电总局相关负责人表示,全民阅读工作中需要立法推动解决的主要问题包括:①中国国民的平均阅读水平低于世界文化强国水平,需要采取有力的推进保障措施;②未成年人阅读状况不容乐观,亟待改善;③国民阅读的公共资源和设施不足,分布不均衡;④阅读内容良莠不齐,需要积极引导和扶持。截至2014年7月,立法工作者已经介入《全民阅读促进条例》整个文本的起草工作。文稿已完成第8稿,正在各省、市、自治区征求意见,进入了国家的立法程序,这项工作在顺利推进之中,全民阅读立法变成现实将指日可待。

(三) 正确认识全民阅读立法

目前,全民阅读立法已进入实质阶段,指日可待。希望由全国人大制定《全民阅读法》、国务院制定《全民阅读条例》,以法律法规的形式将推动全民阅读工作纳入法制化轨道。但目前应加强宣传,解决对"阅读立法"的误读和非议。①"阅读立法"它不是传统意义上以管制性、约束性规范为主要内容的管理型立法。它是一种"促进型立法",是对管理型立法的重要补充,重在提倡、促进某项事业的发展。②"阅读立法"不是对个人权利的限制、约束、干预和剥夺,是对个体的提醒和号召,培养全体公民的阅读意识。重要的是对各级政府公共责任的明确与强调,明确倡导政府主导下的社会参与。③"阅读立法"强调政府应加大智力和财力的投入。如《全民阅读促进条例》中提出要解决"国民阅读公共资源和设施不足、不均衡"的问题,需要政府加大对公共图书馆的投入,并搭建更多的阅读平台;提出要解决"阅读内容良莠不齐"的问题,需要政府加大对出版业的整合管理力度;还提出要解决"全民阅读工作缺乏统一规划、组织保障和经费支持",需要政府举办阅读活动,加大阅读宣传[6]。从这个意义上来说,以"促进"为目的的"阅读立法",其最终效果值得期待,立法出台越早越会促进全民阅读有序深入发展。

二、全民阅读工程的政策环境

(一) 相关文化部门的政策

这里所谓相关文化部门是指发起倡导全民阅读的相关部门。2006年4月,中宣部、中央文明办等11部门发出《关于开展全民阅读活动的倡议书》;2007年4月,在原来11部门基础上增加到17部门,联合发出《关于开展以"同享知识,共创和谐"为主题的全民阅读活动的通知》[7];同年12月,中宣部、新闻出版总署等部门发出《关于认真做好2008年全民阅读活动的通知》,从2011年3月开始至2014年3月由国家新闻出版总署(2013年改称国家新闻出版广电总局)署名,每年发布"关于深入开展全民阅读活动的通知"(见表2)。从2006年起,新闻出版总署与中宣部等部门一同从国家层面上推动全民阅读活动,每年都专门下发通知,部署全国各地各部门共同开展全民阅读活动,通过一系列积极举措,倡导和组织开展全民阅读活动,大力建设书香社会。

表2:国家文化部门关于全民阅读工程的通知文件(2006—2016)

发布时间	颁发部门	文件名称
2006年4月5日	中宣部、中央文明办等11部门	《关于开展全民阅读活动的倡议书》
2007年4月9日	中宣部、中央文明办等17部门	《关于开展以"同享知识,共创和谐"为主题的全民阅读活动的通知》(中宣发[2007]5号)
2007年12月30日	中宣部、中央文明办	《关于认真做好2008年全民阅读活动的通知》(新出联[2007]13号)
2009年3月25日	中宣部、新闻出版总署	《关于进一步推动全民阅读活动的通知》(新出联[2009]7号)
2010年4月14日	中宣部、中央文明办	《2010年全民阅读活动行动计划》(中宣办发[2010]15号)

续表

发布时间	颁发部门	文件名称
2011年3月15日	国家新闻出版总署	《关于深入开展2011年全民阅读活动的通知》
2012年3月29日	国家新闻出版总署	《关于深入开展全民阅读活动努力建设"书香中国"的通知》新出厅字〔2012〕146号
2012年12月11日	国家新闻出版总署	《关于公布"全民阅读报刊行"优秀栏目、优秀活动和优秀组织机构推荐结果的通知》（新出字〔2012〕328号）
2013年3月15日	国家新闻出版广电总局	《关于开展2013年全民阅读活动的通知》（新出字〔2013〕103号）
2013年4月1日	国家新闻出版广电总局	《关于开展首届全国"书香之家"推荐活动的通知》（新出字〔2013〕68号）
2014年3月10日	国家新闻出版广电总局	《关于开展2014年全民阅读活动的通知》（新广出发〔2014〕34号）
2015年3月1日	国家新闻出版广电总局	《关于开展2015年全民阅读工作的通知》（新广出发〔2015〕10号）
2016年1月5日	国家新闻出版广电总局	《关于开展2016年全民阅读工作的通知》（新广出发〔2016〕1号）

（二）中国图书馆学会的政策

中国图书馆学会是全国性学术群众团体，是党和政府联系图书馆工作者的桥梁和纽带。作为行业学会，对于推动全民阅读具有义不容辞的责任。2003年7月，中国图书馆学会接受文化部的委托，开始组织全国图书馆行业的全民阅读活动。由此，学会将全民阅读工作提上主要议事日程，列入年度工作计划，并且加强组织领导。2006年4月成立了中国图书馆学会科普与阅读指导委员会，使学会在推动全民阅读方面有了专门的组织机构和指导原则。科普与阅读指导委员会成立后逐步积累经验，丰富日常活动内容和学术研究，成功举办两届全民阅读论坛，编辑出版《书与阅读文库》、《中国阅读报告》丛书、创办《今日阅读》会刊[8]，取得了一定成效。2009年9月27日学会将"科普与阅读指导委员会"更名为"阅读推广委员会"，下设阅读文化研究委员会、推荐书目委员会、藏书文化研究委员会、图书馆与社会阅读委员会等15个专业委员会。2010年4月9日,"全民阅读网"正式启动,网站包含资讯与动态、阅读与鉴赏、推荐与评论、技巧与方式、专家与读者、研究与出版、委员会专栏等栏目,既是阅读推广委员会的工作平台,又是面向行业的研究交流平台,还是面向读者的阅读服务平台。从2003年开始至今,阅读推广委员会连续12年不间断地发出关于开展"全民阅读"工作的通知(见表3)。通知明确活动主题,部署活动内容,推荐阅读书目,制定全民阅读赠书计划,开展全民阅读奖励以及建立示范基地等活动,这些通知均起到了行业规章或政策的作用,领导全国图书馆界广泛而深入的开展全民阅读,发挥行业优势,推动全民阅读。

表3:中国图书馆学会全民阅读工程的通知文件(2003—2016)

时间	通知名称	活动主题
2003年9月29日	《关于开展2003年"全民读书月"活动的通知》	享受阅读快乐,提高生命质量。
2004年3月22日	《关于开展2004年全民阅读宣传活动的通知》	关注青少年阅读,开创精彩人生。
2005年3月24日	《关于开展2005年全民阅读活动的通知》	阅读丰富人生,共建和谐社会。
2006年3月14日	《关于开展2006年全民阅读活动的通知》	图书馆:公众的权益和选择。
2007年3月19日	《关于开展2007年全民阅读活动的通知》	图书馆:阅读社会的家园。
2008年3月14日	《关于开展2008年全民阅读活动的通知》	图书馆:公民讲堂。
2009年3月19日	《关于开展2009年全民阅读活动的通知》	让我们在阅读中一起成长。
2010年3月10日	《关于开展2010年"全民阅读"活动的通知》	保障阅读权利,享受阅读快乐。
2011年3月21日	《关于开展2011年"全民阅读"工作的通知》	读书,给人智慧,使人勇敢,让人温暖。
2012年3月13日	《关于开展2012年"全民阅读"工作的通知》	播撒阅读种子,构建公共文化。
2013年3月18日	《关于开展2013年"全民阅读"工作的通知》	知识给人力量,阅读引领未来。
2014年3月18日	《关于开展2014年"全民阅读"工作的通知》	阅读,请到图书馆。

续表

时间	通知名称	活动主题
2015年3月18日	《关于开展2015年"全民阅读"工作的通知》	阅读的力量
2016年3月30日	《关于开展2016年"全民阅读"工作的通知》	阅读,从图书馆出发

(三) 各省市区全民阅读政策

从2006年中宣部等发出推动全民阅读活动倡议以来,受到全国各省市区的广泛响应。各省党委、政府把全民阅读工程作为一项长期的重要战略任务,纳入工作议事日程,加强领导,明确责任,切实抓紧抓好。目前,全国有湖南、湖北、江苏、广东、河北、黑龙江、福建、重庆、陕西、新疆等18个省市区成立了由地方党委或政府主要领导担任负责人的全民阅读组织领导机构[9]。省政府领导带头推广全民阅读工程,结合本省实际制订全民阅读工程的法规政策(见表4),多数省份都制订全民阅读活动实施方案,深圳还制订了(2010—2020年)读书月发展规划。(因篇幅所限,表格仅列部分省市区某一年代发布的通知文件。)这些文件为当地加强组织领导、制订工程规划、配置文化资源、组织品牌活动、宣传助力推广、解决重点难点问题等发挥了法规政策的作用与效力。

表4:省市区全民阅读工程的部分通知文件(2008—2016)

发布时间	颁发部门	通知文件名称
2008年4月20日	新疆维吾尔自治区党委	《关于认真开展2008年全民阅读活动的通知》(新新出联字〔2008〕1号)
2009年11月9日	湖南省委省政府	《湖南2009年开展"全民阅读进村组"系列活动的通知》(湘农办〔2009〕177号)
2009年9月9日	内蒙古党委组织部等	《〈关于在全区领导干部中开展阅读活动的实施意见〉的通知》(内新出联字〔2009〕5号)
2010年11月1日	深圳市委市政府	《关于深入开展全民阅读活动,加快推进学习型城市建设的若干意见》(深发〔2010〕14号)

续表

发布时间	颁发部门	通知文件名称
2011年4月12日	广东省委宣传部	《2011"书香岭南"全民阅读活动工作方案》（粤宣通〔2011〕15号）
2011年4月21日	鄂尔多斯市文明办	《关于印发<进一步开展全民阅读活动实施方案>的通知》，（鄂文明委发〔2011〕8号）
2011年4月23日	黑龙江省委宣传部	《关于2011年黑龙江省全民阅读活动有关工作的通知》
2011年2月25日	吉林省新闻出版局	《关于深入开展全民阅读活动的通知》（吉新出〔2011〕26号）
2012年4月20日	浙江省委宣传部等	《关于印发<浙江省2012年全民阅读重点活动安排>的通知》（浙文明办〔2012〕8号）
2012年4月28日	湖北省委省政府	《关于开展全民阅读活动建设学习型湖北的意见》（鄂办发〔2012〕3号）
2013年4月10日	河北省新闻出版局等	《关于开展2013年全民阅读活动的通知》（冀新出〔2013〕19号）
2013年4月15日	四川省新闻出版局	《关于开展2013年全民阅读活动的通知》（川新出函〔2013〕79号）
2013年4月24日	江苏省委宣传部	《关于开展2013年江苏省全民阅读活动的通知》（苏宣通〔2013〕26号）
2013年9月22日	福建省委宣传部等	《关于开展2013全民阅读活动暨第七届"书香八闽"全民读书月活动通知》（闽新出联〔2013〕4号）
2014年4月8日	上海市新闻出版局	《关于开展2014年本市全民阅读活动的通知》（沪新出出〔2014〕405号）
2014年4月16日	河南省教育厅	《关于在全省中小学倡导开展"书香家庭亲子共读"活动》（教关〔2013〕492号）
2015年3月10日	中共黑龙江省委宣传部 黑龙江省新闻出版广电局	关于印发《黑龙江省2015年全民阅读活动实施方案》的通知
2016年4月25日	江苏省新闻出版广电局 省全民阅读活动领导小组	关于印发2016年江苏省全民阅读工作要点的通知（苏阅发〔2016〕2号

（四）其他扶助文件和措施

全民阅读工程不是某一部门的事，是全社会的文化工程。为推广全民阅读工程，除上述代表国家层面的通知文件和省市地区通知文件外，另有文化部、教育部、共青团中央、全国妇联、全国知识工程领导小组、出版总署新闻报刊司及全国全民阅读媒体联盟等相关部门均积极开展工作，虽然所发文件不具有法律效力，但仍不断地出现对全民阅读所做的倡议、规划和部署，形成了社会各界参与、媒体企业支持、多方力量共同运作推进全民阅读活动的格局（见表5）。

表5：其他有关全民阅读工程的文件和措施

发布时间	颁布部门	文件和措施名称
2005年8月18日	共青团中央等	《关于开展"光华公益书海工程"活动的通知》
2010年4月27日	新闻出版总署新闻报刊司	《关于开展"全民阅读报刊行"活动的通知》（新出报刊［2010］113号）
2010年10月12日	全国妇联、中国妇女报社	《创建和谐家庭读书活动阅读计划》
2011年1月26日	文化部、财政部	《关于推进全国美术馆、公共图书馆、文化馆（站）免费开放工作的意见》（文财务发［2011］5号）
2011年9月20日	新闻出版总署新闻报刊司	《关于报送开展"全民阅读报刊行"活动有关情况的通知》（新出报刊司［2011］378号）
2012年3月22日	新闻出版总署出版管理司	《关于深入开展全民阅读活动努力建设"书香中国"的通知》（新出厅字［2012］146号）
2012年9月29日	教育部办公厅	《关于举办2012年全民终身学习活动周的通知》（办发［2012］43号）
2013年3月8日	全国政协委员115人签名	《关于制定实施国家全民阅读战略的提案》
2013年4月16日	全国"知识工程"领导小组	《关于在全国开展2013年图书馆服务宣传周活动的通知》（知办发［2013］1号）
2013年4月27日	新闻出版总署新闻报刊司	《关于开展"全民阅读报刊行"优秀书评作品推荐工作的通知》（新出报刊司［2013］195号）
2013年9月27日	全国全民阅读媒体联盟	《运河读书倡议书》
2013年9月27日	全国全民阅读媒体联盟	《西湖读书宣言》
2014年4月16日	全国"知识工程"领导小组	《关于在全国开展2015年图书馆服务宣传周活动的通知》（知办发［2015］1号）

续表

发布时间	颁布部门	文件和措施名称
2014年5月12日	全国"知识工程"领导小组	《全国知识工程领导小组办公室关于在全国开展2015图书馆服务宣传周活动的通知》
2016年4月17日	全国"知识工程"领导小组	《全国知识工程领导小组办公室关于在全国开展2016年度图书馆服务宣传周活动的通知》

（五）各省市全民阅读立法相继颁布

在国家全民阅读立法的引领下，目前，有一些省份已经先于国家立法颁布了本省的全民阅读法规。

1. 江苏省全民阅读立法

2014年11月27日，江苏省十二届人民代表大会常务委员会第十三次会议通过了《江苏省人民代表大会常务委员会关于促进全民阅读的决定》，于2015年1月1日起施行。该《决定》共有19条，主要内容：①明确政府全民阅读工作职责，规定县级以上地方政府应当统筹相关专项基金，安排响应基金用于促进全民阅读。②完善公共阅读服务场所建设，实行免费开放，节假日时间适当延长开放时间。③鼓励社会力量参与全民阅读，成立全民阅读公益基金，接收社会捐赠，鼓励高校图书馆向社会免费开放。④设立全民阅读日，每年4月23日为"江苏全民阅读日"，每年举办"江苏阅读节"。⑤推进公共图书馆实行总分馆制，信息资源互联互通，共享共用。⑥加大数字化阅读设施建设力度，鼓励和支持各类数字阅读新技术的开发应用。⑦扶持实体书店，鼓励有条件的实施24小时营业。⑧高度重视为成年人阅读，鼓励社会营造未成年人的阅读环境。⑨为特殊群体阅读提供便利。⑩建立全民阅读调查评估制度。《决定》以地方性法规的形式将全民阅读纳入法制化轨道[10]。

2. 湖北省全民阅读立法

2014年11月24日，《湖北省全民阅读促进办法》经省人民政府常务会议审议通过，12月6日省人民政府第376号令公布，自2015年3月1日起施行。该《办法》是地方政府发布的规章支持全民阅读。《办法》共有32条。规定全省阅读基金初始规模1亿元，并逐年增加。地方各级政府应将全民阅读工作所需经费列入本级财政预算，有条件的地区可以设立地方阅读基金。

针对特殊人群阅读，鼓励和支持中小学加强校园阅读文化建设，学校应当保证学生在校期间每天参加 30 分钟的课外阅读活动；在进城务工人员居住相对集中的区域，所在地政府和企业应当设立阅读设施，提供阅读服务，开展阅读活动。在优惠政策方面，规定政府采取政府购买、项目补贴、税收减免或者奖励等方式，鼓励和吸引社会力量参与全民阅读服务。提出由省财政拨款设立全民阅读基金，并依法接受自然人、法人或其他组织的捐赠。这部法规，创造了全国第一部把孔子诞辰日（9 月 28 日）设立为节日（读书日）的法规。《湖北省全民阅读促进办法》作为全民阅读的地方政府规章，是湖北省全民阅读工作发展进程中具有里程碑意义的大事，也为今后推行全民阅读提供了制度保障[11]。

3. 辽宁省全民阅读立法

2015 年 3 月 31 日《辽宁人民代表大会常务委员会关于促进全民阅读的决定》也正式实施。该《决定》只有 5 条。①增强促进全民阅读的使命感，全民阅读活动应当遵循政府主导、社会参与、服务大众、传承文化、公益普惠、合理便利的原则。②全面开展阅读推广各项活动，推广活动将进机关、进社区、进校园、进企业、进乡村、进军营为工作重点。③组织公共文化机构提供读书惠民服务，积极推广移动阅读、网络阅读、电子阅读、电视阅读等方式，丰富群众阅读形式，扩大阅读受众范围。④营造全民阅读的良好氛围，公务员、教师、作家、艺术家、科技工作者、新闻出版工作者等，应当带头发挥阅读示范作用，并积极参加促进全民阅读推广等活动。⑤建立和完善全民阅读的长效机制，县级以上人民政府应当将全民阅读设施建设纳入城乡规划，合理配置资源，提供便利服务[12]。《决定》规范政府促进全民阅读的责任和义务，激发社会各界参与全民阅读的活力，提高公民整体阅读能力，推动书香辽宁建设和文化强省建设。

4. 深圳市全民阅读立法

2014 年 6 月 24 日，《深圳经济特区全民阅读促进条例（草案）》已经市政府常务会议审议通过，现已提请市人大常委会审议。为做好该条例的审查工作，根据《深圳市制定法规条例》规定，现将条例草案在"深圳人大网"、"深圳政府在线"、"深圳新闻网"全文公布，广泛征求社会各方面的意见。为推动相关部门建立推动全民阅读的长效机制，《条例》初稿的框架中，拟设计"设立全民阅读委员会"等十大制度，对阅读管理、阅读资源、阅读服务、未成年人阅读、阅读推广、阅读宣传、阅读评估、阅读参与、阅读保障等方面制定法规。《条例》规定保障市民使用、参与、创造及成果保护的权利。其中，包括"鼓励社会力量参与"、"30%馆藏文献面向未成年人"、"设立全民阅读基金"、"福利彩票公益金支持阅读制度"等具有新意的内容令人耳目一新，并得到了专家学者的肯定[13]。新条例不仅将保障市民的阅读权利，也将对各政府机构在推动阅读上提出要求，也为民间阅读组织提供法律权益上的保护。

此外，上海、福建等省市的全民阅读立法也初步形成。随着全民阅读立法工作的全面展开，为推动全民阅读习惯的养成，各地都在探索中，将会促进和保障全民阅读活动的推广发展。

5. 四川省全民阅读立法

2016年3月29日，四川省十二届人大常委会第24次会议通过了《四川省人民代表大会常务委员会关于促进全民阅读的决定》。该《决定》分促进全民阅读，加快文化强省建设；强化政府职责，推动全民阅读开展；完善服务体系，提供良好阅读环境；打造阅读品牌，发挥引领示范作用；关注特殊群体，保障基本阅读权利；加强调查评估，科学指导全民阅读6部分，《决定》自2016年4月23日起实施。

今后，四川省各级人民政府将促进全民阅读纳入精神文明建设指标体系，全民阅读工作经费将纳入年度财政预算。同时，四川省还第一次将全民阅读纳入各地绩效考核，并明确了分值。该决定要求四川省公共阅读服务场所及设施应依法实施免费开放，鼓励和支持学校图书馆（室）等单位及个人的阅读服务场所逐步免费开放。

表6：各省已经颁布实施的全民阅读法规

时间	省份	法规名称
2015年1月1日施行	江苏省	《江苏省人民代表大会常务委员会关于促进全民阅读的决定》
2015年3月1日施行	湖北省	《湖北省全民阅读促进办法》
2015年3月31日通过	辽宁省	《辽宁人民代表大会常务委员会关于促进全民阅读的决定》
2016年4月1日	深圳市	《深圳经济特区全民阅读促进条例》
2016年4月23日	四川省	《关于促进全民阅读的决定》

三、全民阅读工程政策环境评价

(一) 政策对社会有管理控制作用

从2006年全民阅读倡议实施的8年来，尽管国家没有正式制订关于全民阅读工程的法律法规，但国家政府对全民阅读活动十分重视，中国的全民阅读活动正在转型与升级。由初始的"振兴中华读书活动"经过"知识工程"、"学习型社会"到如今的"全民阅读"；全民阅读由"一项活动"到"系统工程"；全民阅读由"民间倡导"到"国家战略"；全民阅读由"无法可依"到将要"立法保障"等的发展过程，政策环境发生了巨大变化。国家新闻出版总署等部门，每年都专门下发通知，部署全国各地各部门共同开展全民阅读活动。尽管这些部门所发通知均为部门政策，不具有严肃的国家法律效力，但政策是政党与国家的管理手段，活动的规范、准则，行动指导方针，对社会有管理、控制的作用。所发通知是从国家层面上通过一系列积极举措，倡导和组织开展全民阅读活动，大力推动建设书香社会。

(二) 行业学会通知具有政策效力

中国图书馆学会从2003年开始，连续12年不间断地发出关于开展"全民阅读"工作的通知，这虽然只是行业学会的行为，实用范围与效力有限，但其倡议对领导全国图书馆界广泛而深入的开展全民阅读，部署全民阅读活动方案，开展全民阅读总结、表奖以及建立示范基地等方面具有一定效果，发挥了行业优势，起到了行业规章或政策的作用。各省市、自治区的全民阅读活动虽然因缺乏国家法律的统一指导和约束，各地区读书活动的开展存在着城乡差距、地域差别和社会阶层差异，但这些地方性法规与政策，为当地加强组织领导、制订工程规划、配置文化资源、组织品牌活动、宣传助力推广、解决重点难点问题等发挥了法规政策的作用与效力。

(三) 政策发挥了预期的作用和效果

上述全民阅读政策文件虽然不具有相当于法律的效力，更缺乏强制性，但都发挥了倡导、引领和影响的作用。政策的投入必定会有产出，在没有正式国家立法的环境中，政策也足以达成与法律不差上下的预期效果，在其颁布执行过程以及对社会、部门、个人所产生的影响效果也是巨大的。关于全民阅读的各项现行政策，如国家新闻出版广电总局连续多年的全民阅读活动通知，中国图书馆学会连续13年的通知文件，均起到了法律的积极作用，收到了预期的效果，成为十余年来全民阅读活动的指南。

四、全民阅读工程立法的重要作用

（一）阅读立法将全民阅读纳入法制化轨道

世界上许多国家都以立法的形式来保障国民阅读能力的提高、积累并推进全民阅读。如美国的《卓越阅读法》和《不让一个孩子落后法案》、日本的《关于推进儿童读书活动的法律》和《文字印刷文化振兴法案》、韩国的《图书馆及读书振兴法》和《读书文化振兴法》、俄罗斯的《民族阅读大纲》等。这些法规的制定都与本国具体实际紧密结合，对中国的全民阅读立法工作具有积极的借鉴和参考价值。中国的全民阅读是一项系统工程，建立国家全民阅读法规，通过立法赋予推广全民阅读的合法地位，保障实现全民阅读的实质性推进，符合中国读书的国情，不仅需要，而且必要。

2013年的全国两会期间，有115位政协委员共同签署了《关于制定实施国家全民阅读战略的提案》，建议政府立法保障阅读。为此，国家新闻出版广电总局专门成立了全民阅读立法起草工作小组，草拟了条例初稿[14]，表示2014年要继续推动全民阅读立法进程。应由全国人大和国务院分别制定一系列推动全民阅读的法律，同时鼓励各省市、地区结合本省实际推动立法，以法律法规的形式将推动全民阅读工作纳入法制化轨道。以使全民阅读在组织保障、统一规划、经费投入、阅读权利、阅读资源、阅读服务和推广等方面有法可依。全民阅读立法，其首先意义在于助推阅读，其重要意义在于惠及全民，更广泛的意义在于促进开展一切与全民阅读相关的活动，其主要宗旨和核心内容是规定明确各级政府的法定责任与义务，而非对读者个人有何强制约束[14]。

（二）以立法保障全民阅读工程的组织架构

中国负责全国全民阅读工程的组织领导机构是"新闻出版广电总局"，它是主管新闻出版、广播影视和著作权管理的机构。在"总局主要职能"和"总局机构"中，均无全民阅读工程的字样或内容。由一个不能将全民阅读当做一项主要任务来抓的部门组织此项工程，难怪全民阅读工程推动有难度和不给力。当务之急是从国家到省市、下至地方区县统一成立专门的"全民阅读指导委员会"组织机构，这个机构专门从事领导、组织、开展全民阅读活动，依法负责监管并推进全民阅读工程事务，以立法保障建立一个系统化的专门组织管理架构，起到一个全国统领的作用，使阅读推广活动有了组织上的统一指挥保障，避免全民阅读工作挂靠或旁贷造成的职责不明，干好干坏无责任、无追究的现象。法律规定要对各级"全民阅读指导委员会"组织机构进行考核评估。以此加强对全民阅读工程的统筹协调，规范政府推广阅读的行为，形成合力，保障全民阅读活动的有效开展。

(三) 以立法保障全民阅读工程的统一规划

目前中国全民阅读工作缺乏统一规划，没有形成国家长远战略及建立长效机制，全民阅读推广无法可依。导致社会对全民阅读工程研究不重视，理论研究不深入，实践缺乏理论指导；阅读活动缺乏规划，有的为了应付差事，靠拍脑门子确定开展活动，有的活动准备不足，有始无终，实践缺乏理论总结。只有通过立法，各级政府才能把全民阅读活动纳入政府工作计划，加强对全民阅读工作的规划引导，结合当地实际情况，研究制订适合本地的长远规划和工作方案，明确政府在阅读推广中的责任与义务，明确全民阅读活动的主要目标、首要任务和保障措施；规定公共图书馆乃至各类型图书馆的责任与作用，设定公共图书馆开展全民阅读活动服务基准与绩效管控框架；加强阅读服务功能，创造良好阅读条件，稳定活动机制，创新活动形式，形成全民阅读新风，推动全民阅读工作的常态化和制度化。

(四) 以立法保障全民阅读工程的经费投入

政府经费投入是全民阅读工程建设稳定经费来源的重要保障，也是决定全民阅读推广活动能否成功和持续的关键因素。由于缺乏阅读立法，导致国家不设全民阅读基金，各地也没有全民阅读基金会，也不开展社会对于全民阅读工程的捐助，导致地方对全民阅读工程的重视程度不够，财政经费投入各行其是，投与不投没有任何约束，导致国家花大气力营建的农家书屋工程效果不佳，个别地区已经成为"关门大吉"，城市阅读活动开展的冷热不均，领导重视不够，组织活动热情不高，有的只在每年4月份应付一下了事，不乏活动做作之嫌。为了持续推广全民阅读，一定要立法规定经费投入事宜，应在所订全民阅读法案中确保全民阅读经费来源的明确法律条文，规定当地政府按一定标准确定拨款数额的条款，并开拓资金来源渠道和倡导实物捐赠，明确社会的责任与义务，确保全民阅读工程的营运和各项活动的开展具有法律保障，促进图书馆服务工作与全民阅读能顺应时代变化而得到持续有效地发展。

（五）以立法保障社会公民阅读权利均等

阅读是社会公民最普遍和持久的文化需求，阅读权利是公民最基本和重要的文化权利，保障阅读权利，让所有的人都有书读，让所有人都能分享读书带来的愉悦，从而形成人人爱读书的全民阅读社会，是全民阅读立法的核心内容。因此，要以立法来保障社会公民均等的阅读权利，在全民阅读法案中设定服务基准，使得阅读活动的组织开展具有明确的目标和衡量标准。特别应对未成年人、青少年的阅读促进进行支持规定，因为他们代表中国的未来，也是最密切需要吸取知识、需要重点指导引领的群体，包括学校教育、家庭教育、社会亲子阅读等。要规定保障社会残障人员的阅读权利，为其创造条件，提供均等方便的阅读服务。同时也应关注老年人及妇女等弱势群体的阅读，他们一般文化相对较低，自身阅读条件不佳，不应忽视对这个群体服务，他们的素质提升了，将会带来社会和谐。群体努力实现全民阅读活动全覆盖，实现社会公民阅读权利的普遍均等。

五、结语

综上所述，自 2006 年全民阅读倡议实施了 8 年，尽管国家还没有正式出台关于全民阅读工程的法律法规，但国家政府对全民阅读活动已逐渐重视起来，国家新闻出版总署等部门每年都专门下发通知，部署全国各地各部门共同开展全民阅读活动；中国图书馆学会也连续 12 年不间断发出关于开展全民阅读工作的通知，充分发挥行业优势；各省市、自治区的地方性法规与政策，为当地加强组织领导、制订工程规划、配置文化资源、组织品牌活动、宣传助力推广、解决重点难点问题等发挥了法规政策的作用与效力。上述全民阅读政策文件虽然不具有相当于法律的效力，更缺乏强制性，但都具有一定倡导和引领作用，政策的投入必定会有产出，在没有正式国家立法的环境中，政策也足以达成与法律不差上下的效果，在其执行过程及对社会、部门、个人所产生的影响效果也是巨大的。随着全民阅读工程立法即将出台，其法律政策环境将会有彻底的改变，在一系列法规和政策的保障下，形成全社会共同的推广动力，全民阅读活动定会如火如荼，遍地开花。

参考文献：

[1] 百度百科.世界读书日[EB/OL].[2015 - 06 - 02].http://baike.baidu.com/link? url

= yRLutUMexlcHTmIGATWjOE.

[2] 百度百科. 全民阅读[EB/OL]. [2015 – 06 – 02]. http://baike. baidu. com/view/2370836. htm.

[3] 百度百科. 国家"十二五"时期文化改革发展规划纲要[EB/OL]. [2014 – 06 – 02]. http://baike. baidu. comview7933081. htm.

[4] 百度百科. 2014年政府工作报告[EB/OL]. [2015 – 06 – 02]. http://baike. baidu. com/view/12327673. htm? fr = aladdin.

[5] 百度百科. 全民阅读促进条例[EB/OL]. [2015 – 04 – 02]. http://baike. baidu. com/link? url = 2GAr_h5RFlmzzV0idkQKD0l2 Qyoc4ojhRvJVTSA2Py781TAV – Uis6d9UKLw2iLoDjmsaYo1bW – gsqQl6e2Xbiq.

[6] 段思平. 读懂"阅读立法"的"促进"作用[EB/OL]. [2015 – 06 – 02]. http://guancha. gmw. cn/2013 – 08/05/content_8505866. htm.

[7] 新闻出版总署. 开展"全民阅读活动"的有关情况简介[EB/OL]. [2014 – 06 – 02]. http://www. gapp. gov. cn/contents'114942. html.

[8] 中国图书馆学会. 中国图书馆学会阅读推广委员会成立大会隆重召开[EB/OL]. [2014 – 04 – 02]. http://www. lsc. org. cn/c/cn/news/2009 – 09/27/news_3874. html.

[9] 王觅. 读书是否需要立法来保障[EB/OL]. [2015 – 06 – 02]. http://www. chinawriter. com. cn.

[10] 江苏省人大常委会办公厅. 江苏省人民代表大会常务委员会关于促进全民阅读的决定[N]. 新华日报,2014 – 12 – 01⑤.

[11] 湖北省人民政府. 湖北省全民阅读促进办法. [EB/OL]. [2015 – 06 – 02]. http://gkml. hubei. gov. cn/auto5472/auto5473/201412/t20141224_603523. html.

[12] 辽宁人大网. 辽宁省人民代表大会常务委员会关于促进全民阅读的决定. [EB/OL]. [2015 – 06 – 02]. http://www. lnrd. gov. cn/contents/3/11759. html.

[13] 深港在线. 深圳拟率先就阅读立法. [EB/OL]. [2015 – 06 – 02]. http://news. szhk. com—04/24/282872697328922. html.

[14] 聂震宁. 全民阅读立法的意义[N]. 人民政协报,2013 – 08 – 19①.

第十一章　全民阅读工程未来发展趋势

全民阅读的推广已成为国家战略，正在向深度和广度推进。从 2006 年，全民阅读活动开展以来，各地组织了读书节、读书月、读书周、阅读日等活动，涌现出一大批品牌活动，产生了广泛的社会影响。2014 年 4 月 21 日，中国新闻出版研究院组织实施的"第十一次全国国民阅读调查"结果显示：① 2013 年中国成年国民综合阅读率上升为 76.7%，较 2012 年上升了 0.4 个百分点。②与上年比较纸质和电子书的阅读量略有提升，成年国民人均纸质图书和电子书合计阅读量为 7.25 本，比 2012 年上升了 0.51 本。③成年国民网络在线阅读、手机阅读和电子阅读器阅读均有所上升，传统纸质阅览减少。④成年国民对图书、期刊的价格承受能力与去年基本持平，电子书的价格承受能力略有下降。⑤六成以上国民希望当地有关部门举办阅读活动。⑥未成年人（0-17 岁）图书阅读率为 76.1%，人均图书阅读量为 6.97 本。⑦平时有陪孩子（0-8 岁）读书习惯的家庭占到 86.5%[1]。可以看出，中国阅读整体向前发展，国民阅读呈现良好态势，阅读习惯呈变化趋势。但是与一些发达国家相比，中国国民的阅读水平还相对较低，在全民阅读的推广工作中还存在着很多问题，亟须解决，这就需要国家、社会及全体国民共同努力，从总体上不断促进中国国民素质的及国家文化软实力的提升。

一、完善国家全民阅读推广促进措施

（一）建立全民阅读专门机构

阅读推广涉及面广，需要强有力的组织机构来调动社会各种资源，提高推广活动的系统性，效果才会更加显著。美国成立了国际阅读协会及全美阅读小组等专业机构从事早期阅读的相关促进工作，美国出版商协会进行畅销书排名，组织图书评奖，研制阅读书目，举办各种阅读推广活动。日本有专门的"读书协会"，经常举办"日本读书周"之类的活动。中国成立了全民阅读活动组织协调办公室，统一组织管理全民阅读活动，极大地推动了阅读推广活动的深入开展。但该办公室层级较低，社会资源的整合力有待进一步加强。

当前，中国全民阅读推广活动内容日益丰富，但组织不够有序，实施不够深入，协调机制不够有力。在这种形势下，应考虑逐步组建成立国家"全民阅读指导委员会"，各省亦应如此成立专门组织机构，解决目前全民阅读工作领导机构缺乏统一的乱象，这种组织具有一定权威性，工作目标明确，集中精力，专司全民阅读部署推广、组织创新、督促评价等工作，以加强领导，统筹协调各地各部门资源，将分散的各类全民阅读活动进行系统化、组织化；统筹组织农家书屋、社区书屋、青工书屋、公共图书馆、城市读书节活动等各类型的阅读工作；从儿童早期阅读抓起，建立儿童和青少年阅读机制；满足弱势群体阅读需求；发展民间阅读公益组织和志愿者，调动全社会力量推广阅读；开展各种评选活动，实施激励机制，采取切实措施，对出版业采取税收优惠政策，扶持实体书店的发展。所有这些阅读推广措施应该加以有效整合，让有限的投入产出尽可能大的效能。

（二）为全民阅读工程立法

全民阅读立法是全国"两会"许多代表、委员和社会各界众多人士呼吁了多年的事情，为什么要坚持全民阅读立法？与国际社会、尤其是发达国家相比，中国无论在人均阅读数量、阅读习惯还是在阅读设施及服务等方面都存在较大差距，制约中国文化国际竞争力增强。所以，很有必要通过立法，规范和保障中国全民阅读工程的建设。立法的必要性与重要意义在于：其一，振兴民族必先振兴文化，振兴文化必先振兴阅读。为了振兴阅读，国家需要通过立法来加以促进和保障，促进人们更多地开展阅读，保障人们阅读的权利，促进政府和社会组织更多地支持阅读，保障人们得到应有的阅读服务，从而有力提升阅读在国家文化建设和社会生活中的地位。其二，全民阅读立法，坚持的是"全民权利本位"，要促进的是全民的阅读，保障的是每一位公民的阅读权益。立法会更多地强调政府要为全民阅读做什么，究竟怎样才能扩大全民阅读的受益面，促使政府担起应有的责任，有些是政府直接去做，有些是政府应当予以扶持，都应当在立法中得到体现。其三，全民阅读立法将促进一切与全民阅读相关的活动，如出版界、实体书店、公共图书馆、农家书屋、社区书屋等，都要真正贴近群众，发挥实际作用[2]。

全民阅读法律法规的建立将会在全民阅读工程建设中发挥决定性作用。

一是通过立法，以法律法规的形式把全民阅读工作纳入法制化轨道。如优先解决广大农村以及农民工聚居区"读书难"问题，如全民阅读的经费纳入财政预算以及政府提供公共阅读场所等。二是通过立法，将全民阅读的软硬件建设纳入政府考核指标体系中。同时，建立长效机制或专门机构来推动阅读，如政府的引导和扶持等。三是通过立法，助推全民阅读工程建设，建设重点在想读、应读却没有阅读条件或缺乏阅读兴趣的那部分人身上。进而保障全社会总体文明程度和创造能力的提升。因此，立法是当务之急，刻不容缓。

（三）设立国家阅读节

设立"国家阅读节"源于我们今天的阅读现实，近年来，专家学者一直在提议、呼吁和倡导设立"国家阅读节"。目前，在中国综合国力不断提高，人民群众生活不断改善的背景下，中国国民年人均阅读图书、人均图书消费均不容乐观，尽管中国年出版图书数量已经位居世界第一，但国民阅读指数并不高，甚至有"中国人不爱读书"这样令人尴尬的说法。而从大的文化背景上说，阅读，尤其是真正意义上的文化阅读，正在受到商业物质主义的冲击和挑战，这令人倍感焦虑和困惑。

读书关系到一个人的思想境界和修养，关系到一个民族的素质，关系到一个国家的兴旺发达。"国家阅读节"的设立就是出于这样的文化共识和精神共识。然而，全国政协委员、民进中央副主席、全国阅读形象代言人朱永新连续11年呼吁建立"国家阅读节"，至今没有实现。建立"国家阅读节"的作用显而易见，如同清明、中秋等节日一样，"阅读节"是将心灵收获进行外显的一种仪式，其过程会强化心灵的收获并创造新的收获。让人们的心灵对阅读庄严仪式的正常敬畏与渴求，让人们通过仪式体现国家民族的核心价值观，在不断强化中得到广泛认同。为阅读立法为"硬"，为阅读设节为"软"。软硬相济，才能够从多角度、多侧面，强化公众对阅读的认可，在全社会营造更好的阅读氛围。目前，有些省份正在酝酿和确定本省的阅读节，这样一来，如果国家不统一建立阅读节，那么将来全国可能会有几十个阅读节，阅读节的精神凝聚力将会下降，因此，国家应是考虑建立阅读节的时候了。

（四）设立国家全民阅读基金

世界上许多国家通过公共财政提供资金设立国家阅读基金，推进国民阅读的持续深入开展。如1992年英国成立图书信托基金会，每年由国家财政投入资金并吸纳社会慈善资金，开展以"阅读起跑线"为核心的全民阅读；德国在1988年成立德国促进阅读基金会，其历任名誉主席都由德国总统担任；俄罗斯也在1994年建立俄罗斯读书基金会。此外，美国、保加利亚、日本、韩国和泰国等很多国家也都设立了各类阅读基金会或国民阅读扶持工程。

中国应尽快设立国家阅读基金，由国家财政全额拨款，纳入国家财政预算，具体事宜由财政部和国家"全民阅读推广委员会"等部门负责支配管理。国家阅读基金对阅读规划制订、信息化阅读工程建设、阅读场所建设、阅读活动开展、优秀图书推荐、困难群体购书、重点群体阅读、阅读宣传推广等进行专项资助。如对残疾人群体、青少年群体，特别是对中西部地区的农村儿童群体进行资助。基金规模每年应有一定比例，其增长速度应高于国家经济发展速度和财政收入增长速度，以确保全民阅读工程的稳定发展[3]。

二、加强地方全民阅读推广计划方案

（一）大力发展公益性阅读联盟和阅读使者

近年，公益性民间阅读组织在中国逐步发展壮大，"公益性阅读联盟"、"阅读联合会"、"民间读书会"等陆续诞生。如安徽省2014年6月成立的两馆联盟，即"公共图书馆阅读推广联盟""文化馆活动联盟"，联盟工作在统一规则下运行。公共图书馆阅读推广联盟，由中心馆和成员馆组成，省图书馆、文化馆为中心馆，市、县级图书馆、文化馆为成员馆。成立联盟工作组，负责审定联盟工作方案、指导联盟活动开展。阅读推广联盟工作组办公室内设专家指导组、讲座推广组、阅读推广组、业务辅导组、宣传联络组等五个专业小组。文化馆活动联盟，工作组办公室内设专家指导组、活动策划组、培训辅导组、宣传联络组等四个专业小组。依据这样的组织架构运作和开展工作，联盟中心馆和各成员馆以及成员馆之间将实现有效联合、策划设计、共建共享、上下联动、服务优化。今后要加强阅读联盟的组建，联盟通过扎实开展各种行之有效的活动，激发联盟的生命力，提升联盟的影响力，扩大联盟的辐射面[4]。

要大力倡导发展"阅读推广志愿者"和"阅读形象大使"，这里称为"公益性阅读使者"，他们是为促进全民阅读而奉献的两类群体，是推广和支撑全民阅读活动的骨干与先锋。"阅读形象大使"也称为劝读形象大使、阅读推广形象大使、读书形象大使。是指为推广全民阅读活动，引导人们热爱读书而设立的形象大使。近年来，国家已经聘请李潘、朱永新、白岩松、王刚、莫言等多人作为国家形象大使，各省各地区纷纷聘请或评选本地的阅读形象代言人，他们好比阅读文化的种子，在全国各地生根开花。同时要积极培养和组建全民阅读志愿者团队，大力开发志愿者资源，组建全民阅读志愿者队伍，在全民阅读工程中担当劝读者、帮扶者、宣传者、沟通者、创造者、支撑者等桥梁和纽带作用，承担宣传和推广的责任义务，活跃在全民阅读系列活动中，以积极有效的方式推动全民阅读。

（二）公共图书馆体系实行总分馆制

公共图书馆服务体系是指一个国家或地区公共图书馆独立提供或通过合作方式提供的图书馆服务的总和。总分馆制这一图书馆服务体系是指由同一个建设主体资助、同一个主管机构管理的图书馆群，其中一个图书馆处于核心地位作为总馆，其他图书馆处于从属地位作为分馆；分馆在行政上隶属于总馆，或与总馆一起隶属于同一个主管部门，在业务上接受总馆管理。其基本特征是：图书馆的总馆建设主体与分馆建设主体经费来源统一；总馆主管部门与分馆主管部门管理统一；总分馆统一人财物管理、统一规划和实施服务、统一服务水准。这种对人财物的集中管理和利用，将有效解决基层购书经费不足、管理水平低下的问题，同时系统内统一采购、分编、调配整个体系的藏书，也将使有限的资金得到最好的利用。是一种最经济、最有效的图书馆服务体系。在国内，总分馆制也被提了多年，却只是在极小的范围内得到实验和推广，如苏州、嘉兴等地。这种总分馆制，能够得以推行，大多依赖于当地的经济能力、文化氛围以及馆领导的视野、经历甚至性格。总分馆制在国内推广遇到的阻力是多方面的：一是体制观念。长期以来，中国一直实行"一级政府建一级图书馆、一级政府管一个图书馆"的图书馆建设体制，这种体制观念成为一种阻碍。二是管理权。基层政府可能会把转让图书馆行政管理权视为自身权利的削弱。三是财政安排。总分馆体系要求财政上调整建设费的拨付办法，遇到地方政府惰性的阻碍。随着图书馆信息化的飞速发展以及全民阅读工程的深入推广需要，目前在中国加快实行"经费统一、管理统一、服务统一"的总分馆体系的条件已经成熟。各级政府要"破"字当头，没有必要顾虑或抵触，要摸着石头过河，大胆实践创新。但在实施过程中要注意掌握"适度"的原则，在图书馆建设主体所需经费的政府的级别不能太高或太低，因为太大的建设主体会形成超大的管理单元，不便于管理；

太小的建设主体财政能力不足，不能保证高效的持久的图书馆服务。"适度"是建立总分馆制取得成功的关键。建议以省政府和市政府作为联合建设的主体，建立合适的管理单元，即在适度的政府级别上设置总分馆体系的主管部门[5]。只有这样才能实现图书馆业更优质、有效地服务于全民阅读。

（三）开展分众阅读指导实现最佳效果

分众阅读指导的前提在于根据读者的实际情况，对目标读者群进行精确划分，由于图书馆的读者成分复杂，单一读者可以拥有不同属性，因此可以采用多种标准对读者进行划分，以满足分众阅读指导的目的。依据读者年龄对读者群进行划分，相对较为容易，是图书馆采取的主要分众形式，将成为图书馆分众阅读指导的主要方向。依据读者年龄，图书馆可将读者初步划分为少儿读者、青少年读者、成年读者以及老年读者，并根据图书馆自身能力和馆藏资源特点进行更细致划分，选择相应年龄段读者作为阅读推广工作的重点方向。除了按照年龄进行读者划分之外，图书馆还可以依据特定时间段或者按照读者其他的属性进行读者群划分，以达到精确分类的目的。

1. 面向少儿读者的阅读指导

针对少儿读者的阅读指导工作，无论是在学术界还是实践中一直都是图书馆界的热点问题，因此在理论成果和具体实践经验方面都有丰富积累。少儿一般被认定为6岁以下的儿童，即学龄前儿童与在校小学生，所以在具体的阅读指导工作中，图书馆应当把工作重点放在对少儿读者的启蒙教育方面，力求激发少儿读者的阅读兴趣，而非其他相对激进的目标。

在阅读活动空间方面，图书馆应当为广大少儿读者开辟专门的阅读空间，为少儿读者阅读指导工作提供有力的物质基础。在馆舍设计方面，少儿读者专有的阅读空间应当尽可能活泼、阳光，以便让少年儿童更愿意到图书馆来，更愿意参与到图书馆的阅读指导活动中来。另外，书架、桌椅及相关设施的设计应当充分考虑到少儿读者的身体条件，为青少年读者提供便利的阅读环境。

在文献资源建设方面，图书馆应当在充分调研的基础上，组织适当的文献资源作为阅读指导工作的资源基础。在资源组织过程中，应考虑到少儿读者的识字水平，所以应以图像类资源为主，辅以少量文字。另外，服务于少儿读者的文献，还应着重考虑材质的安全问题，优先选择那些没有任何潜在风险的材质，在对少儿读者进行启蒙教育的同时，保证其人身安全。

在阅读指导活动方面，图书馆应当开展形式更为多样、内容更为丰富的活动，以吸引少儿读者的参与，因为少儿读者对于阅读本身的认知程度不高，所以他们是否愿意参加图书馆的阅读推广活动，直接或唯一的原因就是活动是否有趣，因此对于活动形式和内容的设计十分重要。显然，图书馆在这方面的经验是相对薄弱，因此可以直接与幼儿园合作，或者邀请幼教专家参与活动的策划与设计，寻求专业人士的帮助，以规避图书馆由于经验缺失而产生的潜在风险，达到阅读推广活动的效果。另外，图书馆也应当重视家长对少儿群体的影响，儿童对于家长的依赖性很强，而且其语言、性格与行为方式的发展更容易受到家长的影响。针对这一现象，图书馆可以在阅读推广活动中融入一些亲子活动的思维方式和环节，通过家长影响力来提升少儿阅读推广活动的实际效果。

2. 面向青少年读者的阅读指导

青少年的年龄范围大致为 7~18 周岁，对应于中国的小学、初中、高中阶段的学生，针对这部分读者的阅读指导工作，培养其阅读兴趣、引导其养成良好的阅读习惯，应当是图书馆工作的出发点与立足点。阅读环境与条件是影响青少年读者到馆阅读的重要因素，图书馆应认识并重视这方面工作，为青少年读者开辟专门的阅读学习空间，并以青少年读者所喜爱的风格进行装饰，以提升他们对图书馆产生兴趣，并发展成一定的依赖，为阅读推广活动提供良好的基础。

除了阅读环境因素以外，优质、有效的阅读活动才是图书馆面向青少年开展阅读指导的重点内容。在阅读活动的开展过程中，图书馆不应将青少年读者视为活动末端的参与者，而是要让其参与到活动策划、组织的全过程中来。青少年普遍具有叛逆的特点，因此，相对于父母及老师的意见和建议，他们更愿意听取来自同龄人的呼声，对于父母和老师的声音，非但不愿意听取，甚至会产生反感。图书馆应当抓住青少年群体的这一特点，在阅读推广与阅读指导活动中，突出青少年群体的创作与参与。青少年参与活动创作与策划，不但能够使活动设计更贴近当代青少年的生活与爱好，更重要的是可以通过青少年之间口口相传，进而吸引更多青少年读者参与。韩国少儿与青少年图书馆举办的"13~18 岁书虫图书馆冒险"活动正是利用了青少年的这一心理特征，使得活动在青少年群体中深受好评，进而带动了更大范围的青少年读者参与其中，取得了不错的成效[6]。在获取青少年群体信任基础上，图书馆需要将正确的阅读观灌输给他们，使他们养成良好、永续的阅读习惯，这需要优秀的阅读资源和持续、有吸引力的阅读活动作为支撑，否则，青少年读者对图书馆的信任与兴趣就会降低，不利于阅读指导工作的可持续发展。

3. 面向成年读者的阅读指导

成年人是图书馆广大读者群众的中坚力量，也是能够将图书馆的资源转化为生产力或者其他经济价值的主要群体，因此对于这部分读者，图书馆的主要工作是帮助其找到合适的资源，并帮助他们将这些资源转化为具体的经济价值与社会价值。成年读者的阅读需求主要集中在休闲阅读和知识型阅读两个方向，其阅读目的性较强，因此，文献资源的质量将直接影响成年读者对于图书馆阅读指导、阅读推广活动的参与度。对于休闲性阅读资源的组织，图书馆可以通过豆瓣网等书评网站，及时跟踪、采购时下的热门文献，在特定的新书专架中予以展示，供读者进行选择。另一方面，对于知识型阅读所需文献，图书馆可以采用针对性较强的读者荐购方式进行文献组织，以便提高专业文献的利用率。此外，成人读者的文献需求目的性较强，因此他们对于馆舍设计方面需求相对不高，换言之，馆舍环境不足以成为影响成年读者对图书馆产生依赖的决定性因素。因此，图书馆在馆舍设计方面只需保持安静与舒适即可，并不需要投入过多精力与资源。

文献质量和阅读活动的吸引力，是成年读者阅读指导和阅读推广的重点内容，是图书馆应当重点考虑的问题。与其他年龄段的读者群相比，成年读者的构成更加复杂，主要源于受教育程度不同所导致的阅读能力的巨大差距。面对这样的问题，图书馆应当对成人读者进行更详细的划分，可以采取分级阅读指导策略开展工作。目前，中国阅读推荐最常用的方式是按照文献类别进行，如文学类、经济类、历史类读物等，这种方式可以将文献推荐给拥有共同爱好的读者，能够取得一定效果。但是这种方法忽略了公众阅读能力的差别，使阅读推广效果大打折扣。针对这一问题，英国阅读社按照 SMOG 方法（评价文本可读性的方法）对文献的可读性进行了分级，阅读社的图书分级共包含五个级别，分别为 Pre – entry（入门前）、Entry1 – 2（入门级 1 – 2）、Entry3（入门级 3）、Level1（1 级）和 Level2（2 级），以这些分级为依据，读书会为具有不同识字水平的读者推荐不同读物，并开展相应的活动[7]。

4. 面向老年读者的阅读指导

中国随着计划生育政策效果的显现，年轻人比例逐年下降，老龄化社会到来，未富先老的问题摆在政府和国民面前。帮助老年人老有所为、发挥余热，老有所乐、安度晚年，是政府和社会文化机构的责任，图书馆作为社会文化机构的重要组成部分，自然不能置身事外。在阅读环境的建设方面，图书馆应当努力为老年读者提供使用便利的阅读设备与辅助工具。由于老年人身体状况所决定，老年读者对于阅读环境的要求相对较高。老年读者相对行动不便，这就要求图书馆在设计相关阅读区域的时候，必须采用便于老年读者使用的设计方案，减少其使用障碍，以方便老年读者阅读文献和参与阅读活动。同时，在相关的配套设施及阅读工具方面，如花镜、放大镜等辅助工具应考虑齐备，这些辅助工具在图书馆经费消耗中所占比例几乎可以忽略不计，但是对于老年读者的帮助确实不容小视，可以大大提升老年读者的阅读体验。

在文献采集方面，需要注重老年读者的阅读兴趣与实际状况。随着年龄增长以及生活水平的不断提高，老年人越来越多关注养生保健相关知识。因此，图书馆在组织文献资源时，应当充分考虑到老年读者的需求，加大这方面内容的采购力度，以吸引更多的老年读者到图书馆来阅读。此外，对于养老以及社保政策方面的文献，图书馆也应进行一定的组织，以满足老年读者这方面的需求。另外，还需要注意的是，图书馆还应当尽量为老年读者采购大字体读本，以方便老年读者阅读。在组织阅读活动时，除了丰富多彩、健康向上的活动内容外，图书馆还可以通过移动书车等形式，让阅读活动走进老年读者相对集中的社区，为老年读者的阅读提供更多的便利。还可以大范围地向社会招募老年志愿者，让他们参与到图书馆的阅读指导工作中来。同龄人之间的共同语言与共同爱好，在很大程度上可以提升图书馆对于老年读者阅读指导工作的效果[8]。

5. 面向弱势群体的阅读指导

弱势群体是指社会生产生活中由于群体的力量、权力相对较弱，因而在分配、获取社会财富时较少较难的一种社会群体，如农民工、城市失业人员等。这部分群体在中国社会构成中占有比重较大，对于这部分读者开展阅读指导活动，有助于其社会适应能力和就业几率的提升，对于消除其负面情绪、改善其生活水平、稳定社会秩序都拥有较大的作用。

首先，图书馆应当通过大力宣传和实际行动，帮助弱势群体消除自卑情绪，这是达到阅读推广效果的前提。图书馆应当加大宣传力度，让更多弱势群体人员认识图书馆的重要性,帮助他们把图书馆视为其就业培训的基地,并向弱势群体表明图书馆的立场,主动热情地向其伸出欢迎、援助之手,减少他们对图书馆的神秘感,进而使弱势群体读者对图书馆产生较强的信赖与归属感。同时,相关主管部门也应当参与其中,在宣传途径和力度方面给予图书馆应有的保障,以达到宣传效果。

其次,满足弱势群体文化需求的同时,应注重技能培训及就业方面文献的提供。有调查显示,农民工较为集中的城市公共图书馆,武侠小说类的文献借阅量相对较大。因此,面向弱势群体开展阅读推广工作时,图书馆可以将馆内相关文献数据进行整理,推荐给这部分读者,满足其基本的休闲阅读需求。与此同时,图书馆还应组织能够切实提高弱势群体就业能力的资源与培训活动,帮助弱势群体读者获得更多的就业机会。图书馆可以邀请相关领域的专家或资深从业者参与这类活动,以提高活动的品质和实效,另一方面,图书馆还可以与当地劳动力市场等单位合作,不定期在图书馆开展招聘会,以方便弱势群体读者获取劳动机会,这不但对于弱势群体、用人单位有益,还能提高图书馆在社会中的影响力和地位,同时加强图书馆与弱势群体读者的吸引力,可谓一举多得。

6. 面向残障读者的阅读指导

残障人士属于弱势群体中的一部分,由于其与其他弱势群体存在较大差别,因此图书馆应当予以区别对待。在生活水平、自卑心态与社会参与度方面,残障读者与其他弱势群体读者并无太大区别,因此在具体工作中,图书馆依旧可以采取相同或相似的方法帮助残障读者提升自信心,并鼓励残障读者积极参与各类社会活动,融入社会。

图书馆应当针对残障人士自身缺陷问题,在基础设施、文献资源方面做出更多努力,以便于残障读者对于图书馆的利用。首先,在基础设施方面,图书馆应当积极主动的提供相关设备,或者对图书馆进行改造,包括轮椅专用坡道、盲道、盲文指示标志、残障人士专用阅读空间及卫生间等。这些基础设施的改造和提供,不但为残障人士扫清了利用图书馆的障碍,也能够帮助残障人士体会到社会的关爱。其次,在文献资源建设方面,图书馆应当组织更多形式的文献资源供残障读者利用。对于具有视觉和听觉障碍的读者,图书馆应当重点组织一些质量较高的盲文图书和试听资源,可以采用读者荐购的方式予以采购,在提高资源利用率的同时可以降低资源采购成本。最后,在阅读活动方面，图书馆应当满足读者需求和体现社会关爱两个方面着手，向残障读者提供适合的、优质的阅读指导服务。

7. 以具体事件为契机的阅读指导

以具体事件为契机的分众阅读指导，是以具体事件为依据，面向具有共同兴趣爱好，或者拥有某种共同关注点的读者提供的阅读指导服务。与前面提到的几种分众形式不同的是，这种以具体事件为契机的分众阅读指导，更多的是以读者的内在属性作为依据对读者进行划分。表面上看，这种对内在属性进行分众的方式很难把握，但实际操作过程中，图书馆并不需要对读者兴趣、爱好、关注点这样的内在属性进行分析，只需要对时下正在发生的具体事件、节庆等时间节点进行准确把握，组织与这些事件和时间节点相关的文献进行推广和指导即可。与此同时，图书馆还应当对推广和指导活动进行大力宣传，使大多数具有共同内在属性的读者知道活动的具体时间和活动方式，争取他们的积极参与。

在文献组织方面，以时下具体事件为依据的文献组织，具有较高的不确定性和突发性，这要求图书馆具有快速反应的能力，也对图书馆的文献保障提出了较高的要求。例如莫言在2014年获得诺贝尔文学奖时，图书馆就可以将莫言的作品、评价莫言以及莫言作品的文献进行展出和推荐，只要图书馆的宣传工作得力，那么喜欢这类文献即拥有这类共同属性的读者便会主动参与到本次阅读推广活动中来。从文献的角度看，图书馆有关这类作品的数量与质量是这次活动成功与否的重要因素。相对而言，以节庆、纪念日等时间节点为切入点的阅读推广和阅读指导活动，则更易于开展。主要原因在于这类阅读推广活动具有明显的周期性，这也使得活动和文献具有很高的可重复性，因此降低了工作难度。清华大学图书馆的阅读推广活动主题当中，有相当一部分是针对中国的某些节庆日和纪念日开展的，且这些活动主题和相关的文献资源可以重复利用，在很大程度上降低了工作开展的难度。同时，清华大学图书馆的阅读推广人员将节省下来的时间与精力投入到文献的筛选工作中，以求最大限度地保证文献的质量，进而保证了阅读推广活动的效果。

分众阅读指导是图书馆阅读指导服务的发展方向，同时也是全民读者需求的集中体现。近年，国家新闻出版广电总局力推，各地扎实推进的全民阅读进家庭、进社区、进学校、进军营、进机关、进企业、进农村的"七进"活动，实际上就具有分众阅读指导的深刻意义，并且效果十分显著。但是应当注意,分众阅读指导工作的开展并不简单,需要图书馆在读者划分阶段投入相当多的时间与精力,才能够使分众阅读指导工作取得预期的服务效果,否则,只会对图书馆的形象和读者的体验产生负面影响,不利于图书馆后续和其他工作的开展。另一方面,分众阅读指导还需要可持续发展的保障。分众阅读指导的优势毋庸置疑,但是其难度相对于传统阅读指导也是显而易见的,因此如果没有相应的保障措施,分众阅读指导可能仅仅会是昙花一现,因此,图书馆界和全民阅读活动不相关部门应当制定相应的监督保障机制,以保证分众阅读指导能促进全民阅读事业均衡协调发展[9]。

(四)努力缩小城乡数字鸿沟

城乡数字鸿沟,是指城乡居民在经济和社会发展这个过程中所存在的一个差距,是经济社会发展的差距在信息技术方面的一个客观反应。只要城乡还存在差距,城乡数字鸿沟必然存在。出现城乡数字鸿沟的原因在于:一是与经济发展和人民收入水平的差距相关,现实中城乡差距很大。二是与教育程度相关,教育决定农村人能否会使用现代信息技术,信息技术怎样。三是地理因素造成,山区铺设光缆都十分困难。四是历史文化因素,可能造成农民对新技术方面存在一定障碍等等,只要城乡这个差距不消除,城乡数字鸿沟依然会存在的。有测算表明:城乡之间的互联网相对指数是,在2005年之前农村居民在使用互联网方面比城市居民要落后85%,基本上没有变化。从2005年之后就开始发生微弱的变化,近些年已经开始有所缩减至67%。此外,计算机方面的差距农村比城市落后91%;固定电话方面的差距是农村落后于城市60%;移动电话方面农村落后于城市44%,近几年增长速度较快。说明只要国家重视,农村的信息化速度也会迅速增长但是我们不能任其数字鸿沟越来越深,应创造条件尽量缩小鸿沟的差距。

目前,国家在信息化建设的思路选择上有所突破,首先认识有所提高,程度上有所成效。从认识角度上看,不要把缩小数字鸿沟当成一个难题,应把它当成一个信息化建设的机遇来认识,农村比城市落后的差距部分,就是未来信息化发展的潜在市场空间。如农村潜在的彩电用户、计算机用户、固定电话用户、手机网民的用户等等。其次缩小数字鸿沟的另一个思路是要瞄准薄弱环节,农村信息化的薄弱环节:一是信息基础设施,没有它信息不通。二是农民的支付能力,能否担负得起。三是教育水平,有没有玩计算机的水平。这三个方面就是社会组织和相关企业的相应着力点,推动农村信息化发展缩小城乡数字鸿沟必须从基础设施建设,从提升致富能力,从强化教育培训方面来做努力。政府应充分发挥组织领导作用,做好统筹规划;普及基础设施建设,加速农村息网络建设步伐;动员社会力量建设农村信息站,发展农村网吧;着力提升农民支付能力,实现降低使用成本和直接帮助手;加强使用技术培训,达到授人以渔,推动农村网络建设向纵深发展和提高农民信息意识,城乡信息数字鸿沟一定会缩小[10]。

三、培育全社会的阅读秩序和阅读风尚

当前,全民阅读活动的开展进入到一个新阶段。面对党中央、国务院的殷切期望,面对全国人民的热切期待,我们要准确把握深入开展全民阅读活动面临的新形势、新任务、新要求,立足长远,创新机制,深入持久地开展全民阅读活动。

(一)坚持渐进渗透机制

在潜移默化中使国民形成良好阅读习惯全民阅读活动是一项系统性工程,应当遵循循序渐进的原则,渐次发展的规律,把全民阅读活动逐步渗透到全国的每一个地方。要建立渗透机制,把全民阅读对社会主义公共文化建设的作用、意义、价值等功能融入全民阅读实践过程中,在循序渐进和潜移默化中达到理想的效果,促使国民形成并保持阅读习惯。不管是城市还是乡村,不管发达地区还是欠发达地区,每个人都应当成为全民阅读工程的参与者。①各级政府和文化事业单位应当明确全民阅读活动的主题、目标以及责任分工,把全民阅读活动渗透到全国的每一个角落。通过开展各种丰富多彩的活动,让民众潜移默化地接受阅读,喜爱阅读,自觉阅读,逐渐形成全民阅读的局面。②各级政府不能只进行简单的宣传活动,而要真抓实干,和民众一起阅读、购买图书,交流阅读心得和阅读经验。从渗透目标出发,注意把握适度性原则,根据不同文化程度民众的阅读需要,循序渐进、有的放矢。③各级领导、尤其是文化事业领导,要高度重视全民阅读推广活动,绝不可玩忽职守,流于形式,只做表面文章,而必须躬身力行,以身作则,走进图书馆,用实际行动影响群众、感染群众。有意识、有目的地把全民阅读活动对文化建设的作用、意义、价值渗透到全民阅读实践过程中,促进全民阅读习惯的形成。

（二）建立引导教育机制

目前，中国民众普遍存在着阅读目的性不明确、鉴别力不强、功利性阅读、对快餐文化趋之若鹜等严重现象；老少边穷地区文化资源匮乏，阅读条件差；民众很少主动走进图书馆，对阅读存有轻视心理；图书市场不稳定，书价较贵，这些不良因素造成了全民阅读率的持续走低。因此，为了确保全民阅读活动能健康良性发展，需要对中国国民的阅读进行正确的引导与教育。这种引导机制是通过建立卓有成效的阅读宣传、组织、动员、教育、引领的监督机制，把全民的阅读思想和阅读行为引导到良性发展的轨道上来。

引导教育方法的重要内容之一就是让国民认识公共图书馆、走进图书馆，充分分享和利用图书馆的公共文化资源。要通过正确的引导，向民众输送明确的信息，即公共图书馆是知识储存的宝库，拥有覆盖面广泛，系统性强，形式多样、载体丰富的文献信息资源。公共图书馆具有公益性、平等性和开放性，这是它区别于其他信息机构的最大特征。它的开放性为各阶层读者提供了平等的阅读权利，它的公益性保障了各阶层读者都能共同享受最廉价的阅读服务，使得人们可以不受书价昂贵的影响，从而满足读者对知识信息的需求。

（三）实施阅读激励策略

为推动全民阅读活动的长久开展，就要建立阅读激励机制，通过理性化、科学化、长远化、政策化的制度来激励国民，从而达到调动其阅读的积极性。阅读积极性来自于公共文化事业发展的需要，也来自人民提高自身文化素质和综合素质的需要，更是来自于提高政府公信力的需要。卓有成效的全民阅读激励机制能够调动广大人民群众的阅读积极性，能够满足人民的阅读权利，推进全民阅读活动顺利开展，促进全民公共文化事业健康发展。全民阅读工程是一项长期艰巨的任务，除了要重视阅读的内容、形式和手段外，也需要一支能够胜任推进全民阅读的政工队伍、文化队伍和一套有效的促进激励措施。

由于全民阅读直接关系到国民总体素质的优劣，各国纷纷开展了阅读推广活动。美国、英国、德国、俄罗斯、日本、墨西哥、葡萄牙、匈牙利等诸多发达国家为了推进全民阅读，不仅以购书经费、阅读基金等激励机制来促进全民阅读，还制定出"经费补助与师资培训"等各种各样的激励措施。中国是发展中国家，近年来虽然展开了一系列全民阅读活动，拉开了全民阅读活动的序幕，但仍需要借鉴发达国家开展全民阅读的经验、尤其是激励措施，制定出符合中国国情的、实际的、具体的、长远的激励措施，以达到推进全民阅读，提高全民阅读能力，培养全民阅读习惯的目的。

四、提升国民阅读效率建立书香社会

在大力建设和谐社会的今天，"多读书，读好书"对有着悠久诗书传统的中国来说，是十分重要而迫切的。面对当前全球性的阅读新趋势，我们更要明确全民阅读推广活动的发展目标，集举国之力，推动全民阅读健康深入发展。

（一）统筹协调安排，精心组织策划

全民阅读活动要加强组织协调，没有建立全民阅读组织领导机构的地方，要尽快协调有关部门和单位建立全民阅读组织领导机构，已经建立全民阅读组织领导机构的地方，要进一步完善管理体制，充分发挥各部门各单位的作用，认真组织开展本地区的全民阅读工作。①建立和完善全民阅读组织协调机制和公共服务体系，统筹信息资源与服务网络建设，指导开展本地区的全民阅读工作。②做好活动的顶层设计和主题策划，精心设计全民阅读方案，制定相应的活动标准、实施规范、保障制度和考核办法，并认真组织实施。③以典型为抓手推动各项重点工作，以抓好典型活动、典型人物、典型场所、典型机构的推广示范工作为切口，切实发挥示范带动作用，把各项重点工作落到实处；④重视新闻媒体的宣传推广作用，建立媒体工作小组，组建全民阅读媒体服务平台，积极推动报纸、广播、电视、网络等多种媒体及其栏目，全方位、多角度、大纵深报道全民阅读活动，营造出良好的读书氛围。

（二）面向社会基层，服务基本群众

开展全民阅读活动，就是要激励当代中国人更好地去读书，因此，全民阅读活动完全要面向社会基层，服务基本群众，扎扎实实地把读书作为中华民族振兴的一个有效工具来运用，千方百计提升国民素质。推动全民阅读要面向社会基层。大力推动农村"三农"出版物的出版发行，充分利用农家书屋，开展丰富多彩的农村读书活动。加强少数民族文字及双语出版物出版发行工作。探索实施边远贫困地区、革命老区阅读推广工作者的专项支持计划，加强人力和物力投入，着力推进老少边穷地区居民阅读。充分利用各类阅读设施，开展各种形式的基层读书活动，深入推动全民阅读进农村、进社区、进校园、进军营、进企业、进机关、进家庭,真正将全民阅读活动开展到基层群众中去,推动基层群众阅读。阅读服务要保障基本群众的需求。尤其要着力保障未成年人、农村留守儿童、进城务工人员子女以及残障人士等重点群体的基本阅读需求。加快将进城务工人员阅读服务纳入常住地全民阅读服务体系,满足进城务工人员的基本阅读需求。深入开展"文化助残公益行动",大力鼓励和培育针对重点群体阅读的服务与推广项目,传播阅读理念,引领阅读风尚,扩大政府文化惠民工程的效力。

(三)鼓励社会参与,主张多元发展

图书馆界在全民阅读活动及阅读推广中肩负着重要的社会责任,因此图书馆界在开展阅读推广活动中应注重多元发展、多元合作。这里的"多元化"是指:①常态性多元化阅读推广活动,培养读者阅读兴趣。图书馆界在开展全民阅读活动中应通过常态性、多元化的阅读推广活动来激发群众的阅读兴趣。多元化阅读推广活动涵盖的范围十分广泛,如阅读讲座、说故事、读书会、亲子共读等,许多活动如同借还书一样应成为图书馆的常态性服务项目,循序渐进的培养读者阅读兴趣有助于提升其阅读能力。②注重与业界多元合作,促进阅读推广。全民阅读活动的推广提升需要全民参与,而单靠图书馆的力量往往效果有限,更需要与社会各个层面的合作。各级图书馆应主动出击,积极与政府、媒体、出版商、学校、家庭、企业等机构建立多元合作关系,制定整体性规划,整合各方资源,发挥各自优势,共同策划和举办阅读推动活动,以取得阅读推动的组合效益。对于图书馆而言,通过多元化合作,既丰富了服务内容,还解决了困扰图书馆的资金短缺问题,并且还增加了图书馆的社会能见度和社会影响力,改善了图书馆的公众形象。此外,阅读推广同样也需要图书馆间的合作,如成立图书馆协作联盟,目标就是通过整合资源与供应商独家签约使图书馆以最低成本购入高质量的文献资源。机构之间的合作,由于各自的差异性或互补性使得合作产生协同效应,而创造"1+1>2"的效果,可以实现合作机构的多方共赢[11]。

(四)创新活动方式,提升推广效能

全民阅读系列活动是一项综合性的社会工程,涉及面广,持续时间永无止境。要在推广活动中积极探索,不断总结经验,创新活动载体,丰富活动内容,推动全民阅读系列活动广泛深入持久地开展下去。不断创新方式推广阅读:开展主题创新、内容新颖的主题读书活动;组织动员各类数字出版内容投送平台，开展形式多样的主题数字阅读活动；组织热心阅读的社会名人、文化名家开展全民阅读大讲堂活动；着力建立阅读推广人志愿者队伍，积极开展阅读推广服务；鼓励和支持民间阅读推广机构以及各种社会力量开展各种捐书助读、向困难群体免费发放购书券等活动。各阅读推广委员会要成立全民阅读活动宣传领导小组，落实全民阅读活动联系员制度，积极探索建立全民阅读状况调查监测评估机制，定期发布阅读指数。各级公共图书馆要以每次"全民阅读"活动为契机，积极创新活动举措，追求活动实效，提升服务水平，拓展服务范围。策划阅读活动措施要得力，要有布置、有检查、有评比、有总结，务求实效，把读书学习活动引申发展，提升阅读活动的吸引力和凝聚力，成为每个社会成员的自觉追求。同时，开展各项阅读活动要严格按照中央关于厉行节约的要求，不搞形式主义，注重讲究实效。

五、结语

全民阅读活动自开始推广以来，一直缓慢而艰难地进行着，但在近年却有了突飞猛进的发展。我们已经看到：全民阅读工程越来越受到党和国家的重视，从写入党的报告到写入政府工作报告；全民阅读越来越有章可循、有法可依，国家阅读立法正在实施，不久将会出台；阅读活动越来越成为社会公民的文化自觉意识，阅读活动推广日益深入；全国各地纷纷打造本地阅读品牌，活动内容不断创新，活动品牌日益加固。随着社会良好的阅读秩序和阅读风尚的形成，以及公民阅读习惯的养成，阅读逐渐成为中国公民文化生活的常态，铺就走向书香社会的坦途，实现中国经济实力与文化软实力并驾齐驱发展。

参考文献：

[1]　百度百科.第十一次全国国民阅读调查报告[EB/OL].[2015-06-21].http://www.gapp.gov.cn/news/1658/200240.shtml.

[2]　中国日报网.全民阅读立法的意义[EB/OL].[2015-06-21].http://www.chinadaily.com.cn/hqgj/jryw/2013-08-19/content_9884695.html.

[3]　朱永新.设立国家阅读基金 推进全民阅读工程[EB/OL].[2015-06-21].http://rmfyb.chinacourt.org/paper/html/2012-11/24/content_54014.htm.

[4]　袁华.在全省公共图书馆阅读推广联盟、文化馆活动联盟成立大会上的讲话[EB/OL].[2015-06-21].http://www.ahwh.gov.cn/zwgk/ldjh/29390.SHTML

[5]　李静.实行总分馆制难在哪里[N].中国文化报,2008-05-16③.
[6]　张丽.韩国面向少儿的阅读推广活动[EB/OL].[2015-06-21].http://www.cpin.com.cn/html/yw2/765463.html.
[7]　马瓛,赵俊玲.英国阅读社成人阅读活动的特点及启示[J].河北大学成人教育学院学报,2012(1):108-110.
[8]　梁晓瑾.关注老龄阅读群体提升图书馆社会价值[J].科技情报开发与经济,2013(21):14-16.
[9]　王宇.全民阅读新常态发展策略探讨[M].海洋出版社,2015年.
[10]　百度百科.城乡数字鸿沟[EB/OL].[2015-06-21].http://baike.baidu.com/link?url=mw1k2jfmWwo4m1coPPW2rBCLLHDCPTYU3dAFEd3WFcNnn0UR7vyX-pRH1OevB52YysoSdH1hN4kM9qjiMIB9aa.
[11]　闫伟东.欧美图书馆多元化阅读推广模式及其启示.图书情报工作,2013(12):82-87.